I0151402

LITAUISCH

WORTSCHATZ

FÜR DAS SELBSTSTUDIUM

DEUTSCH
LITAUISCH

Die nützlichsten Wörter
Zur Erweiterung Ihres Wortschatzes und
Verbesserung der Sprachfertigkeit

7000 Wörter

Wortschatz Deutsch-Litauisch für das Selbststudium - 7000 Wörter
Von Andrey Taranov

T&P Books Vokabelbücher sind dafür vorgesehen, beim Lernen einer Fremdsprache zu helfen, Wörter zu memorieren und zu wiederholen. Das Wörterbuch ist nach Themen aufgeteilt und deckt alle wichtigen Bereiche des täglichen Lebens, Berufs, Wissenschaft, Kultur etc. ab.

Durch das Benutzen der themenbezogenen T&P Books ergeben sich folgende Vorteile für den Lernprozess:

- Sachgemäß geordnete Informationen bestimmen den späteren Erfolg auf den darauffolgenden Stufen der Memorisierung
- Die Verfügbarkeit von Wörtern, die sich aus der gleichen Wurzel ableiten lassen, erlaubt die Memorisierung von Worteinheiten (mehr als bei einzeln stehenden Wörtern)
- Kleine Worteinheiten unterstützen den Aufbauprozess von assoziativen Verbindungen für die Festigung des Wortschatzes
- Die Kenntnis der Sprache kann aufgrund der Anzahl der gelernten Wörter eingeschätzt werden

T&P Books Publishing
www.tpbooks.com

ISBN: 978-1-78314-892-9

Dieses Buch ist auch im E-Book Format erhältlich.
Besuchen Sie uns auch auf www.tpbooks.com oder auf einer der bedeutenden Buchhandlungen online.

WORTSCHATZ DEUTSCH-LITAUISCH
für das Selbststudium

Die Vokabelbücher von T&P Books sind dafür vorgesehen, Ihnen beim Lernen einer Fremdsprache zu helfen, Wörter zu memorieren und zu wiederholen. Der Wortschatz enthält über 7000 häufig gebrauchte, thematisch geordnete Wörter.

*   Der Wortschatz enthält die am häufigsten benutzten Wörter
*   Eignet sich als Ergänzung zu jedem Sprachkurs
*   Erfüllt die Bedürfnisse von Anfängern und fortgeschrittenen Lernenden von Fremdsprachen
*   Praktisch für den täglichen Gebrauch, zur Wiederholung und um sich selbst zu testen
*   Ermöglicht es, Ihren Wortschatz einzuschätzen

Besondere Merkmale des Wortschatzes:

*   Wörter sind entsprechend ihrer Bedeutung und nicht alphabetisch organisiert
*   Wörter werden in drei Spalten präsentiert, um das Wiederholen und den Selbstüberprüfungsprozess zu erleichtern
*   Wortgruppen werden in kleinere Einheiten aufgespalten, um den Lernprozess zu fördern
*   Der Wortschatz bietet eine praktische und einfache Lautschrift jedes Wortes der Fremdsprache

Der Wortschatz hat 198 Themen, einschließlich:

Grundbegriffe, Zahlen, Farben, Monate, Jahreszeiten, Maßeinheiten, Kleidung und Accessoires, Essen und Ernährung, Restaurant, Familienangehörige, Verwandte, Charaktereigenschaften, Empfindungen, Gefühle, Krankheiten, Großstadt, Kleinstadt, Sehenswürdigkeiten, Einkaufen, Geld, Haus, Zuhause, Büro, Import & Export, Marketing, Arbeitssuche, Sport, Ausbildung, Computer, Internet, Werkzeug, Natur, Länder, Nationalitäten und vieles mehr...

INHALT

LEITFADEN FÜR DIE AUSSPRACHE

Buchstabe	Litauisch Beispiel	T&P phonetisches Alphabet	Deutsch Beispiel
Aa	adata	[a]	schwarz
Ąą	ąžuolas	[a:]	Zahlwort
Bb	badas	[b]	Brille
Cc	cukrus	[ts]	Gesetz
Čč	česnakas	[tʃ]	Matsch
Dd	dumblas	[d]	Detektiv
Ee	eglė	[æ]	ärgern
Ęę	vedęs	[æ:]	verschütten
Ėė	ėdalas	[e:]	Wildleder
Ff	fleita	[f]	fünf
Gg	gandras	[g]	gelb
Hh	husaras	[ɣ]	Vogel (Berlinerisch)
I i	ižas	[i]	ihr, finden
Į į	mįslė	[i:]	Wieviel
Yy	vynas	[i:]	Wieviel
J j	juokas	[j]	Jacke
Kk	kilpa	[k]	Kalender
L l	laisvė	[l]	Juli
Mm	mama	[m]	Mitte
Nn	nauda	[n]	nicht
Oo	ola	[o], [o:]	wohnen, oft
Pp	pirtis	[p]	Polizei
Rr	ragana	[r]	richtig
Ss	sostinė	[s]	sein
Šš	šūvis	[ʃ]	Chance
Tt	tėvynė	[t]	still
Uu	upė	[u]	kurz
Ųų	siųsti	[u:]	Zufall
Ūū	ūmėdė	[u:]	Zufall
Vv	vabalas	[ʋ]	Invalide
Zz	zuikis	[z]	sein
Žž	žiurkė	[ʒ]	Regisseur

Anmerkungen

Macron (ū), ogonek (ą, ę, į, ų) kann verwendet werden, um lange Vokale in der modernen litauischen anzugeben. Akuter Stress (Áá Ą́ą́), Gravis (Àà) und Tilde (Ãã Ą̃ą̃) - Umlaute werden verwendet, um die System-Töne geben. Diese Zeichen werden in der Regel nur in Wörterbüchern und Lehrbüchern verwendet.

ABKÜRZUNGEN
die im Vokabular verwendet werden

Deutsch. Abkürzungen

Adj	-	Adjektiv
Adv	-	Adverb
Amtsspr.	-	Amtssprache
f	-	Femininum
f, n	-	Femininum, Neutrum
Fem.	-	Femininum
m	-	Maskulinum
m, f	-	Maskulinum, Femininum
m, n	-	Maskulinum, Neutrum
Mask.	-	Maskulinum
n	-	Neutrum
pl	-	Plural
Sg.	-	Singular
ugs.	-	umgangssprachlich
unzähl.	-	unzählbar
usw.	-	und so weiter
v mod	-	Modalverb
vi	-	intransitives Verb
vi, vt	-	intransitives, transitives Verb
vt	-	transitives Verb
zähl.	-	zählbar
z.B.	-	zum Beispiel

Litauisch. Abkürzungen

dgs	-	Plural
m	-	Femininum
m dgs	-	Femininum plural
v	-	Maskulinum
v dgs	-	Maskulinum plural

GRUNDBEGRIFFE

Grundbegriffe. Teil 1

1. Pronomen

ich	aš	['aʃ]
du	tu	['tu]
er	jis	[jɪs]
sie	ji	[jɪ]
wir	mẽs	['mʲæs]
ihr	jūs	['ju:s]
sie	jiẽ	['jiɛ]

2. Grüße. Begrüßungen. Verabschiedungen

Hallo! (ugs.)	Sveĩkas!	['svʲɛɪkas!]
Hallo! (Amtsspr.)	Sveikì!	[svʲɛɪ'kʲɪ!]
Guten Morgen!	Lãbas rýtas!	['lʲa:bas 'rʲi:tas!]
Guten Tag!	Labà dienà!	[lʲa'ba dʲiɛ'na!]
Guten Abend!	Lãbas vãkaras!	['lʲa:bas 'va:karas!]
grüßen (vi, vt)	sveĩkintis	['svʲɛɪkʲɪntʲɪs]
Hallo! (ugs.)	Lãbas!	['lʲa:bas!]
Gruß (m)	linkéjimas (v)	[lʲɪŋ'kʲɛjɪmas]
begrüßen (vt)	sveĩkinti	['svʲɛɪkʲɪntʲɪ]
Wie geht's?	Kaĩp sẽkasi?	['kʌɪp 'sʲækasʲɪ?]
Was gibt es Neues?	Kàs naũjo?	['kas 'nɑujɔ?]
Auf Wiedersehen!	Ikì pasimãtymo!	[ɪkʲɪ pasʲɪmatʲi:mo!]
Bis bald!	Ikì greĩto susìtikimo!	[ɪ'kʲɪ 'grʲɛɪtɔ susʲɪtʲɪ'kʲɪmɔ!]
Lebe wohl! Leben Sie wohl!	Lìkite sveikì!	['lʲɪkʲɪtʲɛ svʲɛɪ'kʲɪ!]
sich verabschieden	atsisveĩkinti	[atsʲɪ'svʲɛɪkʲɪntʲɪ]
Tschüs!	Ikì!	[ɪ'kʲɪ!]
Danke!	Ãčiū!	['a:tʂʲu:!]
Dankeschön!	Labaĩ ãčiū!	[lʲa'bʌɪ 'a:tʂʲu:!]
Bitte (Antwort)	Prãšom.	['pra:ʃom]
Keine Ursache.	Nevertà padėkõs.	[nʲɛver'ta padʲe:'ko:s]
Nichts zu danken.	Nėrà už kã.	[nʲe:'ra 'uʒ ka:]
Entschuldige!	Atléisk!	[at'lʲɛɪsk!]
Entschuldigung!	Atléiskite!	[at'lʲɛɪskʲɪtʲɛ!]
entschuldigen (vt)	atléisti	[at'lʲɛɪstʲɪ]
sich entschuldigen	atsiprašýti	[atsʲɪpra'ʃʲɪ:tʲɪ]

Verzeihung!	Māno atsiprāšymas.	['ma:nɔ atsʲɪ'pra:ʃɪ:mas]
Es tut mir leid!	Atleĩskite!	[at'lʲɛɪskʲɪtʲɛ!]
verzeihen (vt)	atleĩsti	[at'lʲɛɪstʲɪ]
Das macht nichts!	Niẽko baisaũs.	['nʲɛkɔ bʌɪ'sɑʊs]
bitte (Die Rechnung, ~!)	prãšom	['pra:ʃom]

Nicht vergessen!	Nepamĩřškite!	[nʲɛpa'mʲɪrʃkʲɪtʲɛ!]
Natürlich!	Žìnoma!	['ʒʲɪnoma!]
Natürlich nicht!	Žìnoma nè!	['ʒʲɪnoma nʲɛ!]
Gut! Okay!	Sutinkù!	[sʊtʲɪŋ'kʊ!]
Es ist genug!	Užtèks!	[ʊʒ'tʲɛks!]

3. Grundzahlen. Teil 1

null	nùlis	['nʊlʲɪs]
eins	víenas	['vʲɪɛnas]
zwei	dù	['dʊ]
drei	trìs	['trʲɪs]
vier	keturì	[kʲɛtʊ'rʲɪ]

fünf	penkì	[pʲɛŋ'kʲɪ]
sechs	šešì	[ʃɛ'ʃɪ]
sieben	septynì	[sʲɛptʲi:'nʲɪ]
acht	aštuonì	[aʃtʊɑ'nʲɪ]
neun	devynì	[dʲɛvʲi:'nʲɪ]

zehn	dẽšimt	['dʲæʃɪmt]
elf	vienúolika	[vʲɪɛ'nʊɑlʲɪka]
zwölf	dvýlika	['dvʲi:lʲɪka]
dreizehn	trýlika	['trʲi:lʲɪka]
vierzehn	keturiólika	[kʲɛtʊ'rʲolʲɪka]

fünfzehn	penkiólika	[pʲɛŋ'kʲolʲɪka]
sechzehn	šešiólika	[ʃɛ'ʃolʲɪka]
siebzehn	septyniólika	[sʲɛptʲi:'nʲolʲɪka]
achtzehn	aštuoniólika	[aʃtʊɑ'nʲolʲɪka]
neunzehn	devyniólika	[dʲɛvʲi:'nʲolʲɪka]

zwanzig	dvìdešimt	['dvʲɪdʲɛʃɪmt]
einundzwanzig	dvìdešimt víenas	['dvʲɪdʲɛʃɪmt 'vʲɪɛnas]
zweiundzwanzig	dvìdešimt dù	['dvʲɪdʲɛʃɪmt 'dʊ]
dreiundzwanzig	dvìdešimt trìs	['dvʲɪdʲɛʃɪmt 'trʲɪs]

dreißig	trìsdešimt	['trʲɪsdʲɛʃɪmt]
einunddreißig	trìsdešimt víenas	['trʲɪsdʲɛʃɪmt 'vʲɪɛnas]
zweiunddreißig	trìsdešimt dù	['trʲɪsdʲɛʃɪmt 'dʊ]
dreiunddreißig	trìsdešimt trìs	['trʲɪsdʲɛʃɪmt 'trʲɪs]

vierzig	kẽturiasdešimt	['kʲætʊrʲæsdʲɛʃɪmt]
einundvierzig	kẽturiasdešimt víenas	['kʲætʊrʲæsdʲɛʃɪmt 'vʲɪɛnas]
zweiundvierzig	kẽturiasdešimt dù	['kʲætʊrʲæsdʲɛʃɪmt 'dʊ]
dreiundvierzig	kẽturiasdešimt trìs	['kʲætʊrʲæsdʲɛʃɪmt 'trʲɪs]
fünfzig	peñkiasdešimt	['pʲɛŋkʲæsdʲɛʃɪmt]
einundfünfzig	peñkiasdešimt víenas	['pʲɛŋkʲæsdʲɛʃɪmt 'vʲɪɛnas]

| zweiundfünfzig | peñkiasdešimt dù | ['pʲɛŋkʲæsdʲɛʃɪmt 'dʊ] |
| dreiundfünfzig | peñkiasdešimt trìs | ['pʲɛŋkʲæsdʲɛʃɪmt 'trʲɪs] |

sechzig	šẽšiasdešimt	['ʃæʃæsdʲɛʃɪmt]
einundsechzig	šẽšiasdešimt víenas	['ʃæʃæsdʲɛʃɪmt 'vʲiɛnas]
zweiundsechzig	šẽšiasdešimt dù	['ʃæʃæsdʲɛʃɪmt 'dʊ]
dreiundsechzig	šẽšiasdešimt trìs	['ʃæʃæsdʲɛʃɪmt 'trʲɪs]

siebzig	septýniasdešimt	[sʲɛp'tʲiːnʲæsdʲɛʃɪmt]
einundsiebzig	septýniasdešimt víenas	[sʲɛp'tʲiːnʲæsdʲɛʃɪmt 'vʲiɛnas]
zweiundsiebzig	septýniasdešimt dù	[sʲɛp'tʲiːnʲæsdʲɛʃɪmt 'dʊ]
dreiundsiebzig	septýniasdešimt trìs	[sʲɛptʲiːnʲæsdʲɛʃɪmt 'trʲɪs]

achtzig	aštúoniasdešimt	[aʃ'tʊɑnʲæsdʲɛʃɪmt]
einundachtzig	aštúoniasdešimt víenas	[aʃ'tʊɑnʲæsdʲɛʃɪmt 'vʲiɛnas]
zweiundachtzig	aštúoniasdešimt dù	[aʃ'tʊɑnʲæsdʲɛʃɪmt 'dʊ]
dreiundachtzig	aštúoniasdešimt trìs	[aʃ'tʊɑnʲæsdʲɛʃɪmt 'trʲɪs]

neunzig	devýniasdešimt	[dʲɛ'vʲiːnʲæsdʲɛʃɪmt]
einundneunzig	devýniasdešimt víenas	[dʲɛ'vʲiːnʲæsdʲɛʃɪmt 'vʲiɛnas]
zweiundneunzig	devýniasdešimt dù	[dʲɛ'vʲiːnʲæsdʲɛʃɪmt 'dʊ]
dreiundneunzig	devýniasdešimt trìs	[dʲɛ'vʲiːnʲæsdʲɛʃɪmt 'trʲɪs]

4. Grundzahlen. Teil 2

einhundert	šim̃tas	['ʃɪmtas]
zweihundert	dù šimtaĩ	['dʊ ʃɪm'tʌɪ]
dreihundert	trìs šimtaĩ	['trʲɪs ʃɪm'tʌɪ]
vierhundert	keturì šimtaĩ	[kʲɛtʊ'rʲɪ ʃɪm'tʌɪ]
fünfhundert	penkì šimtaĩ	[pʲɛŋ'kʲɪ ʃɪm'tʌɪ]

sechshundert	šeši šimtaĩ	[ʃɛ'ʃɪ ʃɪm'tʌɪ]
siebenhundert	septynì šimtaĩ	[sʲɛptʲiːnʲɪ 'ʃɪmtʌɪ]
achthundert	aštuonì šimtaĩ	[aʃtʊɑ'nʲɪ ʃɪm'tʌɪ]
neunhundert	devynì šimtaĩ	[dʲɛvʲiːnʲɪ ʃɪm'tʌɪ]

eintausend	tū́kstantis	['tuːkstantʲɪs]
zweitausend	dù tū́kstančiai	['dʊ 'tuːkstantʂʲɛɪ]
dreitausend	trỹs tū́kstančiai	['trʲiːs 'tuːkstantʂʲɛɪ]
zehntausend	dẽšimt tū́kstančių	['dʲæʃɪmt 'tuːkstantʂʲuː]
hunderttausend	šim̃tas tū́kstančių	['ʃɪmtas 'tuːkstantʂʲuː]
Million (f)	milijõnas (v)	[mʲɪlʲɪ'jɔːnas]
Milliarde (f)	milijárdas (v)	[mʲɪlʲɪ'jardas]

5. Zahlen. Brüche

Bruch (m)	trùpmena (m)	['trʊpmʲɛna]
Hälfte (f)	víena antróji	['vʲiɛna an'tro:jɪ]
Drittel (n)	víena trečióji	['vʲiɛna trʲɛ'tʂʲo:jɪ]
Viertel (n)	víena ketvirtóji	['vʲiɛna kʲɛtvʲɪr'to:jɪ]
Achtel (m, n)	víena aštuntóji	['vʲiɛna aʃtʊn'to:jɪ]
Zehntel (n)	víena dešimtóji	['vʲiɛna dʲɛʃɪm'to:jɪ]

| zwei Drittel | dvì trečioosios | [dvʲɪ 'trʲætʂʲoosʲos] |
| drei Viertel | trỹs ketvìrtosios | ['trʲi:s kʲɛt'vʲɪrtosʲos] |

6. Zahlen. Grundrechenarten

Subtraktion (f)	atimtìs (m)	[atʲɪm'tʲɪs]
subtrahieren (vt)	atìmti	[a'tʲɪmtʲɪ]
Division (f)	dalýba (m)	[da'lʲi:ba]
dividieren (vt)	dalìnti	[da'lʲɪntʲɪ]

Addition (f)	sudėjìmas (v)	[sʊdʲe:'jɪmas]
addieren (vt)	sudéti	[sʊ'dʲe:tʲɪ]
hinzufügen (vt)	pridéti	[prʲɪ'dʲe:tʲɪ]
Multiplikation (f)	daugýba (m)	[dɑʊ'gʲi:ba]
multiplizieren (vt)	dáuginti	['dɑʊgʲɪntʲɪ]

7. Zahlen. Verschiedenes

Ziffer (f)	skaitmuõ (v)	[skʌɪt'mʊɑ]
Zahl (f)	skaĩčius (v)	['skʌɪtʂʲʊs]
Zahlwort (n)	skaĩtvardis (v)	['skʌɪtvardʲɪs]
Minus (n)	mìnusas (v)	['mʲɪnʊsas]
Plus (n)	pliùsas (v)	['plʲʊsas]
Formel (f)	fòrmulė (m)	['formʊlʲe:]

Berechnung (f)	išskaičiãvimas (v)	[ɪʃskʌɪ'tʂʲævʲɪmas]
zählen (vt)	skaičiúoti	[skʌɪ'tʂʲʊɑtʲɪ]
berechnen (vt)	apskaičiúoti	[apskʌɪ'tʂʲʊɑtʲɪ]
vergleichen (vt)	sulýginti	[sʊ'lʲi:gʲɪntʲɪ]

Wie viel, -e?	Kíek?	['kʲiɛk?]
Summe (f)	sumà (m)	[sʊ'ma]
Ergebnis (n)	rezultãtas (v)	[rʲɛzʊlʲ'ta:tas]
Rest (m)	likùtis (v)	[lʲɪ'kʊtʲɪs]

einige (~ Tage)	kẽletas	['kʲælʲɛtas]
wenig (Adv)	nedaũg ...	[nʲɛ'dɑʊg ...]
Übrige (n)	vìsa kìta	['vʲɪsa 'kʲɪta]
anderthalb	pusañtro	[pʊ'santrɒ]
Dutzend (n)	tùzinas (v)	['tʊzʲɪnas]

entzwei (Adv)	pẽr pùsę	['pʲɛr 'pʊsʲɛ:]
zu gleichen Teilen	põ lýgiai	['po: lʲi:gʲɛɪ]
Hälfte (f)	pùsė (m)	['pʊsʲe:]
Mal (n)	kártas (v)	['kartas]

8. Die wichtigsten Verben. Teil 1

| abbiegen (nach links ~) | sùkti | ['sʊktʲɪ] |
| abschicken (vt) | išsiũsti | [ɪʃ'sʲʊ:stʲɪ] |

ändern (vt)	pakeĩsti	[pa'kʲɛɪstʲɪ]
andeuten (vt)	užsimiñti	[ʊʒsʲɪ'mʲɪntʲɪ]
Angst haben	bijóti	[bʲɪ'jotʲɪ]
ankommen (vi)	atvažiúoti	[atva'ʒʲʊɑtʲɪ]
antworten (vi)	atsakýti	[atsa'kʲiːtʲɪ]
arbeiten (vi)	dìrbti	['dʲɪrptʲɪ]
auf ... zählen	tikétis ...	[tʲɪ'kʲeːtʲɪs ...]
aufbewahren (vt)	sáugoti	['saʊgotʲɪ]
aufschreiben (vt)	užrašinéti	[ʊʒraʃɪ'nʲeːtʲɪ]
ausgehen (vi)	išeĩti	[ɪ'ʃɛɪtʲɪ]
aussprechen (vt)	ištar̃ti	[ɪʃ'tartʲɪ]
bedauern (vt)	gailétis	[gʌɪ'lʲeːtʲɪs]
bedeuten (vt)	reĩkšti	['rʲɛɪkʃtʲɪ]
beenden (vt)	užbaĩgti	[ʊʒ'bʌɪktʲɪ]
befehlen (Milit.)	nurodinéti	[nʊrodʲɪ'nʲeːtʲɪ]
befreien (Stadt usw.)	išláisvinti	[ɪʃ'lʌɪsvʲɪntʲɪ]
beginnen (vt)	pradéti	[pra'dʲeːtʲɪ]
bemerken (vt)	pastebéti	[paste'bʲeːtʲɪ]
beobachten (vt)	stebéti	[ste'bʲeːtʲɪ]
berühren (vt)	čiupinéti	[tʃʲʊpʲɪ'nʲeːtʲɪ]
besitzen (vt)	mokéti	[mo'kʲeːtʲɪ]
besprechen (vt)	aptarinéti	[aptarʲɪ'nʲætʲɪ]
bestehen auf	reikaláuti	[rʲɛɪka'lʲaʊtʲɪ]
bestellen (im Restaurant)	užsakinéti	[ʊʒsakʲɪ'nʲeːtʲɪ]
bestrafen (vt)	baũsti	['baʊstʲɪ]
beten (vi)	mel̃stis	['mʲɛľstʲɪs]
bitten (vt)	prašýti	[pra'ʃɪːtʲɪ]
brechen (vt)	láužyti	['lʲaʊʒʲiːtʲɪ]
denken (vi, vt)	galvóti	[galʲ'votʲɪ]
drohen (vi)	grasìnti	[gra'sʲɪntʲɪ]
Durst haben	noréti gérti	[no'rʲeːtʲɪ 'gʲærtʲɪ]
einladen (vt)	kviẽsti	['kvʲɛstʲɪ]
einstellen (vt)	nustóti	[nʊ'stotʲɪ]
einwenden (vt)	prieštaráuti	[prʲiɛʃta'raʊtʲɪ]
empfehlen (vt)	rekomendúoti	[rʲɛkomʲɛn'dʊɑtʲɪ]
erklären (vt)	paaĩškinti	[pa'ʌɪʃkʲɪntʲɪ]
erlauben (vt)	leĩsti	['lʲɛɪstʲɪ]
ermorden (vt)	žudýti	[ʒʊ'dʲiːtʲɪ]
erwähnen (vt)	minéti	[mʲɪ'nʲeːtʲɪ]
existieren (vi)	egzistúoti	[ɛgzʲɪs'tʊɑtʲɪ]

9. Die wichtigsten Verben. Teil 2

fallen (vi)	krìsti	['krʲɪstʲɪ]
fallen lassen	numèsti	[nʊ'mʲɛstʲɪ]
fangen (vt)	gáudyti	['gaʊdʲiːtʲɪ]
finden (vt)	ràsti	['rastʲɪ]

fliegen (vi)	skrĩsti	['skrʲɪstʲɪ]
folgen (Folge mir!)	sẽkti ...	['sʲɛktʲɪ ...]
fortsetzen (vt)	tẽsti	['tʲɛ:stʲɪ]
fragen (vt)	kláusti	['klʲaʊstʲɪ]
frühstücken (vi)	pùsryčiauti	['pʊsrʲiːtʂʲɛʊtʲɪ]
geben (vt)	dúoti	['dʊatʲɪ]

gefallen (vi)	patìkti	[pa'tʲɪktʲɪ]
gehen (zu Fuß gehen)	eĩti	['ɛɪtʲɪ]
gehören (vi)	priklausýti	[prʲɪklʲaʊ'sʲiːtʲɪ]
graben (vt)	raũsti	['raʊstʲɪ]

haben (vt)	turéti	[tʊ'rʲeːtʲɪ]
helfen (vi)	padéti	[pa'dʲeːtʲɪ]
herabsteigen (vi)	leĩstis	['lʲɛɪstʲɪs]
hereinkommen (vi)	įeĩti	[iː'ɛɪtʲɪ]

hoffen (vi)	tikétis	[tʲɪ'kʲeːtʲɪs]
hören (vt)	girdéti	[gʲɪr'dʲeːtʲɪ]
hungrig sein	noréti válgyti	[no'rʲeːtʲɪ 'valʲgʲiːtʲɪ]
informieren (vt)	informúoti	[ɪnfor'mʊatʲɪ]
jagen (vi)	medžióti	[mʲɛ'dʒʲotʲɪ]

kennen (vt)	pažinóti	[paʒʲɪ'notʲɪ]
klagen (vi)	skųstis	['sku:stʲɪs]
können (v mod)	galéti	[ga'lʲeːtʲɪ]
kontrollieren (vt)	kontroliúoti	[kontro'lʲʊatʲɪ]
kosten (vt)	kainúoti	[kʌɪ'nʊatʲɪ]

kränken (vt)	įžeidinéti	[iːʒʲɛɪdʲɪ'nʲeːtʲɪ]
lächeln (vi)	šypsótis	[ʃɪːp'sotʲɪs]
lachen (vi)	juõktis	['jʊaktʲɪs]
laufen (vi)	bégti	['bʲeːktʲɪ]
leiten (Betrieb usw.)	vadováuti	[vado'vaʊtʲɪ]

lernen (vt)	studijúoti	[stʊdʲɪ'jʊatʲɪ]
lesen (vi, vt)	skaitýti	[skʌɪ'tʲiːtʲɪ]
lieben (vt)	myléti	[mʲiː'lʲeːtʲɪ]
machen (vt)	darýti	[da'rʲiːtʲɪ]

mieten (Haus usw.)	núomotis	['nʊamotʲɪs]
nehmen (vt)	im̃ti	['ɪmtʲɪ]
noch einmal sagen	kartóti	[kar'totʲɪ]
nötig sein	bū́ti reikalìngu	['bu:tʲɪ rʲɛɪka'lʲɪngʊ]
öffnen (vt)	atidarýti	[atʲɪda'rʲiːtʲɪ]

10. Die wichtigsten Verben. Teil 3

planen (vt)	planúoti	[plʲa'nʊatʲɪ]
prahlen (vi)	gìrtis	['gʲɪrtʲɪs]
raten (vt)	patarinéti	[patarʲɪ'nʲeːtʲɪ]
rechnen (vt)	skaičiúoti	[skʌɪ'tʂʲʊatʲɪ]
reservieren (vt)	rezervúoti	[rʲɛzʲɛr'vʊatʲɪ]
retten (vt)	gélbéti	['gʲælʲbʲeːtʲɪ]

richtig raten (vt)	atspėti	[at'spʲeːtʲɪ]
rufen (um Hilfe ~)	kviesti	['kvʲɛstʲɪ]
sagen (vt)	pasakýti	[pasa'kʲiːtʲɪ]
schaffen (Etwas Neues zu ~)	sukùrti	[sʊ'kʊrtʲɪ]
schelten (vt)	bárti	['bartʲɪ]
schießen (vi)	šáudyti	['ʃɑʊdʲiːtʲɪ]
schmücken (vt)	puõšti	['pʊɑʃtʲɪ]
schreiben (vi, vt)	rašýti	[ra'ʃɪːtʲɪ]
schreien (vi)	šaũkti	['ʃɑʊktʲɪ]
schweigen (vi)	tylėti	[tʲiː'lʲeːtʲɪ]
schwimmen (vi)	plaũkti	['plʲɑʊktʲɪ]
schwimmen gehen	máudytis	['mɑʊdʲiːtʲɪs]
sehen (vi, vt)	matýti	[ma'tʲiːtʲɪ]
sein (vi)	bū̃ti	['buːtʲɪ]
sich beeilen	skubėti	[skʊ'bʲeːtʲɪ]
sich entschuldigen	atsiprašinėti	[atsʲɪpraʃʲɪ'nʲeːtʲɪ]
sich interessieren	domėtis	[do'mʲeːtʲɪs]
sich irren	klýsti	['klʲiːstʲɪ]
sich setzen	sėstis	['sʲeːstʲɪs]
sich weigern	atsisakýti	[atsʲɪsa'kʲiːtʲɪ]
spielen (vi, vt)	žaĩsti	['ʒʌɪstʲɪ]
sprechen (vi)	sakýti	[sa'kʲiːtʲɪ]
staunen (vi)	stebėtis	[ste'bʲeːtʲɪs]
stehlen (vt)	võgti	['voːktʲɪ]
stoppen (vt)	sustóti	[sʊs'totʲɪ]
suchen (vt)	ieškóti	[ɪʃʲkotʲɪ]

11. Die wichtigsten Verben. Teil 4

täuschen (vt)	apgaudinėti	[apgɑʊdʲɪ'nʲeːtʲɪ]
teilnehmen (vi)	dalyváuti	[dalʲiː'vɑʊtʲɪ]
übersetzen (Buch usw.)	ver̃sti	['vʲɛrstʲɪ]
unterschätzen (vt)	neįvértinti	[nʲɛɪ'vʲɛrtʲɪntʲɪ]
unterschreiben (vt)	pasirašinėti	[pasʲɪraʃʲɪ'nʲeːtʲɪ]
vereinigen (vt)	apjùngti	[a'pjʊŋktʲɪ]
vergessen (vt)	užmíršti	[ʊʒ'mʲɪrʃtʲɪ]
vergleichen (vt)	lýginti	['lʲiːgʲɪntʲɪ]
verkaufen (vt)	pardavinéti	[pardavʲɪ'nʲeːtʲɪ]
verlangen (vt)	reikaláuti	[rʲɛɪka'lʲɑʊtʲɪ]
versäumen (vt)	praleidinėti	[pralʲɛɪdʲɪ'nʲeːtʲɪ]
versprechen (vt)	žadėti	[ʒa'dʲeːtʲɪ]
verstecken (vt)	slėpti	['slʲeːptʲɪ]
verstehen (vt)	supràsti	[sʊp'rastʲɪ]
versuchen (vt)	bandýti	[ban'dʲiːtʲɪ]
verteidigen (vt)	gin̄ti	['gʲɪntʲɪ]
vertrauen (vi)	pasitikėti	[pasʲɪtʲɪ'kʲeːtʲɪ]

verwechseln (vt)	suklýsti	[sʊk'lʲiːstʲɪ]
verzeihen (vi, vt)	atléisti	[at'lʲɛɪstʲɪ]
verzeihen (vt)	atléisti	[at'lʲɛɪstʲɪ]
voraussehen (vt)	numatýti	[nʊma'tʲiːtʲɪ]

vorschlagen (vt)	siū́lyti	['sʲʊ:lʲiːtʲɪ]
vorziehen (vt)	teĩkti pirmenýbę	['tʲɛɪktʲɪ pʲɪrmʲɛ'nʲiːbʲɛ:]
wählen (vt)	išsirinkti	[ɪʃsʲɪ'rʲɪŋktʲɪ]
warnen (vt)	pérspėti	['pʲɛrspʲeːtʲɪ]
warten (vi)	láukti	['lʲaʊktʲɪ]
weinen (vi)	veřkti	['vʲɛrktʲɪ]

wissen (vt)	žinóti	[ʒɪ'notʲɪ]
Witz machen	juokáuti	[jʊɑ'kaʊtʲɪ]
wollen (vt)	noréti	[no'rʲeːtʲɪ]
zahlen (vt)	mokéti	[mo'kʲeːtʲɪ]
zeigen (jemandem etwas)	ródyti	['rodʲiːtʲɪ]

zu Abend essen	vakarieniáuti	[vakarʲɪɛ'nʲæʊtʲɪ]
zu Mittag essen	pietáuti	[pʲɪɛ'taʊtʲɪ]
zubereiten (vt)	gamìnti	[ga'mʲɪntʲɪ]
zustimmen (vi)	sutìkti	[sʊ'tʲɪktʲɪ]
zweifeln (vi)	abejóti	[abʲɛ'jotʲɪ]

12. Farben

Farbe (f)	spalvà (m)	[spalʲ'va]
Schattierung (f)	átspalvis (v)	['a:tspalʲvʲɪs]
Farbton (m)	tònas (v)	['tonas]
Regenbogen (m)	vaivórykštė (m)	[vʌɪ'vorʲi:kʃtʲe:]

weiß	baltà	[balʲ'ta]
schwarz	juodà	[jʊɑ'da]
grau	pilkà	[pʲɪlʲ'ka]

grün	žalià	[ʒa'lʲæ]
gelb	geltóna	[gʲɛlʲ'tona]
rot	raudóna	[raʊ'dona]

blau	mélyna	['mʲe:lʲiːna]
hellblau	žydrà	[ʒʲiːd'ra]
rosa	róžinė	['ro:ʒʲɪnʲe:]
orange	oránžinė	[o'ranʒʲɪnʲe:]
violett	violètinė	[vʲɪjo'lʲɛtʲɪnʲe:]
braun	rudà	[rʊ'da]

| golden | auksìnis | [aʊk'sʲɪnʲɪs] |
| silbrig | sidabrìnis | [sʲɪda'brʲɪnʲɪs] |

beige	smḗlio spalvõs	['smʲe:lʲo spalʲ'vo:s]
cremefarben	krèminės spalvõs	['krʲɛmʲɪnʲe:s spalʲ'vo:s]
türkis	tuřkio spalvõs	['tʊrkʲo spalʲ'vo:s]
kirschrot	vỹšnių spalvõs	[vʲiːʃnʲu: spalʲ'vo:s]
lila	alỹvų spalvõs	[a'lʲiːvu: spalʲ'vo:s]

himbeerrot	aviẽtinės spalvõs	[a'vʲɛtʲɪnʲe:s spalʲˈvo:s]
hell	šviesì	[ʃvʲiɛˈsʲɪ]
dunkel	tamsì	[tamˈsʲɪ]
grell	ryškì	[rʲiʃˈkʲɪ]
Farb- (z.B. -stifte)	spalvótas	[spalʲˈvotas]
Farb- (z.B. -film)	spalvótas	[spalʲˈvotas]
schwarz-weiß	juodaì báltas	[jʊɑˈdʌɪ ˈbalʲtas]
einfarbig	vienspálvis	[vʲiɛnsˈpalʲvʲɪs]
bunt	įvairiaspálvis	[i:vʌɪrʲæsˈpalʲvʲɪs]

13. Fragen

Wer?	Kàs?	[ˈkas?]
Was?	Ką̃?	[ˈka:?]
Wo?	Kur̃?	[ˈkʊr?]
Wohin?	Kur̃?	[ˈkʊr?]
Woher?	Ìš kur̃?	[ɪʃ ˈkʊr?]
Wann?	Kadà?	[kaˈda?]
Wozu?	Kám?	[ˈkam?]
Warum?	Kodél?	[kɔˈdʲe:lʲ?]
Wofür?	Kám?	[ˈkam?]
Wie?	Kaĩp?	[ˈkʌɪp?]
Welcher?	Kóks?	[ˈkoks?]
Wem?	Kám?	[ˈkam?]
Über wen?	Apiẽ ką̃?	[aˈpʲɛ ˈka:?]
Wovon? (~ sprichst du?)	Apiẽ ką̃?	[aˈpʲɛ ˈka:?]
Mit wem?	Sù kuõ?	[ˈsʊ ˈkʊɑ?]
Wie viel? Wie viele?	Kíek?	[ˈkʲiɛk?]
Wessen?	Kienõ?	[kʲiɛˈno:?]

14. Funktionswörter. Adverbien. Teil 1

Wo?	Kur̃?	[ˈkʊr?]
hier	čià	[ˈtʂʲæ]
dort	teñ	[ˈtʲɛn]
irgendwo	kažkur̃	[kaʒˈkʊr]
nirgends	niẽkur	[ˈnʲɛkʊr]
an (bei)	priẽ ...	[ˈprʲɛ ...]
am Fenster	priẽ lángo	[ˈprʲɛ ˈlʲangɔ]
Wohin?	Kur̃?	[ˈkʊr?]
hierher	čià	[ˈtʂʲæ]
dahin	teñ	[ˈtʲɛn]
von hier	ìš čià	[ɪʃ tʂʲæ]
von da	ìš teñ	[ɪʃ tʲɛn]
nah (Adv)	šalià	[ʃaˈlʲæ]

weit, fern (Adv)	tolì	[to'lʲɪ]
in der Nähe von …	šalià	[ʃa'lʲæ]
in der Nähe	artì	[ar'tʲɪ]
unweit (~ unseres Hotels)	netolì	[nʲɛ'tolʲɪ]

link (Adj)	kairỹs	[kʌɪ'rʲiːs]
links (Adv)	ìš kairė̃s	[ɪʃ kʌɪ'rʲeːs]
nach links	į̃ kaĩrę	[iː 'kʌɪrʲɛː]

recht (Adj)	dešinỹs	[dʲɛʃɪ'nʲiːs]
rechts (Adv)	ìš dešinė̃s	[ɪʃ deʃɪ'nʲeːs]
nach rechts	į̃ dẽšinę	[iː 'dʲæʃɪnʲɛː]

vorne (Adv)	príekyje	['prʲɛkʲiːjɛ]
Vorder-	príekinis	['prʲɛkʲɪnʲɪs]
vorwärts	pirmỹn	[pʲɪr'mʲiːn]

hinten (Adv)	galè	[ga'lʲɛ]
von hinten	ìš gãlo	[ɪʃ 'gaːlʲɔ]
rückwärts (Adv)	atgal̃	[at'galʲ]

Mitte (f)	vidurỹs (v)	[vʲɪdu'rʲiːs]
in der Mitte	per̃ vìdurį	['pʲɛr 'vʲɪːdurʲɪː]

seitlich (Adv)	šóne	['ʃonʲɛ]
überall (Adv)	visur̃	[vʲɪ'sʊr]
ringsherum (Adv)	apliñkui	[ap'lʲɪŋkʊi]

von innen (Adv)	ìš vidaũs	[ɪʃ vʲɪ'dɑʊs]
irgendwohin (Adv)	kažkur̃	[kaʒ'kʊr]
geradeaus (Adv)	tiẽsiai	['tʲɛsʲɛɪ]
zurück (Adv)	atgal̃	[at'galʲ]

irgendwoher (Adv)	ìš kur̃ nórs	[ɪʃ 'kʊr 'nors]
von irgendwo (Adv)	ìš kažkur̃	[ɪʃ kaʒ'kʊr]

erstens	pìrma	['pʲɪrma]
zweitens	àntra	['antra]
drittens	trẽčia	['trʲætʂʲæ]

plötzlich (Adv)	staigà	[stʌɪ'ga]
zuerst (Adv)	pradžiõj	[prad'ʒʲoːj]
zum ersten Mal	pìrmą kar̃tą	['pʲɪrma: 'karta:]
lange vor…	daũg laĩko priẽš …	['dɑʊg 'lʲʌɪkɔ 'prʲɛʃ …]
von Anfang an	ìš naũjo	[ɪʃ 'nɑʊjɔ]
für immer	visám laĩkui	[vʲɪ'sam 'lʲʌɪkʊi]

nie (Adv)	niekadà	[nʲiɛkad'a]
wieder (Adv)	vė̃l	['vʲeːlʲ]
jetzt (Adv)	dabar̃	[da'bar]
oft (Adv)	dažnaĩ	[daʒ'nʌɪ]
damals (Adv)	tadà	[ta'da]
dringend (Adv)	skubiaĩ	[skʊ'bʲɛɪ]
gewöhnlich (Adv)	įprastaĩ	[i:pras'tʌɪ]
übrigens, …	bejè, …	[bɛ'jæ, …]
möglicherweise (Adv)	įmãnoma	[i:'ma:noma]

wahrscheinlich (Adv)	tikétina	[tʲɪˈkʲeːtʲɪna]
vielleicht (Adv)	gãli bū́ti	[ˈgaːlʲɪ ˈbuːtʲɪ]
außerdem ...	bè tõ, ...	[ˈbʲɛ toː, ...]
deshalb ...	todėl ...	[toˈdʲeːlʲ ...]
trotz ...	nepaĩsant ...	[nʲɛˈpʌɪsant ...]
dank ...	... dėka	[... dʲeːˈka]

was (~ ist denn?)	kàs	[ˈkas]
das (~ ist alles)	kàs	[ˈkas]
etwas	kažkàs	[kaʒˈkas]
irgendwas	kažkàs	[kaʒˈkas]
nichts	niẽko	[ˈnʲɛkɔ]

wer (~ ist ~?)	kàs	[ˈkas]
jemand	kažkàs	[kaʒˈkas]
irgendwer	kažkàs	[kaʒˈkas]

niemand	niẽkas	[ˈnʲɛkas]
nirgends	niẽkur	[ˈnʲɛkʊr]
niemandes (~ Eigentum)	niẽkieno	[ˈnʲɛˈkʲiɛnɔ]
jemandes	kažkienõ	[kaʒkʲiɛˈnoː]

so (derart)	taĩp	[ˈtʌɪp]
auch	taĩp pàt	[ˈtʌɪp ˈpat]
ebenfalls	ĩrgi	[ˈɪrgʲɪ]

15. Funktionswörter. Adverbien. Teil 2

Warum?	Kodėl?	[kɔˈdʲeːlʲ?]
aus irgendeinem Grund	kažkodėl	[kaʒkɔˈdʲeːlʲ]
weil ...	... todėl, kàd	[... toˈdʲeːlʲ, ˈkad]
zu irgendeinem Zweck	kažkodėl	[kaʒkɔˈdʲeːlʲ]

und	ĩr	[ɪr]
oder	arbà	[arˈba]
aber	bèt	[ˈbʲɛt]

zu (~ viele)	pernelýg	[pʲɛrnʲɛˈlʲiːg]
nur (~ einmal)	tiktaĩ	[tʲɪkˈtʌɪ]
genau (Adv)	tiksliaĩ	[tʲɪksˈlʲɛɪ]
etwa	maždaũg	[maʒˈdɑʊg]

ungefähr (Adv)	apýtikriai	[aˈpʲiːtʲɪkrʲɛɪ]
ungefähr (Adj)	apýtikriai	[aˈpʲiːtʲɪkrʲɛɪ]
fast	beveĩk	[bʲɛˈvʲɛɪk]
Übrige (n)	vìsa kìta (m)	[ˈvʲɪsa ˈkʲɪta]

jeder (~ Mann)	kiekvíenas	[kʲiɛkˈvʲiɛnas]
beliebig (Adj)	bèt kurìs	[ˈbʲɛt kʊˈrʲɪs]
viel	daũg	[ˈdɑʊg]
viele Menschen	daũgelis	[ˈdɑʊgʲɛlʲɪs]
alle (wir ~)	visì	[vʲɪˈsʲɪ]
im Austausch gegen ...	mainaĩs į̃ ...	[mʌɪˈnʌɪs iː ..]
dafür (Adv)	mainaĩs	[mʌɪˈnʌɪs]

| mit der Hand (Hand-) | rañkiniu būdù | ['raŋkʲɪnʲʊ buːˈdʊ] |
| schwerlich (Adv) | kažì | [kaˈʒʲɪ] |

wahrscheinlich (Adv)	tikriáusiai	[tʲɪkˈrʲæʊsʲɛɪ]
absichtlich (Adv)	týčia	[ˈtʲiːtʂʲæ]
zufällig (Adv)	netýčia	[nʲɛˈtʲiːtʂʲæ]

sehr (Adv)	labaì	[lʲaˈbʌɪ]
zum Beispiel	pãvyzdžiui	[ˈpaːvʲiːzdʒʲʊi]
zwischen	tar̃p	[ˈtarp]
unter (Wir sind ~ Mördern)	tar̃p	[ˈtarp]
so viele (~ Ideen)	tiẽk	[ˈtʲɛk]
besonders (Adv)	ýpač	[ˈɪːpatʂ]

Grundbegriffe. Teil 2

16. Wochentage

Montag (m)	pirmãdienis (v)	[pʲɪr'ma:dʲiɛnʲɪs]
Dienstag (m)	antrãdienis (v)	[an'tra:dʲiɛnʲɪs]
Mittwoch (m)	trečiãdienis (v)	[trʲɛ'tʃʲædʲiɛnʲɪs]
Donnerstag (m)	ketvirtãdienis (v)	[kʲɛtvʲɪr'ta:dʲiɛnʲɪs]
Freitag (m)	penktãdienis (v)	[pʲɛŋk'ta:dʲiɛnʲɪs]
Samstag (m)	šeštãdienis (v)	[ʃʲɛʃ'ta:dʲiɛnʲɪs]
Sonntag (m)	sekmãdienis (v)	[sʲɛk'ma:dʲiɛnʲɪs]
heute	šiañdien	['ʃʲændʲiɛn]
morgen	rytój	[rʲi:'toj]
übermorgen	porýt	[po'rʲi:t]
gestern	vãkar	['va:kar]
vorgestern	užvakar	['ʊʒvakar]
Tag (m)	dienà (m)	[dʲiɛ'na]
Arbeitstag (m)	dárbo dienà (m)	['darbo dʲiɛ'na]
Feiertag (m)	šveñtinė dienà (m)	['ʃventʲɪnʲe: dʲiɛ'na]
freier Tag (m)	išeiginė dienà (m)	[ɪʃɛɪ'gʲɪnʲe: dʲiɛ'na]
Wochenende (n)	savaitgalis (v)	[sa'vʌɪtgalʲɪs]
den ganzen Tag	vìsą dièną	['vʲɪsa: 'dʲɛna:]
am nächsten Tag	sẽkančią dièną	['sʲẽkantʃʲæ: 'dʲɛna:]
zwei Tage vorher	priẽš dvì dienàs	['prʲɛʃ 'dvʲɪ dʲiɛ'nas]
am Vortag	išvakarėse	['ɪʃvakarʲe:se]
täglich (Adj)	kasdiẽnis	[kas'dʲɛnʲɪs]
täglich (Adv)	kasdiẽn	[kas'dʲɛn]
Woche (f)	savaitė (m)	[sa'vʌɪtʲe:]
letzte Woche	praeitą savaitę	['praɛɪta: sa'vʌɪtʲɛ:]
nächste Woche	ateinančią savaitę	[a'tʲɛɪnantʃʲæ: sa'vʌɪtʲɛ:]
wöchentlich (Adj)	kassavaitinis	[kassa'vʌɪtʲɪnʲɪs]
wöchentlich (Adv)	kàs savaitę	['kas sa'vʌɪtʲɛ:]
zweimal pro Woche	dù kartùs peř savaitę	['dʊ kar'tʊs pʲɛr sa'vʌɪtʲɛ:]
jeden Dienstag	kiekvíeną antrãdienį	[kʲiɛk'vʲi:ɛna: an'tra:dʲɪ:ɛnʲɪ:]

17. Stunden. Tag und Nacht

Morgen (m)	rýtas (v)	['rʲi:tas]
morgens	rytė	[rʲi:'tʲɛ]
Mittag (m)	vidùrdienis (v)	[vʲɪ'dʊrdʲiɛnʲɪs]
nachmittags	popiẽt	[po'pʲɛt]
Abend (m)	vãkaras (v)	['va:karas]
abends	vakarè	[vaka'rʲɛ]

Nacht (f)	naktìs (m)	[nak'tʲɪs]
nachts	nãktį	['naːktiː]
Mitternacht (f)	vidùrnaktis (v)	[vʲɪ'dʊrnaktʲɪs]

Sekunde (f)	sekùndė (m)	[sʲɛ'kʊndʲeː]
Minute (f)	minùtė (m)	[mʲɪ'nʊtʲeː]
Stunde (f)	valandà (m)	[valʲan'da]
eine halbe Stunde	pùsvalandis (v)	['pʊsvalʲandʲɪs]
Viertelstunde (f)	ketvìrtis valandõs	[kʲɛt'vʲɪrtʲɪs valʲan'doːs]
fünfzehn Minuten	penkiólika minùčių	[pʲɛŋ'kʲolʲɪka mʲɪ'nʊtʂʲuː]
Tag und Nacht	parà (m)	[pa'ra]

Sonnenaufgang (m)	sáulės patekėjimas (v)	['saʊlʲeːs patʲɛ'kʲɛjɪmas]
Morgendämmerung (f)	aušrà (m)	[aʊʃra]
früher Morgen (m)	ankstývas rýtas (v)	[aŋk'stʲiːvas 'rʲiːtas]
Sonnenuntergang (m)	saulėlydis (v)	[saʊ'lʲeːlʲiːdʲɪs]

früh am Morgen	ankstì rytė	[aŋk'stʲɪ rʲiː'tʲɛ]
heute Morgen	šiañdien rytė	['ʃændʲiɛn rʲiː'tʲɛ]
morgen früh	rytój rytė	[rʲiː'toj rʲiː'tʲɛ]
heute Mittag	šiañdien diẽną	['ʃæn'dʲɛn 'dʲiɛnaː]
nachmittags	popiẽt	[po'pʲɛt]
morgen Nachmittag	rytój popiẽt	[rʲiː'toj po'pʲɛt]
heute Abend	šiañdien vakarė	['ʃændʲiɛn vaka'rʲɛ]
morgen Abend	rytój vakarė	[rʲiː'toj vaka'rʲɛ]

Punkt drei Uhr	lýgiai trẽčią vãlandą	['lʲiːgʲɛɪ 'trʲætʂʲæ: 'va:landa:]
gegen vier Uhr	apiẽ ketvìrtą vãlandą	[a'pʲɛ kʲɛtvʲɪrta: va:lʲanda:]
um zwölf Uhr	dvýliktai vãlandai	['dvʲiːlʲɪktʌɪ 'va:landʌɪ]

in zwanzig Minuten	ùž dvidešimtiẽs minùčių	['ʊʒ dvʲɪdʲɛʃɪm'tʲɛs mʲɪ'nʊtʂʲuː]
in einer Stunde	ùž valandõs	['ʊʒ valʲan'doːs]
rechtzeitig (Adv)	laikù	[lʲʌɪ'kʊ]

Viertel vor ...	bė ketvìrčio	['bʲɛ 'kʲɛtvʲɪrtʂʲɔ]
innerhalb einer Stunde	valandõs bėgyje	[valʲan'doːs 'bʲeːgʲiːje]
alle fünfzehn Minuten	kàs penkiólika minùčių	['kas pʲɛŋ'kʲolʲɪka mʲɪ'nʊtʂʲuː]
Tag und Nacht	vìsą pãrą (m)	['vʲɪsa: 'pa:ra:]

18. Monate. Jahreszeiten

Januar (m)	saũsis (v)	['saʊsʲɪs]
Februar (m)	vasãris (v)	[va'sa:rʲɪs]
März (m)	kovàs (v)	[ko'vas]
April (m)	balañdis (v)	[ba'lʲandʲɪs]
Mai (m)	gegužė̃ (m)	[gʲɛgʊ'ʒʲeː]
Juni (m)	biržẽlis (v)	[bʲɪr'ʒʲælʲɪs]

Juli (m)	líepa (v)	['lʲiɛpa]
August (m)	rugpjū̃tis (v)	[rʊg'pjuːtʲɪs]
September (m)	rugsė́jis (v)	[rʊg'sʲɛjɪs]
Oktober (m)	spãlis (v)	['spa:lʲɪs]
November (m)	lãpkritis (v)	['lʲa:pkrʲɪtʲɪs]
Dezember (m)	grúodis (v)	['grʊadʲɪs]

Frühling (m)	pavāsaris (v)	[pa'va:sar'ɪs]
im Frühling	pavāsarį	[pa'va:sar'ɪ:]
Frühlings-	pavasarìnis	[pavasa'rʲɪnʲɪs]
Sommer (m)	vāsara (m)	['va:sara]
im Sommer	vāsarą	['va:sara:]
Sommer-	vasarìnis	[vasa'rʲɪnʲɪs]
Herbst (m)	ruduõ (v)	[rʊ'dʊɑ]
im Herbst	rùdenį	['rʊdʲɛnʲɪ:]
Herbst-	rudenìnis	[rʊdʲɛ'nʲɪnʲɪs]
Winter (m)	žiemà (m)	[ʒʲiɛ'ma]
im Winter	žiēmą	['ʒʲɛma:]
Winter-	žiemìnis	[ʒʲiɛ'mʲɪnʲɪs]
Monat (m)	ménuo (v)	['mʲe:nʊɑ]
in diesem Monat	šį̀ ménesį	[ʃɪ: 'mʲe:nesʲɪ:]
nächsten Monat	kìtą ménesį	['kʲɪ:ta: 'mʲe:nesʲɪ:]
letzten Monat	praeìtą ménesį	['praʲɛɪta: 'mʲe:nesʲɪ:]
vor einem Monat	priēš ménesį	['prʲɪ:ʃ 'mʲe:nesʲɪ:]
über eine Monat	ùž ménesio	['ʊʒ 'mʲe:nesʲɔ]
in zwei Monaten	ùž dvejū̃ ménesių	['ʊʒ dve'ju: 'mʲe:nesʲu:]
den ganzen Monat	vìsą ménesį	['vʲɪsa: 'mʲe:nesʲɪ:]
monatlich (Adj)	kasménesìnis	[kasmʲe:ne'sʲɪnʲɪs]
monatlich (Adv)	kàs ménesį	['kas 'mʲe:nesʲɪ:]
jeden Monat	kiekvíeną ménesį	[kʲiɛk'vʲɪ:ɛna: 'mʲe:nesʲɪ:]
zweimal pro Monat	dù kartùs peř ménesį	['dʊ kar'tʊs per 'mʲe:nesʲɪ:]
Jahr (n)	mētai (v dgs)	['mʲætʌɪ]
dieses Jahr	šiaìs mētais	['ʃɛɪs 'mʲætʌɪs]
nächstes Jahr	kitaìs mētais	[kʲɪ'tʌɪs 'mʲætʌɪs]
voriges Jahr	praeitaìs mētais	[praʲɛɪ'tʌɪs 'mʲætʌɪs]
vor einem Jahr	priēš metùs	['prʲɛʃ mʲɛ'tʊs]
in einem Jahr	ùž mētų	['ʊʒ 'mʲætu:]
in zwei Jahren	ùž dvejū̃ mētų	['ʊʒ dvʲɛ'ju: 'mʲætu:]
das ganze Jahr	visùs metùs	[vʲɪ'sus mʲɛ'tʊs]
jedes Jahr	kàs metùs	['kas mʲɛ'tʊs]
jährlich (Adj)	kasmetìnis	[kasmʲɛ'tʲɪnʲɪs]
jährlich (Adv)	kàs metùs	['kas mʲɛ'tʊs]
viermal pro Jahr	kēturis kartùs per metùs	['kʲætʊrʲɪs kar'tʊs pʲer mʲɛ'tʊs]
Datum (heutige ~)	dienà (m)	[dʲiɛ'na]
Datum (Geburts-)	datà (m)	[da'ta]
Kalender (m)	kalendõrius (v)	[kalʲɛn'do:rʲʊs]
ein halbes Jahr	pùsė mētų	['pʊsʲe: 'mʲætu:]
Halbjahr (n)	pùsmetis (v)	['pʊsmʲɛtʲɪs]
Saison (f)	sezònas (v)	[sʲɛ'zonas]
Jahrhundert (n)	ámžius (v)	['amʒʲʊs]

19. Zeit. Verschiedenes

Zeit (f)	laĩkas (v)	['lʲʌɪkas]
Augenblick (m)	akìmirka (m)	[a'kʲɪmʲɪrka]
Moment (m)	momentas (v)	[mo'mʲɛntas]
augenblicklich (Adj)	staigùs	[stʌɪ'gʊs]
Zeitspanne (f)	laĩko tárpas (v)	['lʲʌɪkɔ 'tarpas]
Leben (n)	gyvẽnimas (v)	[gʲiː'vʲænʲɪmas]
Ewigkeit (f)	amžinýbė (m)	[amʒʲɪ'nʲiːbʲeː]

Epoche (f)	epochà (m)	[ɛpo'xa]
Ära (f)	erà (m)	[ɛ'ra]
Zyklus (m)	cìklas (v)	['tsʲɪklʲas]
Periode (f)	periòdas (v)	[pʲɛrʲɪ'jɔdas]
Frist (äußerste ~)	laikótarpis (v)	[lʲʌɪ'kotarpʲɪs]

Zukunft (f)	ateitìs (m)	[atʲɛɪ'tʲɪs]
zukünftig (Adj)	bùsimas	['busʲɪmas]
nächstes Mal	kìtą kar̃tą	['kʲɪtɑ: 'karta:]
Vergangenheit (f)	praeitìs (m)	[praʲɛɪ'tʲɪs]
vorig (Adj)	praẽjęs	[pra'eːjɛ:s]
letztes Mal	pràeitą kar̃tą	['praʲɛɪta: 'karta:]

später (Adv)	vėliaũ	[vʲeː'lʲɛʊ]
danach	põ	['pɔ:]
zur Zeit	dabar̃	[da'bar]
jetzt	dabar̃	[da'bar]
sofort	tuõj pàt	['tʊɑj 'pat]
bald	greĩtai	['grʲɛɪtʌɪ]
im Voraus	iš ankstо	[ɪʃ 'aŋkstɔ]

lange her	seniaĩ	[sʲɛ'nʲɛɪ]
vor kurzem	neseniaĩ	[nʲɛsʲɛʲɛ'nʲɛɪ]
Schicksal (n)	likìmas (v)	[lʲɪ'kʲɪmas]
Erinnerungen (pl)	atminìmas (v)	[atmʲɪ'nʲɪmas]
Archiv (n)	archỹvas (v)	[ar'xʲiːvas]

während ...	... metu	[... mʲɛ'tʊ]
lange (Adv)	ilgaĩ ...	[ɪlʲˈgʌɪ ...]
nicht lange (Adv)	neilgaĩ	[nʲɛɪlʲˈgʌɪ]
früh (~ am Morgen)	ankstì	[aŋk'stʲɪ]
spät (Adv)	vėlaĩ	[vʲeː'lʲʌɪ]

für immer	visám laĩkui	[vʲɪ'sam 'lʲʌɪkʊi]
beginnen (vt)	pradėti	[pra'dʲeːtʲɪ]
verschieben (vt)	pérkelti	['pʲɛrkʲɛlʲtʲɪ]

gleichzeitig	tuõ pàt metù	['tʊɑ 'pat mʲɛ'tʊ]
ständig (Adv)	vìsą laĩką	['vʲɪsa: 'lʲʌɪka:]
konstant (Adj)	nuolatìnis	[nʊɑlʲa'tʲɪnʲɪs]
zeitweilig (Adj)	laĩkinas	['lʲʌɪkʲɪnas]

manchmal	kartaĩs	[kar'tʌɪs]
selten (Adv)	retaĩ	[rʲɛ'tʌɪ]
oft	dažnaĩ	[daʒ'nʌɪ]

20. Gegenteile

reich (Adj)	turtìngas	[tʊr'tʲɪngas]
arm (Adj)	skurdùs	[skʊr'dʊs]
krank (Adj)	sérgantis	['sʲɛrgantʲɪs]
gesund (Adj)	sveĩkas	['svʲɛɪkas]
groß (Adj)	dìdelis	['dʲɪdʲɛlʲɪs]
klein (Adj)	mãžas	['maːʒas]
schnell (Adv)	greĩtai	['grʲɛɪtʌɪ]
langsam (Adv)	létaĩ	[lʲeːˈtʌɪ]
schnell (Adj)	greĩtas	['grʲɛɪtas]
langsam (Adj)	létas	['lʲeːtas]
froh (Adj)	lìnksmas	['lʲɪŋksmas]
traurig (Adj)	liũdnas	['lʲuːdnas]
zusammen	kártu	['kartʊ]
getrennt (Adv)	atskiraĩ	[atskʲɪ'rʌɪ]
laut (~ lesen)	garsiai	['garsʲɛɪ]
still (~ lesen)	týliai	['tʲiːlʲɛɪ]
hoch (Adj)	aũkštas	['ɑʊkʃtas]
niedrig (Adj)	žẽmas	['ʒʲæmas]
tief (Adj)	gilùs	[gʲɪ'lʲʊs]
flach (Adj)	seklùs	[sʲɛk'lʲʊs]
ja	taĩp	['tʌɪp]
nein	nè	['nʲɛ]
fern (Adj)	tólimas	['tolʲɪmas]
nah (Adj)	ártimas	['artʲɪmas]
weit (Adv)	tolì	[to'lʲɪ]
nebenan (Adv)	artì	[ar'tʲɪ]
lang (Adj)	ìlgas	['ɪlʲgas]
kurz (Adj)	trum̃pas	['trʊmpas]
gut (gütig)	gẽras	['gʲæras]
böse (der ~ Geist)	pìktas	['pʲɪktas]
verheiratet (Ehemann)	vẽdęs	['vʲædʲɛːs]
ledig (Adj)	nevẽdęs	[nʲɛ'vʲædʲɛːs]
verbieten (vt)	uždraũsti	[ʊʒ'drɑʊstʲɪ]
erlauben (vt)	léisti	['lʲɛɪstʲɪ]
Ende (n)	pabaigà (m)	[pabʌɪ'ga]
Anfang (m)	pradžià (m)	[prad'ʒʲæ]

| link (Adj) | kairỹs | [kʌɪ'rʲiːs] |
| recht (Adj) | dešinỹs | [dʲɛʃɪ'nʲiːs] |

| der erste | pìrmas | ['pʲɪrmas] |
| der letzte | paskutìnis | [paskʊ'tʲɪnʲɪs] |

| Verbrechen (n) | nusikaltìmas (v) | [nʊsʲɪkalʲ'tʲɪmas] |
| Bestrafung (f) | bausmě̃ (m) | [baʊs'mʲeː] |

| befehlen (vt) | įsakýti | [iːsa'kʲiːtʲɪ] |
| gehorchen (vi) | paklùsti | [pak'lʲʊstʲɪ] |

| gerade (Adj) | tiesùs | [tʲiɛ'sʊs] |
| krumm (Adj) | kreĩvas | ['krʲɛɪvas] |

| Paradies (n) | rõjus (v) | ['ro:jʊs] |
| Hölle (f) | prãgaras (v) | ['pra:garas] |

| geboren sein | gìmti | ['gʲɪmtʲɪ] |
| sterben (vi) | mìrti | ['mʲɪrtʲɪ] |

| stark (Adj) | stiprùs | [stʲɪp'rʊs] |
| schwach (Adj) | sìlpnas | ['sʲɪlʲpnas] |

| alt | sẽnas | ['sʲænas] |
| jung (Adj) | jáunas | ['jɑʊnas] |

| alt (Adj) | sẽnas | ['sʲænas] |
| neu (Adj) | naũjas | ['nɑʊjas] |

| hart (Adj) | kíetas | ['kʲiɛtas] |
| weich (Adj) | mìnkštas | ['mʲɪŋkʃtas] |

| warm (Adj) | šìltas | ['ʃɪlʲtas] |
| kalt (Adj) | šáltas | ['ʃalʲtas] |

| dick (Adj) | stóras | ['storas] |
| mager (Adj) | plónas | ['plʲonas] |

| eng (Adj) | siaũras | ['sʲɛʊras] |
| breit (Adj) | platùs | [plʲa'tʊs] |

| gut (Adj) | gẽras | ['gʲæras] |
| schlecht (Adj) | blõgas | ['blʲo:gas] |

| tapfer (Adj) | drąsùs | [drɑ:'sʊs] |
| feige (Adj) | bailùs | [bʌɪ'lʲʊs] |

21. Linien und Formen

Quadrat (n)	kvadrãtas (v)	[kvad'ra:tas]
quadratisch	kvadrãtinis	[kvad'ra:tʲɪnʲɪs]
Kreis (m)	skritulỹs (v)	[skrʲɪtʊ'lʲiːs]
rund	apvalùs	[apva'lʲʊs]

| Dreieck (n) | trìkampis (v) | ['trⁱɪkampⁱɪs] |
| dreieckig | trikampìnis | [trⁱɪkam'pⁱɪnⁱɪs] |

Oval (n)	ovãlas (v)	[o'va:lⁱas]
oval	ovalùs	[ova'lⁱʊs]
Rechteck (n)	stačiãkampis (v)	[sta'tsⁱækampⁱɪs]
rechteckig	stačiãkampis	[sta'tsⁱækampⁱɪs]

Pyramide (f)	piramìdė (m)	[pⁱɪra'mⁱɪdⁱe:]
Rhombus (m)	ròmbas (v)	['rombas]
Trapez (n)	trapècija (m)	[tra'pⁱɛtsⁱɪjɛ]
Würfel (m)	kùbas (v)	['kubas]
Prisma (n)	prìzmė (m)	['prⁱɪzmⁱe:]

Kreis (m)	apskritìmas (v)	[apskrⁱɪ't'ⁱɪmas]
Sphäre (f)	sferà (m)	[sfⁱɛ'ra]
Kugel (f)	rutulỹs (v)	[rʊtu'lⁱi:s]
Durchmesser (m)	diãmetras (v)	[dⁱɪ'jamⁱɛtras]
Radius (m)	spindulỹs (v)	[spⁱɪndʊ'lⁱi:s]
Umfang (m)	perìmetras (v)	[pⁱɛ'rⁱɪmⁱɛtras]
Zentrum (n)	ceñtras (v)	['tsⁱɛntras]

| waagerecht (Adj) | horizontalùs | [ɣorⁱɪzonta'lⁱʊs] |
| senkrecht (Adj) | vertikalùs | [vⁱɛrtⁱɪka'lⁱʊs] |

| Parallele (f) | paralèlė (m) | [para'lⁱɛlⁱe:] |
| parallel (Adj) | lygiagretùs | [lⁱi:gⁱægrⁱɛ'tʊs] |

Linie (f)	lìnija (m)	['lⁱɪnⁱɪjɛ]
Strich (m)	brūkšnỹs (v)	[bru:kʃn'ⁱi:s]
Gerade (f)	tiesiòji (m)	[tⁱiɛ'sⁱo:jɪ]
Kurve (f)	kreivė̃ (m)	[krⁱɛɪ'vⁱe:]
dünn (schmal)	plónas	['plⁱonas]
Kontur (f)	kòntūras (v)	['kontu:ras]

Schnittpunkt (m)	sánkirta (m)	['saŋkⁱɪrta]
rechter Winkel (m)	statùsis kañpas (v)	[sta'tʊsⁱɪs 'kampas]
Segment (n)	segmeñtas (v)	[sⁱɛg'mⁱɛntas]
Sektor (m)	sèktorius (v)	['sⁱɛktorⁱʊs]
Seite (f)	pùsė (m)	['pʊsⁱe:]
Winkel (m)	kañpas (v)	['kampas]

22. Maßeinheiten

Gewicht (n)	svõris (v)	['svo:rⁱɪs]
Länge (f)	ìlgis (f)	[ilⁱgⁱɪs]
Breite (f)	plõtis (v)	['plⁱo:tⁱɪs]
Höhe (f)	aūkštis (v)	['ɑukʃtⁱɪs]
Tiefe (f)	gỹlis (v)	['gⁱi:lⁱɪs]
Volumen (n)	tū̃ris (v)	['tu:rⁱɪs]
Fläche (f)	plótas (v)	['plⁱotas]

| Gramm (n) | grãmas (v) | ['gra:mas] |
| Milligramm (n) | miligrãmas (v) | [mⁱɪlⁱɪ'gra:mas] |

Kilo (n)	kilogrãmas (v)	[kʲɪlʲoˈɡraːmas]
Tonne (f)	tonà (m)	[toˈna]
Pfund (n)	svãras (v)	[ˈsvaːras]
Unze (f)	ùncija (m)	[ˈʊntsʲɪjɛ]

Meter (m)	mètras (v)	[ˈmʲɛtras]
Millimeter (m)	milimètras (v)	[mʲɪlʲɪˈmʲɛtras]
Zentimeter (m)	centimètras (v)	[tsʲɛntʲɪˈmʲɛtras]
Kilometer (m)	kilomètras (v)	[kʲɪlʲoˈmʲɛtras]
Meile (f)	mylià (m)	[mʲiːlʲæ]

Zoll (m)	cólis (v)	[ˈtsolʲɪs]
Fuß (m)	pėdà (m)	[pʲeːˈda]
Yard (n)	járdas (v)	[jardas]

| Quadratmeter (m) | kvadrãtinis mètras (v) | [kvadˈraːtʲɪnʲɪs ˈmʲɛtras] |
| Hektar (n) | hektãras (v) | [ɣʲɛkˈtaːras] |

Liter (m)	lìtras (v)	[ˈlʲɪtras]
Grad (m)	laípsnis (v)	[ˈlʲʌɪpsnʲɪs]
Volt (n)	vòltas (v)	[ˈvolʲtas]
Ampere (n)	ampèras (v)	[amˈpʲɛras]
Pferdestärke (f)	árklio galià (m)	[ˈarklʲɔ ɡaˈlʲæ]

Anzahl (f)	kiẽkis (v)	[ˈkʲɛkʲɪs]
etwas ...	nedaũg ...	[nʲɛˈdɑʊɡ ...]
Hälfte (f)	pusè (m)	[ˈpʊsʲeː]
Dutzend (n)	tùzinas (v)	[ˈtʊzʲɪnas]
Stück (n)	víenetas (v)	[ˈvʲiɛnʲɛtas]

| Größe (f) | dỹdis (v), išmatãvimai (v dgs) | [ˈdʲiːdʲɪs], [iʃmaˈtaːvʲɪmʌɪ] |
| Maßstab (m) | mastèlis (v) | [masˈtʲælʲɪs] |

minimal (Adj)	minimalùs	[mʲɪnʲɪmaˈlʲʊs]
der kleinste	mažiáusias	[maˈʒʲæʊsʲæs]
mittler, mittel-	vidutìnis	[vʲɪduˈtʲɪnʲɪs]
maximal (Adj)	maksimalùs	[maksʲɪmaˈlʲʊs]
der größte	didžiáusias	[dʲɪˈdʒʲæʊsʲæs]

23. Behälter

Glas (Einmachglas)	stiklaìnis (v)	[stʲɪkˈlʲʌɪnʲɪs]
Dose (z.B. Bierdose)	skardìnė (m)	[skarˈdʲɪnʲeː]
Eimer (m)	kìbiras (v)	[ˈkʲɪbʲɪras]
Fass (n), Tonne (f)	statìnė (m)	[staˈtʲɪnʲeː]

Waschschüssel (n)	dubenėlis (v)	[dʊbeˈnʲeːlʲɪs]
Tank (m)	bãkas (v)	[ˈbaːkas]
Flachmann (m)	kòlba (m)	[ˈkolʲba]
Kanister (m)	kanìstras (v)	[kaˈnʲɪstras]
Zisterne (f)	bãkas (v)	[ˈbaːkas]

| Kaffeebecher (m) | puodėlis (v) | [pʊɑˈdʲælʲɪs] |
| Tasse (f) | puodėlis (v) | [pʊɑˈdʲælʲɪs] |

Untertasse (f)	lėkštelė (m)	[lʲeːkʃʲtʲælʲeː]
Wasserglas (n)	stiklas (v)	['stʲɪklʲas]
Weinglas (n)	taurė (m)	[tɑʊ'rʲeː]
Kochtopf (m)	puodas (v)	['pʊɑdas]

Flasche (f)	butelis (v)	['bʊtʲɛlʲɪs]
Flaschenhals (m)	kaklas (v)	['kaːklʲas]

Karaffe (f)	grafinas (v)	[gra'fʲɪnas]
Tonkrug (m)	ąsotis (v)	[aː'soːtʲɪs]
Gefäß (n)	indas (v)	['ɪndas]
Tontopf (m)	puodas (v)	['pʊɑdas]
Vase (f)	vaza (m)	[va'za]

Flakon (n)	butelis (v)	['bʊtʲɛlʲɪs]
Fläschchen (n)	buteliukas (v)	[bʊtʲɛlʲʊkas]
Tube (z.B. Zahnpasta)	tūba (m)	[tuː'ba]

Sack (~ Kartoffeln)	maišas (v)	['mʌɪʃas]
Tüte (z.B. Plastiktüte)	paketas (v)	[pa'kʲɛtas]
Schachtel (f) (z.B. Zigaretten~)	pluoštas (v)	['plʲʊɑʃtas]

Karton (z.B. Schuhkarton)	dėžė (m)	[dʲeː'ʒʲeː]
Kiste (z.B. Bananenkiste)	dėžė (m)	[dʲeː'ʒʲeː]
Korb (m)	krepšys (v)	[krʲɛp'ʃʲɪːs]

24. Werkstoffe

Stoff (z.B. Baustoffe)	medžiaga (m)	['mʲædʒʲæga]
Holz (n)	medis (v)	['mʲædʲɪs]
hölzern	medinis	[mʲɛ'dʲɪnʲɪs]

Glas (n)	stiklas (v)	['stʲɪklʲas]
gläsern, Glas-	stiklinis	[stʲɪk'lʲɪnʲɪs]

Stein (m)	akmuo (v)	[ak'mʊɑ]
steinern	akmeninis	[akmʲɛ'nʲɪnʲɪs]

Kunststoff (m)	plastikas (v)	['plʲaːstʲɪkas]
Kunststoff-	plastikinis	[plʲastʲɪ'kʲɪnʲɪs]

Gummi (n)	guma (m)	[gʊ'ma]
Gummi-	guminis	[gʊ'mʲɪnʲɪs]

Stoff (m)	audinys (v)	[ɑʊdʲɪ'nʲiːs]
aus Stoff	iš audinio	[ɪʃ 'ɑʊdʲɪnʲɔ]

Papier (n)	popierius (v)	['poːpʲiɛrʲʊs]
Papier-	popierinis	[popʲiɛ'rʲɪnʲɪs]

Pappe (f)	kartonas (v)	[kar'tonas]
Pappen-	kartoninis	[kar'tonʲɪnʲɪs]
Polyäthylen (n)	polietilėnas (v)	[polʲiɛtʲɪ'lʲɛnas]

Zellophan (n)	celofānas (v)	[ts╵ɛl╵o'fa:nas]
Linoleum (n)	linolēumas (v)	[l╵ɪno'l╵ɛʊmas]
Furnier (n)	fanerà (m)	[fan╵ɛ'ra]

Porzellan (n)	porceliānas (v)	[ports╵ɛ'l╵ænas]
aus Porzellan	porceliāninis	[ports╵ɛ'l╵æn╵ɪn╵ɪs]
Ton (m)	mólis (v)	['mol╵ɪs]
Ton-	molìnis	[mo'l╵ɪn╵ɪs]
Keramik (f)	kerāmika (m)	[k╵ɛ'ra:m╵ɪka]
keramisch	keramikìnis	[k╵ɛram╵ɪ'k╵ɪn╵ɪs]

25. Metalle

Metall (n)	metālas (v)	[m╵ɛ'ta:l╵as]
metallisch, Metall-	metalìnis	[m╵ɛta'l╵ɪn╵ɪs]
Legierung (f)	lydinỹs (v)	[l╵i:d╵ɪ'n╵i:s]

Gold (n)	áuksas (v)	['ɑʊksas]
golden	auksìnis	[ɑʊk's╵ɪn╵ɪs]
Silber (n)	sidābras (v)	[s╵ɪ'da:bras]
silbern, Silber-	sidabrìnis	[s╵ɪda'br╵ɪn╵ɪs]

Eisen (n)	geležìs (v)	[g╵ɛl╵ɛ'ʒ╵ɪs]
eisern, Eisen-	geležìnis	[g╵ɛl╵ɛ'ʒ╵ɪn╵ɪs]
Stahl (m)	pliēnas (v)	['pl╵ɛnas]
stählern	plienìnis	[pl╵iɛ'n╵ɪn╵ɪs]
Kupfer (n)	vāris (v)	['va:r╵ɪs]
kupfern, Kupfer-	varìnis	[va'r╵ɪn╵ɪs]

Aluminium (n)	aliumìnis (v)	[al╵ʊ'm╵ɪn╵ɪs]
Aluminium-	aliumìninis	[al╵ʊ'm╵ɪn╵ɪn╵ɪs]
Bronze (f)	brònza (m)	['bronza]
bronzen	brònzinis	['bronz╵ɪn╵ɪs]

Messing (n)	žálvaris (v)	['ʒal╵var╵ɪs]
Nickel (n)	nìkelis (v)	['n╵ɪk╵ɛl╵ɪs]
Platin (n)	plātinà (m)	[pl╵a:t╵ɪ'na]
Quecksilber (n)	gývsidabris (v)	['g╵i:vs╵ɪdabr╵ɪs]
Zinn (n)	ālavas (v)	['a:l╵avas]
Blei (n)	švìnas (v)	['ʃv╵ɪnas]
Zink (n)	cìnkas (v)	['ts╵ɪŋkas]

DER MENSCH

Der Mensch. Körper

26. Menschen. Grundbegriffe

Mensch (m)	žmogùs (v)	[ʒmoˈgʊs]
Mann (m)	výras (v)	[ˈvʲiːras]
Frau (f)	móteris (m)	[ˈmotʲɛrʲɪs]
Kind (n)	vaĩkas (v)	[ˈvʌɪkas]
Mädchen (n)	mergáitė (m)	[mʲɛrˈgʌɪtʲeː]
Junge (m)	berniùkas (v)	[bʲɛrˈnʲʊkas]
Teenager (m)	paauglỹs (v)	[paɑʊˈglʲiːs]
Greis (m)	sẽnis (v)	[ˈsʲænʲɪs]
alte Frau (f)	sẽnė (m)	[ˈsʲænʲeː]

27. Anatomie des Menschen

Organismus (m)	organìzmas (v)	[orgaˈnʲɪzmas]
Herz (n)	širdìs (m)	[ʃʲɪrˈdʲɪs]
Blut (n)	kraũjas (v)	[ˈkrɑʊjas]
Arterie (f)	artèrija (m)	[arˈtʲɛrʲɪjɛ]
Vene (f)	venà (m)	[vʲɛˈna]
Gehirn (n)	smẽgenys (v dgs)	[ˈsmʲægʲɛnʲiːs]
Nerv (m)	nèrvas (v)	[ˈnʲɛrvas]
Nerven (pl)	nèrvai (v dgs)	[ˈnʲɛrvʌɪ]
Wirbel (m)	slankstẽlis (v)	[slaŋkˈstʲælʲɪs]
Wirbelsäule (f)	stùburas (v)	[ˈstʊburas]
Magen (m)	skrañdis (v)	[ˈskrandʲɪs]
Gedärm (n)	žarnýnas (v)	[ʒarˈnʲiːnas]
Darm (z.B. Dickdarm)	žarnà (m)	[ʒarˈna]
Leber (f)	kẽpenys (v dgs)	[ˈkʲæpʲɛnʲiːs]
Niere (f)	ìnkstas (v)	[ˈɪŋkstas]
Knochen (m)	káulas (v)	[ˈkɑʊlʲas]
Skelett (n)	griáučiai (v)	[ˈgrʲæʊtʃʲɛɪ]
Rippe (f)	šónkaulis (v)	[ˈʃoŋkɑʊlʲɪs]
Schädel (m)	káukolė (m)	[ˈkɑʊkolʲeː]
Muskel (m)	raumuõ (v)	[rɑʊˈmʊɑ]
Bizeps (m)	bìcepsas (v)	[ˈbʲɪtsʲɛpsas]
Trizeps (m)	trìcepsas (v)	[ˈtrʲɪtsʲɛpsas]
Sehne (f)	saũsgyslė (m)	[ˈsɑʊsgʲiːslʲeː]
Gelenk (n)	sąnaris (v)	[ˈsaːnarʲɪs]

Lungen (pl)	plaũčiai (v)	['plˡaʊt͡sˡɛɪ]
Geschlechtsorgane (pl)	lytìniai òrganai (v dgs)	[lˡi:'tˡɪnˡɛɪ 'organʌɪ]
Haut (f)	óda (m)	['oda]

28. Kopf

Kopf (m)	galvà (m)	[galˡ'va]
Gesicht (n)	véidas (v)	['vˡɛɪdas]
Nase (f)	nósis (m)	['nosˡɪs]
Mund (m)	burnà (m)	[bʊr'na]

Auge (n)	akìs (m)	[a'kˡɪs]
Augen (pl)	ãkys (m dgs)	['a:kˡi:s]
Pupille (f)	vyzdỹs (v)	[vˡi:z'dˡi:s]
Augenbraue (f)	añtakis (v)	['antakˡɪs]
Wimper (f)	blakstíena (m)	[blˡak'stˡiɛna]
Augenlid (n)	võkas (v)	['vo:kas]

Zunge (f)	liežùvis (v)	[lˡiɛ'ʒʊvˡɪs]
Zahn (m)	dantìs (v)	[dan'tˡɪs]
Lippen (pl)	lũpos (m dgs)	['lˡu:pos]
Backenknochen (pl)	skruostìkauliai (v dgs)	[skrʊɑ'stˡɪkɑʊlˡɛɪ]
Zahnfleisch (n)	dantenõs (m dgs)	[dantˡɛ'no:s]
Gaumen (m)	gomurỹs (v)	[gomʊ'rˡi:s]

Nasenlöcher (pl)	šnérvės (m dgs)	['ʃnˡærvˡe:s]
Kinn (n)	smãkras (v)	['sma:kras]
Kiefer (m)	žandìkaulis (v)	[ʒan'dˡɪkɑʊlˡɪs]
Wange (f)	skrúostas (v)	['skrʊɑstas]

Stirn (f)	kaktà (m)	[kak'ta]
Schläfe (f)	smilkinỹs (v)	[smˡɪlˡkˡɪr'nˡi:s]
Ohr (n)	ausìs (m)	[ɑʊ'sˡɪs]
Nacken (m)	pakáušis, sprándas (v)	[pa'kɑʊʃˡɪs], ['sprandas]
Hals (m)	kãklas (v)	['ka:klˡas]
Kehle (f)	gerklė̃ (m)	[gˡɛrk'lˡe:]

Haare (pl)	plaukaì (v dgs)	[plˡɑʊ'kʌɪ]
Frisur (f)	šukúosena (m)	[ʃʊ'kʊɑsˡena]
Haarschnitt (m)	kirpìmas (v)	[kˡɪr'pˡɪmas]
Perücke (f)	perùkas (v)	[pˡɛ'rʊkas]

Schnurrbart (m)	ũsai (v dgs)	['u:sʌɪ]
Bart (m)	barzdà (m)	[barz'da]
haben (einen Bart ~)	nešióti	[nˡɛ'ʃˡotˡɪ]
Zopf (m)	kasà (m)	[ka'sa]
Backenbart (m)	žándenos (m dgs)	['ʒandˡenos]

rothaarig	rùdis	['rʊdˡɪs]
grau	žìlas	['ʒˡɪlˡas]
kahl	plìkas	['plˡɪkas]
Glatze (f)	plìkė (m)	['plˡɪkˡe:]
Pferdeschwanz (m)	uodegà (m)	[ʊɑdˡɛ'ga]
Pony (Ponyfrisur)	kĩrpčiai (v dgs)	['kˡɪrpt͡sˡɛɪ]

29. Menschlicher Körper

| Hand (f) | plaštaka (m) | ['plʲaːʃtaka] |
| Arm (m) | ranka (m) | [raŋˈka] |

Finger (m)	pirštas (v)	['pʲɪrʃtas]
Daumen (m)	nykštys (v)	[nʲiːkʃˈtʲiːs]
kleiner Finger (m)	mažasis pirštas (v)	[maˈʒasʲɪs 'pʲɪrʃtas]
Nagel (m)	nagas (v)	['naːgas]

Faust (f)	kumštis (v)	['kʊmʃtʲɪs]
Handfläche (f)	delnas (v)	['dʲɛlʲnas]
Handgelenk (n)	riešas (v)	['rʲiɛʃas]
Unterarm (m)	dilbis (v)	['dʲɪlʲbʲɪs]
Ellbogen (m)	alkūnė (m)	[alʲˈkuːnʲeː]
Schulter (f)	petis (v)	[pʲɛˈtʲɪs]

Bein (n)	koja (m)	['koja]
Fuß (m)	pėda (m)	[pʲeːˈda]
Knie (n)	kelias (m)	['kʲælʲæs]
Wade (f)	blauzda (m)	[blʲɑʊzˈda]
Hüfte (f)	šlaunis (m)	[ʃlʲɑʊˈnʲɪs]
Ferse (f)	kulnas (v)	['kʊlʲnas]

Körper (m)	kūnas (v)	['kuːnas]
Bauch (m)	pilvas (v)	['pʲɪlʲvas]
Brust (f)	krūtinė (m)	[kruːˈtʲɪnʲeː]
Busen (m)	krūtis (m)	[kruːˈtʲɪs]
Seite (f), Flanke (f)	šonas (v)	['ʃonas]
Rücken (m)	nugara (m)	['nʊgara]
Kreuz (n)	juosmuo (v)	[jʊɑsˈmʊɑ]
Taille (f)	liemuo (v)	[lʲiɛˈmʊɑ]

Nabel (m)	bamba (m)	['bamba]
Gesäßbacken (pl)	sėdmenys (v dgs)	['sʲeːdmenʲiːs]
Hinterteil (n)	pasturgalis, užpakalis (v)	[pasˈtʊrgalʲɪs], ['ʊʒpakalʲɪs]

Leberfleck (m)	apgamas (v)	['aːpgamas]
Muttermal (n)	apgamas (v)	['aːpgamas]
Tätowierung (f)	tatuiruotė (m)	[tatʊiˈrʊɑtʲeː]
Narbe (f)	randas (v)	['randas]

Kleidung & Accessoires

30. Oberbekleidung. Mäntel

Kleidung (f)	apranga (m)	[apran'ga]
Oberkleidung (f)	viršutiniai drabužiai (v dgs)	[vʲɪrʃu'tʲɪnʲɛɪ dra'buʒʲɛɪ]
Winterkleidung (f)	žieminiai drabužiai (v)	[ʒʲiɛ'mʲɪnʲɛɪ dra'buʒʲɛɪ]

Mantel (m)	paltas (v)	['palʲtas]
Pelzmantel (m)	kailiniai (v dgs)	[kʌɪlʲɪ'nʲɛɪ]
Pelzjacke (f)	puskailiniai (v)	['puskʌɪlʲɪnʲɛɪ]
Daunenjacke (f)	pūkinė (m)	[pu:'kʲɪnʲe:]

Jacke (z.B. Lederjacke)	striukė (m)	['strʲukʲe:]
Regenmantel (m)	apsiaustas (v)	[ap'sʲɛustas]
wasserdicht	neperšlampamas	[nʲɛ'pʲɛrʃlʲampamas]

31. Herren- & Damenbekleidung

Hemd (n)	marškiniai (v dgs)	[marʃkʲɪ'nʲɛɪ]
Hose (f)	kelnės (m dgs)	['kʲɛlʲnʲe:s]
Jeans (pl)	džinsai (v dgs)	['dʒɪnsʌɪ]
Jackett (n)	švarkas (v)	['ʃvarkas]
Anzug (m)	kostiumas (v)	[kɔs'tʲumas]

Damenkleid (n)	suknelė (m)	[suk'nʲælʲe:]
Rock (m)	sijonas (v)	[sʲɪ'jo:nas]
Bluse (f)	palaidinė (m)	[palʲʌɪ'dʲɪnʲe:]
Strickjacke (f)	susegamas megztinis (v)	['susʲɛgamas mʲɛgz'tʲɪnʲɪs]
Jacke (Damen Kostüm)	žaketas, švarkelis (v)	[ʒa'kʲɛtas], [ʃvar'kʲælʲɪs]

T-Shirt (n)	futbolininko marškiniai (v)	['futbolʲɪnʲɪŋkɔ marʃkʲɪ'nʲɛɪ]
Shorts (pl)	šortai (v dgs)	['ʃortʌɪ]
Sportanzug (m)	sportinis kostiumas (v)	['sportʲɪnʲɪs kɔs'tʲumas]
Bademantel (m)	chalatas (v)	[xa'lʲa:tas]
Schlafanzug (m)	pižama (m)	[pʲɪʒa'ma]

Sweater (m)	nertinis (v)	[nʲɛr'tʲɪnʲɪs]
Pullover (m)	megztinis (v)	[mʲɛgz'tʲɪnʲɪs]

Weste (f)	liemenė (m)	[lʲiɛ'mʲænʲe:]
Frack (m)	frakas (v)	['fra:kas]
Smoking (m)	smokingas (v)	['smokʲɪngas]

Uniform (f)	uniforma (m)	[unʲɪ'forma]
Arbeitskleidung (f)	darbo drabužiai (v)	['darbɔ dra'buʒʲɛɪ]
Overall (m)	kombinezonas (v)	[kombʲɪnʲɛ'zonas]
Kittel (z.B. Arztkittel)	chalatas (v)	[xa'lʲa:tas]

32. Kleidung. Unterwäsche

Unterwäsche (f)	baltiniaĩ (v dgs)	[balʲtʲɪ'nʲɛɪ]
Unterhemd (n)	apatìniai marškinėliai (v dgs)	[apa'tʲɪnʲɛɪ marʃkʲɪ'nʲe:lʲɛɪ]
Socken (pl)	kòjinės (m dgs)	['ko:jɪnʲe:s]

Nachthemd (n)	naktìniai marškiniaĩ (v dgs)	[nak'tʲɪnʲɛɪ marʃkʲɪ'nʲɛɪ]
Büstenhalter (m)	liemenėlė̃ (m)	[lʲɪɛme'nʲe:lʲe:]
Kniestrümpfe (pl)	gòlfai (v)	['golʲfʌɪ]
Strumpfhose (f)	pėdkelnės (m dgs)	['pʲe:dkʲɛlʲnʲe:s]
Strümpfe (pl)	kòjinės (m dgs)	['ko:jɪnʲe:s]
Badeanzug (m)	máudymosi kostiumėlis (v)	['mɑʊdʲi:mosʲɪ kostʲʊ'mʲe:lʲɪs]

33. Kopfbekleidung

Mütze (f)	kepùrė (m)	[kʲɛ'pʊrʲe:]
Filzhut (m)	skrybėlė̃ (m)	[skrʲi:bʲe:'lʲe:]
Baseballkappe (f)	beĩsbolo lazdà (m)	['bʲɛɪsbolʲɔ lʲaz'da]
Schiebermütze (f)	kepùrė (m)	[kʲɛ'pʊrʲe:]

Baskenmütze (f)	berėtė̃ (m)	[bʲɛ'rʲɛtʲe:]
Kapuze (f)	gobtùvas (v)	[gop'tʊvas]
Panamahut (m)	panamà (m)	[pana'ma]
Strickmütze (f)	megztà kepuráitė (m)	[mʲɛgz'ta kepʊ'rʌɪtʲe:]

Kopftuch (n)	skarà (m), skarẽlė (m)	[ska'ra], [ska'rʲæl̃e:]
Damenhut (m)	skrybėláitė (m)	[skrʲi:bʲe:'lʲʌɪtʲe:]

Schutzhelm (m)	šálmas (v)	['ʃalʲmas]
Feldmütze (f)	pilòtė (m)	[pʲɪ'lʲotʲe:]
Helm (z.B. Motorradhelm)	šálmas (v)	['ʃalʲmas]

Melone (f)	katiliùkas (v)	[katʲɪ'lʲʊkas]
Zylinder (m)	cilìndras (v)	[tsʲɪ'lʲɪndras]

34. Schuhwerk

Schuhe (pl)	ãvalynė (m)	['a:valʲi:nʲe:]
Stiefeletten (pl)	bãtai (v)	['ba:tʌɪ]
Halbschuhe (pl)	batẽliai (v)	[ba'tʲælʲɛɪ]
Stiefel (pl)	aulìniai bãtai (v)	[ɑʊ'lʲɪnʲɛɪ 'ba:tʌɪ]
Hausschuhe (pl)	šlepėtės (m dgs)	[ʃlʲɛ'pʲætʲe:s]

Tennisschuhe (pl)	spòrtbačiai (v dgs)	['sportbatʃɛɪ]
Leinenschuhe (pl)	spòrtbačiai (v dgs)	['sportbatʃɛɪ]
Sandalen (pl)	sandãlai (v dgs)	[san'da:lʌɪ]

Schuster (m)	batsiuvỹs (v)	[batsʲʊ'vʲi:s]
Absatz (m)	kùlnas (v)	['kʊl̃nas]
Paar (n)	porà (m)	[po'ra]
Schnürsenkel (m)	bãtraištis (v)	['ba:trʌɪʃtʲɪs]

schnüren (vt)	várstyti	['varstʲiːtʲɪ]
Schuhlöffel (m)	šáukštas (v)	['ʃɑʊkʃtas]
Schuhcreme (f)	ãvalynės krėmas (v)	['aːvalʲiːnʲeːs 'krʲɛmas]

35. Textilien. Stoffe

Baumwolle (f)	mẽdvilnė (m)	['mʲædvʲɪlʲnʲeː]
Baumwolle-	iš mẽdvilnės	[ɪʃ 'mʲædvʲɪlʲnʲeːs]
Leinen (m)	lìnas (v)	['lʲɪnas]
Leinen-	iš lìno	[ɪʃ 'lʲɪnɔ]

Seide (f)	šílkas (v)	['ʃɪlʲkas]
Seiden-	šilkìnis	[ʃɪlʲ'kʲɪnʲɪs]
Wolle (f)	vìlna (m)	['vʲɪlʲna]
Woll-	vilnõnis	[vʲɪlʲ'noːnʲɪs]

Samt (m)	aksómas (v)	[ak'somas]
Wildleder (n)	zomša (m)	['zomʃa]
Cord (m)	velvètas (v)	[vʲɛlʲ'vʲɛtas]

Nylon (n)	nailònas (v)	[nʌɪ'lʲonas]
Nylon-	iš nailòno	[ɪʃ nʌɪ'lʲonɔ]
Polyester (m)	poliestéris (v)	[polʲiɛ'stʲærʲɪs]
Polyester-	iš poliestéro	[ɪʃ polʲiɛ'stʲærɔ]

Leder (n)	óda (m)	['oda]
Leder-	iš ódos	[ɪʃ 'odos]
Pelz (m)	kailis (v)	['kʌɪlʲɪs]
Pelz-	kailìnis	[kʌɪ'lʲɪnʲɪs]

36. Persönliche Accessoires

Handschuhe (pl)	pìrštinės (m dgs)	['pʲɪrʃtʲɪnʲeːs]
Fausthandschuhe (pl)	kùmštinės (m dgs)	['kʊmʃtʲɪnʲeːs]
Schal (Kaschmir-)	šãlikas (v)	['ʃaːlʲɪkas]

Brille (f)	akiniaĩ (dgs)	[akʲɪ'nʲɛɪ]
Brillengestell (n)	rémēliai (v dgs)	[rʲe:'mʲælʲɛɪ]
Regenschirm (m)	skėtis (v)	['skʲeːtʲɪs]
Spazierstock (m)	lazdẽlė (m)	[laz'dʲælʲeː]
Haarbürste (f)	plaukų šepetỹs (v)	[plʲɑʊ'ku: ʃɛpʲɛ'tʲiːs]
Fächer (m)	vėduõklė (m)	[vʲe:'dʊɑklʲeː]

Krawatte (f)	kaklãraištis (v)	[kak'lʲaːrʌɪʃtʲɪs]
Fliege (f)	petelìškė (m)	[pʲɛtʲɛ'lʲɪʃkʲeː]
Hosenträger (pl)	pėtnešos (m dgs)	['pʲætnʲɛʃos]
Taschentuch (n)	nósinė (m)	['nosʲɪnʲeː]

Kamm (m)	šukos (m dgs)	['ʃukos]
Haarspange (f)	segtùkas (v)	[sʲɛk'tʊkas]
Haarnadel (f)	plaukų segtùkas (v)	[plʲɑʊ'ku: sʲɛk'tʊkas]
Schnalle (f)	sagtìs (m)	[sak'tʲɪs]

| Gürtel (m) | dìřžas (v) | ['dʲɪrʒas] |
| Umhängegurt (m) | dìřžas (v) | ['dʲɪrʒas] |

Tasche (f)	rankinùkas (v)	[raŋkʲɪ'nʊkas]
Handtasche (f)	rankinùkas (v)	[raŋkʲɪ'nʊkas]
Rucksack (m)	kuprìnė (m)	[kʊ'prʲɪnʲeː]

37. Kleidung. Verschiedenes

Mode (f)	madà (m)	[ma'da]
modisch	madìngas	[ma'dʲɪngas]
Modedesigner (m)	modeliùotojas (v)	[modʲɛ'lʲʊato:jɛs]

Kragen (m)	apýkaklė (m)	[a'pʲiːkaklʲeː]
Tasche (f)	kišẽnė (m)	[kʲɪ'ʃænʲeː]
Taschen-	kišenìnis	[kʲɪʃɛ'nʲɪnʲɪs]
Ärmel (m)	rankóvė (m)	[raŋ'kovʲeː]
Aufhänger (m)	pakabà (m)	[paka'ba]
Hosenschlitz (m)	klỹnas (v)	['klʲiːnas]

Reißverschluss (m)	užtrauktùkas (v)	[ʊʒtrɑʊk'tʊkas]
Verschluss (m)	užsegìmas (v)	[ʊʒsʲɛ'gʲɪmas]
Knopf (m)	sagà (m)	[sa'ga]
Knopfloch (n)	kìlpa (m)	['kʲɪlʲpa]
abgehen (Knopf usw.)	atplýšti	[at'plʲiːʃtʲɪ]

nähen (vi, vt)	siúti	['sʲuːtʲɪ]
sticken (vt)	siuvinéti	[sʲʊvʲɪ'nʲeːtʲɪ]
Stickerei (f)	siuvinéjimas (v)	[sʲʊvʲɪ'nʲɛjɪmas]
Nadel (f)	ãdata (m)	['aːdata]
Faden (m)	siúlas (v)	['sʲuːlʲas]
Naht (f)	siúlė (m)	['sʲuːlʲeː]

sich beschmutzen	išsitèpti	[ɪʃsʲɪ'tʲɛptʲɪ]
Fleck (m)	dėmė̃ (m)	[dʲeː'mʲeː]
sich knittern	susiglámžyti	[sʊsʲɪ'glʲaː mʒʲiːtʲɪ]
zerreißen (vt)	suplė́šyti	[sʊp'lʲeːʃɪːtʲɪ]
Motte (f)	kañdis (v)	['kandʲɪs]

38. Kosmetikartikel. Kosmetik

Zahnpasta (f)	dantų̃ pastà (m)	[dan'tu: pas'ta]
Zahnbürste (f)	dantų̃ šepetėlis (v)	[dan'tu: ʃepe'tʲeːlʲɪs]
Zähne putzen	valýti dantìs	[va'lʲiːtʲɪ dan'tʲɪs]

Rasierer (m)	skustùvas (v)	[skʊ'stʊvas]
Rasiercreme (f)	skutĩmosi krèmas (v)	[skʊ'tʲɪmosʲɪ 'krʲɛmas]
sich rasieren	skùstis	['skʊstʲɪs]

Seife (f)	muĩlas (v)	['mʊɪlʲas]
Shampoo (n)	šampū̃nas (v)	[ʃam'pu:nas]
Schere (f)	žìrklės (m dgs)	['ʒʲɪrklʲeːs]

Nagelfeile (f)	dildė (m) nagáms	['dʲɪlʲdʲeː na'gams]
Nagelzange (f)	gnybtùkai (v)	[gnʲiːpʲtʊkʌɪ]
Pinzette (f)	pincètas (v)	[pʲɪn'tsʲɛtas]

Kosmetik (f)	kosmètika (m)	[kɔs'mʲɛtʲɪka]
Gesichtsmaske (f)	kaùkė (m)	['kaʊkʲeː]
Maniküre (f)	manikiũras (v)	[manʲɪ'kʲuːras]
Maniküre machen	darýti manikiũrą	[da'rʲiːtʲɪ manʲɪ'kʲuːraː]
Pediküre (f)	pedikiũras (v)	[pʲɛdʲɪ'kʲuːras]

Kosmetiktasche (f)	kosmètinė (m)	[kɔs'mʲɛtʲɪnʲeː]
Puder (m)	pudrà (m)	[pʊd'ra]
Puderdose (f)	pùdrinė (m)	['pʊdrʲɪnʲeː]
Rouge (n)	skaistalaĩ (v dgs)	[skʌɪsta'lʲãɪ]

Parfüm (n)	kvepalaĩ (v dgs)	[kvʲɛpa'lʲãɪ]
Duftwasser (n)	tualètinis vanduõ (v)	[tʊa'lʲɛtʲɪnʲɪs van'dʊɑ]
Lotion (f)	losjònas (v)	[lʲo'sjo nas]
Kölnischwasser (n)	odekolònas (v)	[odʲɛko'lʲonas]

Lidschatten (m)	vokų̃ šešéliai (v)	[vo'kuː ʃeʲʃeːlʲɛɪ]
Kajalstift (m)	akių̃ piẽštukas (v)	[a'kʲu: pʲiɛʃ'tʊkas]
Wimperntusche (f)	tùšas (v)	['tʊʃas]

Lippenstift (m)	lū́pų dažaĩ (v)	['lʲuːpu: da'ʒʌɪ]
Nagellack (m)	nagų̃ lãkas (v)	[na'gu: 'lʲaːkas]
Haarlack (m)	plaukų̃ lãkas (v)	[plʲaʊ'ku: 'lʲaːkas]
Deodorant (n)	dezodorántas (v)	[dʲɛzodo'rantas]

Creme (f)	krèmas (v)	['krʲɛmas]
Gesichtscreme (f)	véido krèmas (v)	['vʲɛɪdɔ 'krʲɛmas]
Handcreme (f)	rañkų krèmas (v)	['raŋku: 'krʲɛmas]
Anti-Falten-Creme (f)	krèmas (v) nuõ raukšlių̃	['krʲɛmas nʊa raʊkʃ'lʲu:]
Tagescreme (f)	dieninis krèmas (v)	[dʲiɛ'nʲɪnʲɪs 'krʲɛmas]
Nachtcreme (f)	naktìnis krèmas (v)	[nak'tʲɪnʲɪs 'krʲɛmas]
Tages-	dieninis	[dʲiɛ'nʲɪnʲɪs]
Nacht-	naktìnis	[nak'tʲɪnʲɪs]

Tampon (m)	tampònas (v)	[tam'ponas]
Toilettenpapier (n)	tualètinis pòpierius (v)	[tʊa'lʲɛtʲɪnʲɪs 'po:pʲiɛrʲʊs]
Föhn (m)	fènas (v)	['fʲɛnas]

39. Schmuck

Schmuck (m)	brangenýbės (m dgs)	[brange'nʲiːbʲeːs]
Edel- (stein)	brangùs	[bran'gʊs]
Repunze (f)	prabà (m)	[pra'ba]

Ring (m)	žíedas (v)	['ʒʲiɛdas]
Ehering (m)	vestùvinis žíedas (v)	[vʲɛs'tʊvʲɪnʲɪs 'ʒʲiɛdas]
Armband (n)	apýrankė (m)	[a'pʲiːraŋkʲeː]

| Ohrringe (pl) | auskaraĩ (v) | [aʊska'rʌɪ] |
| Kette (f) | vėrinỹs (v) | [vʲeːrʲɪ'nʲiːs] |

| Krone (f) | karūna (m) | [karu:'na] |
| Halskette (f) | karóliai (v dgs) | [ka'ro:lʲɛɪ] |

Brillant (m)	briliántas (v)	[brʲlʲɪ'jantas]
Smaragd (m)	smarägdas (v)	[sma'ra:gdas]
Rubin (m)	rubìnas (v)	[rʊ'bʲɪnas]
Saphir (m)	safýras (v)	[sa'fʲi:ras]
Perle (f)	pérlas (v)	['pʲɛrlʲas]
Bernstein (m)	gìntaras (v)	['gʲɪntaras]

40. Armbanduhren Uhren

Armbanduhr (f)	laĩkrodis (v)	['lʲʌɪkrodʲɪs]
Zifferblatt (n)	ciferblãtas (v)	[tsʲɪfʲɛr'blʲa:tas]
Zeiger (m)	rodỹklė (m)	[ro'dʲi:klʲe:]
Metallarmband (n)	apýrankė (m)	[a'pʲi:raŋkʲe:]
Uhrenarmband (n)	diržẽlis (v)	[dʲɪr'ʒʲælʲɪs]

Batterie (f)	elemeñtas (v)	[ɛlʲɛ'mʲɛntas]
verbraucht sein	išsikráuti	[ɪʃsʲɪ'krɑʊtʲɪ]
die Batterie wechseln	pakeĩsti elemeñtą	[pa'kʲɛɪstʲɪ ɛlʲɛ'mʲɛnta:]
vorgehen (vi)	skubéti	[skʊ'bʲe:tʲɪ]
nachgehen (vi)	atsilìkti	[atsʲɪ'lʲɪktʲɪ]

Wanduhr (f)	síeninis laĩkrodis (v)	['sʲiɛnʲɪnʲɪs 'lʲʌɪkrodʲɪs]
Sanduhr (f)	smẽlio laĩkrodis (v)	['smʲe:lʲɔ 'lʲʌɪkrodʲɪs]
Sonnenuhr (f)	sáulės laĩkrodis (v)	['sɑʊlʲe:s 'lʲʌɪkrodʲɪs]
Wecker (m)	žadintùvas (v)	[ʒadʲɪn'tʊvas]
Uhrmacher (m)	laĩkrodininkas (v)	['lʲʌɪkrodʲɪnʲɪŋkas]
reparieren (vt)	taisýti	[tʌɪ'sʲi:tʲɪ]

Essen. Ernährung

41. Essen

Fleisch (n)	mėsà (m)	[mʲeːˈsa]
Hühnerfleisch (n)	višta (m)	[vʲɪʃˈta]
Küken (n)	viščiùkas (v)	[vʲɪˈtʂʲʊkas]
Ente (f)	ántis (m)	[ˈantʲɪs]
Gans (f)	žąsinas (v)	[ˈʒaːsʲɪnas]
Wild (n)	žvėríena (m)	[ʒvʲeːˈrʲiɛna]
Pute (f)	kalakutíena (m)	[kalʲakʊˈtʲiɛna]

Schweinefleisch (n)	kiaulíena (m)	[kʲɛʊˈlʲiɛna]
Kalbfleisch (n)	veršíena (m)	[vʲɛrˈʃiɛna]
Hammelfleisch (n)	avíena (m)	[aˈvʲiɛna]
Rindfleisch (n)	jáutiena (m)	[ˈjɑʊtʲiɛna]
Kaninchenfleisch (n)	triùšis (v)	[ˈtrʲʊʃɪs]

Wurst (f)	dešrà (m)	[dʲɛʃra]
Würstchen (n)	dešrèlė (m)	[dʲɛʃrʲælʲeː]
Schinkenspeck (m)	bekònas (v)	[bʲɛˈkonas]
Schinken (m)	kumpis (v)	[ˈkʊmpʲɪs]
Räucherschinken (m)	kumpis (v)	[ˈkʊmpʲɪs]

Pastete (f)	paštètas (v)	[paʃˈtʲɛtas]
Leber (f)	kėpenys (m dgs)	[kʲɛpeˈnʲiːs]
Hackfleisch (n)	fáršas (v)	[ˈfarʃas]
Zunge (f)	liežùvis (v)	[lʲiɛˈʒʊvʲɪs]

Ei (n)	kiaušìnis (v)	[kʲɛʊˈʃɪnʲɪs]
Eier (pl)	kiaušìniai (v dgs)	[kʲɛʊˈʃɪnʲɛɪ]
Eiweiß (n)	báltymas (v)	[ˈbalʲtʲiːmas]
Eigelb (n)	trynỹs (v)	[trʲiːˈnʲiːs]

Fisch (m)	žuvìs (m)	[ʒʊˈvʲɪs]
Meeresfrüchte (pl)	jūros gėrýbės (m dgs)	[ˈjuːros gʲeːˈrʲiːbʲeːs]
Krebstiere (pl)	vėžiãgyviai (v dgs)	[vʲeːˈʒʲægʲiːvʲɛɪ]
Kaviar (m)	ìkrai (v dgs)	[ˈɪkrʌɪ]

Krabbe (f)	krãbas (v)	[ˈkraːbas]
Garnele (f)	krevètė (m)	[krʲɛˈvʲɛtʲeː]
Auster (f)	áustrė (m)	[ˈɑʊstrʲeː]
Languste (f)	languste (v)	[lʲanˈɡustas]
Krake (m)	aštuonkòjis (v)	[aʃtʊɑŋˈkoːjis]
Kalmar (m)	kalmãras (v)	[kalʲmaːras]

Störfleisch (n)	eršketíena (m)	[ɛrʃkʲɛˈtʲiɛna]
Lachs (m)	lašišà (m)	[lʲaʃɪˈʃa]
Heilbutt (m)	õtas (v)	[ˈoːtas]
Dorsch (m)	ménkė (m)	[ˈmʲɛŋkʲeː]

Makrele (f)	skùmbrė (m)	['skumbrʲe:]
Tunfisch (m)	tùnas (v)	['tunas]
Aal (m)	ungurỹs (v)	[ungu'rʲi:s]
Forelle (f)	upėtakis (v)	[ʊ'pʲe:takʲɪs]
Sardine (f)	sardinė (m)	[sar'dʲɪnʲe:]
Hecht (m)	lydekà (m)	[lʲi:dʲɛ'ka]
Hering (m)	silkė (m)	['sʲɪlʲkʲe:]
Brot (n)	dúona (m)	['duana]
Käse (m)	sūris (v)	['su:rʲɪs]
Zucker (m)	cùkrus (v)	['tsukrʊs]
Salz (n)	druskà (m)	[drʊs'ka]
Reis (m)	rỹžiai (v)	['rʲi:ʒʲɛɪ]
Teigwaren (pl)	makarõnai (v dgs)	[maka'ro:nʌɪ]
Nudeln (pl)	lãkštiniai (v dgs)	['lʲa:kʃtʲɪnʲɛɪ]
Butter (f)	svíestas (v)	['svʲiɛstas]
Pflanzenöl (n)	augalìnis aliẽjus (v)	[aʊgalʲɪnʲɪs a'lʲɛjʊs]
Sonnenblumenöl (n)	saulégrąžų aliẽjus (v)	[saʊ'lʲe:gra:ʒu: a'lʲɛjʊs]
Margarine (f)	margarìnas (v)	[marga'rʲɪnas]
Oliven (pl)	alỹvuogės (m dgs)	[a'lʲi:vʊagʲe:s]
Olivenöl (n)	alỹvuogių aliẽjus (v)	[a'lʲi:vʊagʲu: a'lʲɛjʊs]
Milch (f)	píenas (v)	['pʲiɛnas]
Kondensmilch (f)	sutírštintas píenas (v)	[sʊ'tʲɪrʃtʲɪntas 'pʲiɛnas]
Joghurt (m)	jogùrtas (v)	[jo'gurtas]
saure Sahne (f)	grietìnė (m)	[grʲiɛ'tʲɪnʲe:]
Sahne (f)	grietinẽlė (m)	[grʲiɛtʲɪ'nʲe:lʲe:]
Mayonnaise (f)	majonèzas (v)	[majo'nʲɛzas]
Buttercreme (f)	krèmas (v)	['krʲɛmas]
Grütze (f)	kruõpos (m dgs)	['krʊapos]
Mehl (n)	mìltai (v dgs)	['mʲɪlʲtʌɪ]
Konserven (pl)	konsèrvai (v dgs)	[kɔn'sʲɛrvʌɪ]
Maisflocken (pl)	kukurūzų drìbsniai (v dgs)	[kʊkʊ'ru:zu: 'drʲɪbsnʲɛɪ]
Honig (m)	medùs (v)	[mʲɛ'dʊs]
Marmelade (f)	džèmas (v)	['dʒʲɛmas]
Kaugummi (m, n)	kramtomoji gumà (m)	[kramto'mojɪ gʊ'ma]

42. Getränke

Wasser (n)	vanduõ (v)	[van'dua]
Trinkwasser (n)	gėriamas vanduõ (v)	['gʲærʲæmas van'dua]
Mineralwasser (n)	minerãlinis vanduõ (v)	[mʲɪnʲɛ'ra:lʲɪnʲɪs van'dua]
still	bè gãzo	['bʲɛ 'ga:zɔ]
mit Kohlensäure	gazúotas	[ga'zuatas]
mit Gas	gazúotas	[ga'zuatas]
Eis (n)	lẽdas (v)	['lʲædas]

mit Eis	sù ledaìs	['sʊ lʲɛ'dʌɪs]
alkoholfrei (Adj)	nealkohòlonis	[nʲɛalʲko'ɣolonʲɪs]
alkoholfreies Getränk (n)	nealkohòlonis gérimas (v)	[nʲɛalʲko'ɣolonʲɪs 'gʲe:rʲɪmas]
Erfrischungsgetränk (n)	gaivùsis gérimas (v)	[gʌɪ'vʊsʲɪs 'gʲe:rʲɪmas]
Limonade (f)	limonãdas (v)	[lʲɪmo'na:das]

Spirituosen (pl)	alkohòliniai gérimai (v dgs)	[alʲko'ɣolʲɪnʲɛɪ 'gʲe:rʲɪmʌɪ]
Wein (m)	vỹnas (v)	['vʲi:nas]
Weißwein (m)	báltas vỹnas (v)	['balʲtas 'vʲi:nas]
Rotwein (m)	raudónas vỹnas (v)	[rɑʊ'donas 'vʲi:nas]

Likör (m)	lìkeris (v)	['lʲɪkʲɛrʲɪs]
Champagner (m)	šampãnas (v)	[ʃam'pa:nas]
Wermut (m)	vèrmutas (v)	['vʲɛrmʊtas]

Whisky (m)	vìskis (v)	['vʲɪskʲɪs]
Wodka (m)	degtìnė (m)	[dʲɛk'tʲɪnʲe:]
Gin (m)	džìnas (v)	['dʒʲɪnas]
Kognak (m)	konjãkas (v)	[kɔnʲ'ja:kas]
Rum (m)	rómas (v)	['romas]

Kaffee (m)	kavà (m)	[ka'va]
schwarzer Kaffee (m)	juodà kavà (m)	[jʊɑ'da ka'va]
Milchkaffee (m)	kavà sù píenu (m)	[ka'va 'sʊ 'pʲiɛnʊ]
Cappuccino (m)	kapučìno kavà (m)	[kapu'tʂɪnɔ ka'va]
Pulverkaffee (m)	tirpì kavà (m)	[tʲɪr'pʲɪ ka'va]

Milch (f)	píenas (v)	['pʲiɛnas]
Cocktail (m)	kokteìlis (v)	[kɔk'tʲɛɪlʲɪs]
Milchcocktail (m)	píeniškas kokteìlis (v)	['pʲiɛnʲɪʃkas kok'tʲɛɪlʲɪs]

Saft (m)	sùltys (m dgs)	['sʊlʲtʲi:s]
Tomatensaft (m)	pomidòrų sùltys (m dgs)	[pomʲɪ'doru: 'sʊlʲtʲi:s]
Orangensaft (m)	apelsìnų sùltys (m dgs)	[apʲɛlʲ'sʲɪnu: 'sʊlʲtʲi:s]
frisch gepresster Saft (m)	šviežiaì spáustos sùltys (m dgs)	[ʃvʲiɛ'ʒʲɛɪ 'spɑʊstos 'sʊlʲtʲi:s]

Bier (n)	alùs (v)	[a'lʲʊs]
Helles (n)	šviesùs alùs (v)	[ʃvʲiɛ'sʊs a'lʲʊs]
Dunkelbier (n)	tamsùs alùs (v)	[tam'sʊs a'lʲʊs]

Tee (m)	arbatà (m)	[arba'ta]
schwarzer Tee (m)	juodà arbatà (m)	[jʊɑ'da arba'ta]
grüner Tee (m)	žalià arbatà (m)	[ʒa'lʲæ arba'ta]

43. Gemüse

| Gemüse (n) | daržóvės (m dgs) | [dar'ʒovʲe:s] |
| grünes Gemüse (pl) | žalumýnai (v) | [ʒalʲʊ'mʲi:nʌɪ] |

Tomate (f)	pomidòras (v)	[pomʲɪ'doras]
Gurke (f)	agùrkas (v)	[a'gurkas]
Karotte (f)	morkà (m)	[mor'ka]
Kartoffel (f)	bùlvė (m)	['bʊlʲvʲe:]

Zwiebel (f)	svogūnas (v)	[svo'gu:nas]
Knoblauch (m)	česnākas (v)	[tʃʲɛs'na:kas]
Kohl (m)	kopūstas (v)	[kɔ'pu:stas]
Blumenkohl (m)	kalafioras (v)	[kalʲa'fʲoras]
Rosenkohl (m)	briùselio kopūstas (v)	['brʲusʲɛlʲɔ ko'pu:stas]
Brokkoli (m)	brokolių kopūstas (v)	['brokolʲu: ko'pu:stas]
Rote Bete (f)	runkelis, burōkas (v)	['ruŋkʲɛlʲɪs], [bu'ro:kas]
Aubergine (f)	baklažānas (v)	[baklʲa'ʒa:nas]
Zucchini (f)	agurōtis (v)	[agu'ro:tʲɪs]
Kürbis (m)	rõpė (m)	['ropʲe:]
Rübe (f)	moliūgas (v)	[mo'lʲu:gas]
Petersilie (f)	petrãžolė (m)	[pʲɛ'tra:ʒolʲe:]
Dill (m)	krãpas (v)	['kra:pas]
Kopf Salat (m)	salõta (m)	[sa'lʲo:ta]
Sellerie (m)	saliēras (v)	[sa'lʲɛras]
Spargel (m)	smìdras (v)	['smʲɪdras]
Spinat (m)	špinātas (v)	[ʃpʲɪ'na:tas]
Erbse (f)	žìrniai (v dgs)	['ʒʲɪrnʲɛɪ]
Bohnen (pl)	pùpos (m dgs)	['pupos]
Mais (m)	kukurūzas (v)	[kuku'ru:zas]
weiße Bohne (f)	pupēlės (m dgs)	[pu'pʲælʲe:s]
Paprika (m)	pipìras (v)	[pʲɪ'pʲɪras]
Radieschen (n)	ridìkas (v)	[rʲɪ'dʲɪkas]
Artischocke (f)	artišõkas (v)	[artʲɪ'ʃokas]

44. Obst. Nüsse

Frucht (f)	vaìsius (v)	['vʌɪsʲus]
Apfel (m)	obuolȳs (v)	[obuɑ'lʲi:s]
Birne (f)	kriáušė (m)	['krʲæuʃʲe:]
Zitrone (f)	citrinà (m)	[tsʲɪtrʲɪ'na]
Apfelsine (f)	apelsìnas (v)	[apʲɛlʲ'sʲɪnas]
Erdbeere (f)	brãškė (m)	['bra:ʃkʲe:]
Mandarine (f)	mandarìnas (v)	[manda'rʲɪnas]
Pflaume (f)	slyvà (m)	[slʲi:'va]
Pfirsich (m)	pèrsikas (v)	['pʲɛrsʲɪkas]
Aprikose (f)	abrikòsas (v)	[abrʲɪ'kosas]
Himbeere (f)	aviētė (m)	[a'vʲɛtʲe:]
Ananas (f)	ananāsas (v)	[ana'na:sas]
Banane (f)	banãnas (v)	[ba'na:nas]
Wassermelone (f)	arbūzas (v)	[ar'bu:zas]
Weintrauben (pl)	vȳnuogės (m dgs)	['vʲi:nuɑgʲe:s]
Sauerkirsche (f)	vyšnià (m)	[vʲi:ʃ'nʲæ]
Süßkirsche (f)	trẽšnė (m)	['trʲæʃnʲe:]
Melone (f)	meliònas (v)	[mʲɛ'lʲonas]
Grapefruit (f)	greìpfrutas (v)	['grʲɛɪpfrutas]
Avocado (f)	avokàdas (v)	[avo'kadas]

Papaya (f)	papája (m)	[pa'pa ja]
Mango (f)	mángo (v)	['mangɔ]
Granatapfel (m)	granãtas (v)	[gra'na:tas]

rote Johannisbeere (f)	raudoníeji serbeñtai (v dgs)	[raʊdo'nʲɛji sʲɛr'bʲɛntʌɪ]
schwarze Johannisbeere (f)	juodíeji serbeñtai (v dgs)	[jʊɑ'dʲiɛjɪ sʲɛr'bʲɛntʌɪ]
Stachelbeere (f)	agrãstas (v)	[ag'ra:stas]
Heidelbeere (f)	mélynės (m dgs)	[mʲe:'lʲi:nʲe:s]
Brombeere (f)	gérvuogės (m dgs)	['gʲɛrvʊagʲe:s]

Rosinen (pl)	razìnos (m dgs)	[ra'zʲɪnos]
Feige (f)	figà (m)	[fʲɪ'ga]
Dattel (f)	datùlė (m)	[da'tʊlʲe:]

Erdnuss (f)	žẽmės riešutaĩ (v)	['ʒʲæmʲe:s rʲiɛʃʊ'tʌɪ]
Mandel (f)	migdólas (v)	[mʲɪg'do:lʲas]
Walnuss (f)	graĩkinis ríešutas (v)	['grʌɪkʲɪnʲɪs 'rʲiɛʃʊtas]
Haselnuss (f)	ríešutas (v)	['rʲiɛʃʊtas]
Kokosnuss (f)	kòkoso ríešutas (v)	['kokosɔ 'rʲiɛʃʊtas]
Pistazien (pl)	pistãcijos (m dgs)	[pʲɪs'ta:tsʲɪjɔs]

45. Brot. Süßigkeiten

Konditorwaren (pl)	konditèrijos gaminiaĩ (v)	[kɔndʲɪ'tʲɛrʲɪjɔs gamʲɪ'nʲɛɪ]
Brot (n)	dúona (m)	['dʊɑna]
Keks (m, n)	sausaĩniai (v)	[saʊ'sʌɪnʲɛɪ]

Schokolade (f)	šokolãdas (v)	[ʃoko'lʲa:das]
Schokoladen-	šokolãdinis	[ʃoko'lʲa:dʲɪnʲɪs]
Bonbon (m, n)	saldaĩnis (v)	[salʲ'dʌɪnʲɪs]
Kuchen (m)	pyragáitis (v)	[pʲi:ra'gʌɪtʲɪs]
Torte (f)	tòrtas (v)	['tortas]

| Kuchen (Apfel-) | pyrãgas (v) | [pʲi:'ra:gas] |
| Füllung (f) | įdaras (v) | ['i:daras] |

Konfitüre (f)	uogiẽnė (m)	[ʊɑ'gʲɛnʲe:]
Marmelade (f)	marmelãdas (v)	[marmʲɛ'lʲa:das]
Waffeln (pl)	vãfliai (v dgs)	['va:flʲɛɪ]
Eis (n)	ledaĩ (v dgs)	[lʲɛ'dʌɪ]
Pudding (m)	pùdingas (v)	['pʊdʲɪngas]

46. Gerichte

Gericht (n)	pãtiekalas (v)	['pa:tʲiɛkalʲas]
Küche (f)	virtùvė (m)	[vʲɪr'tʊvʲe:]
Rezept (n)	recèptas (v)	[rʲɛ'tsʲɛptas]
Portion (f)	pòrcija (m)	['portsʲɪjɛ]

Salat (m)	salõtos (m)	[sa'lʲo:tos]
Suppe (f)	sriubà (m)	[srʲʊ'ba]
Brühe (f), Bouillon (f)	sultinỹs (v)	[sʊlʲtʲɪr'nʲi:s]

| belegtes Brot (n) | sumuštinis (v) | [sʊmʊʃˈtˈɪnˈɪs] |
| Spiegelei (n) | kiaušinienė (m) | [kˈɛʊʃˈɪˈnˈɛnˈeː] |

| Hamburger (m) | mėsainis (v) | [mˈeːˈsʌɪnˈɪs] |
| Beefsteak (n) | bifštėksas (v) | [bˈɪfˈʃtˈɛksas] |

Beilage (f)	garnỹras (v)	[garˈnˈiːras]
Spaghetti (pl)	spagečiai (v dgs)	[spaˈgˈɛtʃˈɛɪ]
Kartoffelpüree (n)	bulvių kõšė (m)	[ˈbʊlˈvˈuː ˈkoːʃeː]
Pizza (f)	pica (m)	[pˈɪˈtsa]
Brei (m)	kõšė (m)	[ˈkoːʃe:]
Omelett (n)	omletas (v)	[omˈlˈɛtas]

gekocht	virtas	[ˈvˈɪrtas]
geräuchert	rūkytas	[ruːˈkˈiːtas]
gebraten	keptas	[ˈkˈæptas]
getrocknet	džiovintas	[dʒˈoˈvˈɪntas]
tiefgekühlt	šáldytas	[ˈʃalˈdˈiːtas]
mariniert	marinuotas	[marˈɪˈnʊatas]

süß	saldus	[salˈˈdʊs]
salzig	sūrus	[suːˈrʊs]
kalt	šáltas	[ˈʃalˈtas]
heiß	kárštas	[ˈkarʃtas]
bitter	kartus	[karˈtʊs]
lecker	skanus	[skaˈnʊs]

kochen (vt)	virti	[ˈvˈɪrtˈɪ]
zubereiten (vt)	gaminti	[gaˈmˈɪntˈɪ]
braten (vt)	kepti	[ˈkˈɛptˈɪ]
aufwärmen (vt)	pašildyti	[paˈʃɪlˈdˈiːˈtˈɪ]

salzen (vt)	sūdyti	[ˈsuːdˈiːˈtˈɪ]
pfeffern (vt)	įberti pipirų	[iːˈbˈɛrtˈɪ pˈɪˈpˈɪːruː]
reiben (vt)	tarkuoti	[tarˈkʊatˈɪ]
Schale (f)	lúoba (m)	[ˈlˈʊaba]
schälen (vt)	lupti bulves	[ˈlʊptˈɪ ˈbʊlˈvˈɛs]

47. Gewürze

Salz (n)	druska (m)	[drʊsˈka]
salzig (Adj)	sūrus	[suːˈrʊs]
salzen (vt)	sūdyti	[ˈsuːdˈiːˈtˈɪ]

schwarzer Pfeffer (m)	juodieji pipirai (v)	[jʊaˈdˈiɛjɪ pˈɪˈpˈɪrʌɪ]
roter Pfeffer (m)	raudonieji pipirai (v)	[rɑʊdoˈnˈiɛjɪ pˈɪˈpˈɪrʌɪ]
Senf (m)	garstýčios (v)	[garˈstˈiːˈtsˈos]
Meerrettich (m)	krienai (v dgs)	[krˈiɛˈnʌɪ]

Gewürz (n)	príeskonis (v)	[ˈprˈiɛskonˈɪs]
Gewürz (n)	príeskonis (v)	[ˈprˈiɛskonˈɪs]
Soße (f)	padažas (v)	[ˈpaːdaʒas]
Essig (m)	actas (v)	[ˈaːtstas]
Anis (m)	anýžius (v)	[aˈnˈiːˈʒˈʊs]

Basilikum (n)	bazìlikas (v)	[ba'zⁱɪlʲɪkas]
Nelke (f)	gvazdìkas (v)	[gvaz'dʲɪkas]
Ingwer (m)	im̃bieras (v)	['ɪmbʲiɛras]
Koriander (m)	kaléndra (m)	[ka'lʲɛndra]
Zimt (m)	cinamónas (v)	[tsʲɪna'monas]

Sesam (m)	sezãmas (v)	[sʲɛ'za:mas]
Lorbeerblatt (n)	láuro lãpas (v)	['lʲɑurɔ 'lʲa:pas]
Paprika (m)	pãprika (m)	['pa:prʲɪka]
Kümmel (m)	kmỹnai (v)	['kmʲi:nʌɪ]
Safran (m)	šafrãnas (v)	[ʃafˈra:nas]

48. Mahlzeiten

| Essen (n) | valgis (v) | ['valʲgʲɪs] |
| essen (vi, vt) | válgyti | ['valʲgʲi:tʲɪ] |

Frühstück (n)	pùsryčiai (v dgs)	['pʊsrʲi:tʂʲɛɪ]
frühstücken (vi)	pùsryčiauti	['pʊsrʲi:tʂʲɛʊtʲɪ]
Mittagessen (n)	piẽtūs (v)	['pʲɛ'tu:s]
zu Mittag essen	pietáuti	[pʲɛ'tɑʊtʲɪ]
Abendessen (n)	vakariẽnė (m)	[vaka'rʲɛnʲe:]
zu Abend essen	vakarieniáuti	[vakarʲɛ'nʲæʊtʲɪ]

| Appetit (m) | apetìtas (v) | [apʲɛ'tʲɪtas] |
| Guten Appetit! | Gẽro apetìto! | ['gʲærɔ apʲɛ'tʲɪtɔ!] |

öffnen (vt)	atidarýti	[atʲɪda'rʲi:tʲɪ]
verschütten (vt)	išpìlti	[ɪʃpʲɪlʲtʲɪ]
verschüttet werden	išsipìlti	[ɪʃsʲɪ'pʲɪlʲtʲɪ]

kochen (vi)	vìrti	['vⁱɪrtʲɪ]
kochen (Wasser ~)	vìrinti	['vʲɪrʲɪntʲɪ]
gekocht (Adj)	vìrintas	['vʲɪrʲɪntas]
kühlen (vt)	atvėsìnti	[atvʲe:'sʲɪntʲɪ]
abkühlen (vi)	vėsìnti	[vʲe:'sʲɪntʲɪ]

| Geschmack (m) | skõnis (v) | ['sko:nʲɪs] |
| Beigeschmack (m) | príeskonis (v) | ['prʲiɛskonʲɪs] |

auf Diät sein	laikýti diẽtos	[lʲʌɪ'kʲi:tʲɪ 'dʲɛtos]
Diät (f)	dietà (m)	[dʲiɛ'ta]
Vitamin (n)	vitamìnas (v)	[vʲɪta'mʲɪnas]
Kalorie (f)	kalòrija (m)	[ka'lʲorʲɪjɛ]

| Vegetarier (m) | vegetãras (v) | [vʲɛgʲɛ'ta:ras] |
| vegetarisch (Adj) | vegetãriškas | [vʲɛgʲɛ'ta:rʲɪʃkas] |

Fett (n)	riebalaĩ (v dgs)	[rʲiɛba'lʲʌɪ]
Protein (n)	baltymaĩ (v dgs)	[balʲtʲi:'mʌɪ]
Kohlenhydrat (n)	angliãvandeniai (v dgs)	[an'glʲævandʲɛnʲɛɪ]
Scheibchen (n)	griežinỹs (v)	[grʲiɛʒʲɪ'nʲi:s]
Stück (ein ~ Kuchen)	gãbalas (v)	['ga:balʲas]
Krümel (m)	trupinỹs (v)	[trʊpʲɪ'nʲi:s]

49. Gedeck

Löffel (m)	šáukštas (v)	['ʃɑʊkʃtas]
Messer (n)	peĩlis (v)	['pʲɛɪlʲɪs]
Gabel (f)	šakùtė (m)	[ʃa'kʊtʲeː]

Tasse (eine ~ Tee)	puodùkas (v)	[pʊɑ'dʊkas]
Teller (m)	lėkštė̃ (m)	[lʲeːkʃ'tʲeː]
Untertasse (f)	lėkštẽlė (m)	[lʲeːkʃ'tʲælʲeː]
Serviette (f)	servetė̃lė (m)	[sʲɛrvᵉ'tʲeːlʲeː]
Zahnstocher (m)	dantų̃ krapštùkas (v)	[dan'tuː krapʃ'tʊkas]

50. Restaurant

Restaurant (n)	restorãnas (v)	[rʲɛsto'raːnas]
Kaffeehaus (n)	kavìnė (m)	[ka'vʲɪnʲe:]
Bar (f)	bãras (v)	['ba:ras]
Teesalon (m)	arbãtos salònas (v)	[ar'ba:tos sa'lʲonas]

Kellner (m)	padavéjas (v)	[pada'vʲe:jas]
Kellnerin (f)	padavéja (m)	[pada'vʲe:ja]
Barmixer (m)	bármenas (v)	['barmʲɛnas]

Speisekarte (f)	meniù (v)	[mʲɛ'nʲʊ]
Weinkarte (f)	vỹnų žemėlapis (v)	['vʲi:nu: ʒe'mʲeːlʲapʲɪs]
einen Tisch reservieren	rezervúoti staliùką	[rʲɛzʲɛr'vʊatʲɪ sta'lʲʊka:]

Gericht (n)	pãtiekalas (v)	['pa:tʲiɛkalʲas]
bestellen (vt)	užsisakýti	[ʊʒsʲɪsakʲi:tʲɪ]
eine Bestellung aufgeben	padarýti užsãkymą	[pada'rʲi:tʲɪ ʊʒ'sa:kʲi:ma:]

Aperitif (m)	aperitỹvas (v)	[apʲɛrʲɪ'tʲi:vas]
Vorspeise (f)	ùžkandis (v)	['ʊʒkandʲɪs]
Nachtisch (m)	desèrtas (v)	[dʲɛ'sʲɛrtas]

Rechnung (f)	są̃skaita (m)	['sa:skʌɪta]
Rechnung bezahlen	apmokéti są̃skaitą	[apmo'kʲeːtʲɪ 'sa:skʌɪta:]
das Wechselgeld geben	dúoti grąžõs	['dʊatʲɪ gra:'ʒo:s]
Trinkgeld (n)	arbãtpinigiai (v dgs)	[ar'ba:tpʲɪnʲɪgʲɛɪ]

Familie, Verwandte und Freunde

51. Persönliche Informationen. Formulare

Vorname (m)	vardas (v)	['vardas]
Name (m)	pavardě (m)	[pavar'dʲe:]
Geburtsdatum (n)	gimìmo datà (m)	[gʲɪ'mʲɪmɔ da'ta]
Geburtsort (m)	gimìmo vietà (m)	[gʲɪ'mʲɪmɔ vʲiɛ'ta]
Nationalität (f)	tautýbé (m)	[tɑu'tʲi:bʲe:]
Wohnort (m)	gyvénamoji vietà (m)	[gʲi:vʲæna'mojɪ vʲiɛ'ta]
Land (n)	šalìs (m)	[ʃa'lʲɪs]
Beruf (m)	profèsija (m)	[profʲɛsʲɪjɛ]
Geschlecht (n)	lýtis (m)	['lʲi:tʲɪs]
Größe (f)	ū̃gis (v)	['u:gʲɪs]
Gewicht (n)	svõris (v)	['svo:rʲɪs]

52. Familienmitglieder. Verwandte

Mutter (f)	mótina (m)	['motʲɪna]
Vater (m)	tévas (v)	['tʲe:vas]
Sohn (m)	sūnùs (v)	[su:'nʊs]
Tochter (f)	dukrà, duktě (m)	[dʊk'ra], [dʊk'tʲe:]
jüngste Tochter (f)	jaunesnióji duktě (m)	[jɛunes'nʲo:jɪ dʊk'tʲe:]
jüngste Sohn (m)	jaunesnýsis sūnùs (v)	[jɛunʲɛs'nʲi:sʲɪs su:'nʊs]
ältere Tochter (f)	vyresnióji duktě (m)	[vʲi:res'nʲo:jɪ dʊk'tʲe:]
älterer Sohn (m)	vyresnýsis sūnùs (v)	[vʲi:rʲɛs'nʲi:sʲɪs su:'nʊs]
Bruder (m)	brólis (v)	['brolʲɪs]
älterer Bruder (m)	vyresnýsis brólis (v)	[vʲi:rʲɛs'nʲi:sʲɪs 'brolʲɪs]
jüngerer Bruder (m)	jaunesnýsis brólis (v)	[jɛunʲɛs'nʲi:sʲɪs 'brolʲɪs]
Schwester (f)	sesuõ (v)	[sʲɛ'suɑ]
ältere Schwester (f)	vyresnióji sesuõ (m)	[vʲi:rʲɛs'nʲo:jɪ sʲɛ'suɑ]
jüngere Schwester (f)	jaunesnióji sesuõ (m)	[jɛunʲɛs'nʲo:jɪ sʲɛ'suɑ]
Cousin (m)	pùsbrolis (v)	['pʊsbrolʲɪs]
Cousine (f)	pùsseseré (m)	['pʊsseserʲe:]
Mama (f)	mamà (m)	[ma'ma]
Papa (m)	tětis (v)	['tʲe:tʲɪs]
Eltern (pl)	tévaî (v)	[tʲe:'vʌɪ]
Kind (n)	vaĩkas (v)	['vʌɪkas]
Kinder (pl)	vaikaî (v)	[vʌɪ'kʌɪ]
Großmutter (f)	senēlé (m)	[sʲɛ'nʲælʲe:]
Großvater (m)	senēlis (v)	[sʲɛ'nʲælʲɪs]
Enkel (m)	anū̃kas (v)	[a'nu:kas]

| Enkelin (f) | anūkė (m) | [a'nu:kʲe:] |
| Enkelkinder (pl) | anūkai (v) | [a'nu:kʌɪ] |

Onkel (m)	dėdė (v)	['dʲe:dʲe:]
Tante (f)	teta (m)	[tʲɛ'ta]
Neffe (m)	sūnénas (v)	[su:'nʲe:nas]
Nichte (f)	dukteréčia (m)	[dʊkte'rʲe:tʂʲæ]

Schwiegermutter (f)	úošvė (m)	['ʊaʃvʲe:]
Schwiegervater (m)	úošvis (v)	['ʊaʃvʲɪs]
Schwiegersohn (m)	žéntas (v)	['ʒʲɛntas]
Stiefmutter (f)	pāmotė (m)	['pa:motʲe:]
Stiefvater (m)	patévis (v)	[pa'tʲe:vʲɪs]

Säugling (m)	kūdikis (v)	['ku:dʲɪkʲɪs]
Kleinkind (n)	naujāgimis (v)	[nɑʊ'ja:gʲɪmʲɪs]
Kleine (m)	vaìkas (v)	['vʌɪkas]

Frau (f)	žmona (m)	[ʒmo'na]
Mann (m)	výras (v)	['vʲi:ras]
Ehemann (m)	sutuoktìnis (v)	[sʊtʊak'tʲɪnʲɪs]
Gemahlin (f)	sutuoktìnė (m)	[sʊtʊak'tʲɪnʲe:]

verheiratet (Ehemann)	vẽdęs	['vʲædʲɛ:s]
verheiratet (Ehefrau)	ištekéjusi	[ɪʃtʲɛ'kʲe:jʊsʲɪ]
ledig	vienguñgis	[vʲɪɛn'gʊŋgʲɪs]
Junggeselle (m)	vienguñgis (v)	[vʲɪɛn'gʊŋgʲɪs]
geschieden (Adj)	išsiskýręs	[ɪʃsʲɪ'skʲi:rʲɛ:s]
Witwe (f)	našlė̃ (m)	[naʃlʲe:]
Witwer (m)	našlỹs (v)	[naʃlʲi:s]

Verwandte (m)	giminaìtis (v)	[gʲɪmʲɪ'nʌɪtʲɪs]
naher Verwandter (m)	ārtimas giminaìtis (v)	['artʲɪmas gʲɪmʲɪ'nʌɪtʲɪs]
entfernter Verwandter (m)	tólimas giminaìtis (v)	['tolʲɪmas gʲɪmʲɪ'nʌɪtʲɪs]
Verwandte (pl)	gìminės (m dgs)	['gʲɪmʲɪnʲe:s]

Waise (m, f)	našlaìtis (v)	[naʃlʲʌɪtʲɪs]
Vormund (m)	globéjas (v)	[glʲo'bʲe:jas]
adoptieren (einen Jungen)	įsūnyti	[i:'su:nʲɪ:tʲɪ]
adoptieren (ein Mädchen)	įdukrinti	[i:'dʊkrʲɪntʲɪ]

53. Freunde. Arbeitskollegen

Freund (m)	draũgas (v)	['drɑʊgas]
Freundin (f)	draugė̃ (m)	[drɑʊ'gʲe:]
Freundschaft (f)	draugỹstė (m)	[drɑʊ'gʲi:stʲe:]
befreundet sein	draugáuti	[drɑʊ'gɑʊtʲɪ]

Freund (m)	pažį́stamas (v)	[pa'ʒʲɪ:stamas]
Freundin (f)	pažį́stama (m)	[paʒʲɪ:sta'ma]
Partner (m)	pártneris (v)	['partnʲɛrʲɪs]

| Chef (m) | šèfas (v) | ['ʃɛfas] |
| Vorgesetzte (m) | vìršininkas (v) | ['vʲɪrʃɪnʲɪŋkas] |

Besitzer (m)	savininkas (v)	[sav'ɪ'n'ɪŋkas]
Untergeordnete (m)	pavaldinỹs (v)	[paval'd'ɪ'n'i:s]
Kollege (m), Kollegin (f)	kolegà (v)	[kɔl'ɛ'ga]

Bekannte (m)	pažístamas (v)	[pa'ʒɪ:stamas]
Reisegefährte (m)	pakeleĩvis (v)	[pak'ɛ'l'ɛɪv'ɪs]
Mitschüler (m)	klasiõkas (v)	[kl'a'sʲo:kas]

Nachbar (m)	kaimýnas (v)	[kʌɪ'mʲi:nas]
Nachbarin (f)	kaimýnė (m)	[kʌɪ'mʲi:nʲe:]
Nachbarn (pl)	kaimýnai (v)	[kʌɪ'mʲi:nʌɪ]

54. Mann. Frau

Frau (f)	móteris (m)	['motʲɛrʲɪs]
Mädchen (n)	panẽlė (m)	[pa'nʲælʲe:]
Braut (f)	núotaka (m)	['nʊɑtaka]

schöne	gražì	[gra'ʒʲɪ]
große	aukštà	[ɑʊkʃ'ta]
schlanke	lieknà	[lʲiɛk'na]
kleine (~ Frau)	neáukšto ũgio	[nʲɛ'ɑʊkʃtɔ 'u:gʲɔ]

| Blondine (f) | blondìnė (m) | [blʲon'dʲɪnʲe:] |
| Brünette (f) | brunẽtė (m) | [brʲʊ'nʲɛtʲe:] |

Damen-	dãmų	['da:mu:]
Jungfrau (f)	skaistuõlė (m)	[skʌɪs'tʊɑlʲe:]
schwangere	nėščià	[nʲe:ʃ'tsʲæ]

Mann (m)	výras (v)	['vʲi:ras]
Blonde (m)	blondìnas (v)	[blʲon'dʲɪnas]
Brünette (m)	brunẽtas (v)	[brʲʊ'nʲɛtas]
hoch	áukštas	['ɑʊkʃtas]
klein	neáukšto ũgio	[nʲɛ'ɑʊkʃtɔ 'u:gʲɔ]

grob	grubùs	[grʊ'bʊs]
untersetzt	petìngas	[pʲɛ't'ɪngas]
robust	tvìrtas	['tvʲɪrtas]
stark	stiprùs	[st'ɪp'rʊs]
Kraft (f)	jėgà (m)	[je:'ga]

dick	stambùs	[stam'bʊs]
dunkelhäutig	tamsaũs gýmio	[tam'sɑʊs 'gʲi:mʲɔ]
schlank	liẽknas	['lʲiɛknas]
elegant	elegántiškas	[ɛlʲɛ'gantʲɪʃkas]

55. Alter

Alter (n)	ámžius (v)	['amʒʲʊs]
Jugend (f)	jaunỹstė (m)	[jɛʊ'nʲi:stʲe:]
jung	jáunas	['jɑʊnas]

| jünger (~ als Sie) | jaunėsnis (-ė) | [jɛʊ'nʲɛsnʲɪs] |
| älter (~ als ich) | vyrėsnis | [vʲiː'rʲɛsnʲɪs] |

Junge (m)	jaunuõlis (v)	[jɛʊ'nʊalʲɪs]
Teenager (m)	paauglỹs (v)	[paɑʊ'glʲiːs]
Bursche (m)	vaikìnas (v)	[vʌɪ'kʲɪnas]

| Greis (m) | sẽnis (v) | ['sʲænʲɪs] |
| alte Frau (f) | sẽnė (m) | ['sʲænʲeː] |

Erwachsene (m)	suáugęs	[sʊ'ɑʊgʲɛːs]
in mittleren Jahren	vidutìnio ámžiaus	[vʲɪdʊ'tʲɪnʲɔ 'amʒʲɛʊs]
älterer (Adj)	pagyvẽnęs	[pagʲiː'vʲænʲɛːs]
alt (Adj)	sẽnas	['sʲænas]

Ruhestand (m)	peñsija (m)	['pʲɛnsʲɪjɛ]
in Rente gehen	išeĩti į̃ peñsiją	[ɪ'ʃɛɪtʲɪ iː 'pʲɛnsʲɪjaː]
Rentner (m)	peñsininkas (v)	['pʲɛnsʲɪnʲɪŋkas]

56. Kinder

Kind (n)	vaĩkas (v)	['vʌɪkas]
Kinder (pl)	vaikaĩ (v)	[vʌɪ'kʌɪ]
Zwillinge (pl)	dvyniaĩ (v dgs)	[dvʲiː'nʲɛɪ]

Wiege (f)	lopšỹs (v)	[lʲop'ʃiːs]
Rassel (f)	barškalas (v)	['barʃkalʲas]
Windel (f)	výstyklas (v)	['vʲiːstʲiːklʲas]

Schnuller (m)	čiulptùkas (v)	[tʃʲʊlʲp'tʊkas]
Kinderwagen (m)	vežimẽlis (v)	[vʲɛʒʲɪ'mʲeːlʲɪs]
Kindergarten (m)	vaikų̃ daržẽlis (v)	[vʌɪ'ku: dar'ʒʲælʲɪs]
Kinderfrau (f)	áuklė (m)	['ɑʊklʲeː]

Kindheit (f)	vaikýstė (m)	[vʌɪ'kʲiːstʲeː]
Puppe (f)	lėlẽ (m)	[lʲeː'lʲeː]
Spielzeug (n)	žaĩslas (v)	['ʒʌɪslʲas]
Baukasten (m)	konstruktorius (v)	[kɔns'trʊktorʲʊs]

wohlerzogen	išáuklėtas	[ɪʃɑʊklʲeːtas]
ungezogen	neišáuklėtas	[nʲɛɪ'ʃɑʊklʲeːtas]
verwöhnt	išlėpintas	[ɪʃlʲæpʲɪntas]

unartig sein	dũkti	['du:ktʲɪ]
unartig	padũkęs	[pa'du:kʲɛːs]
Unart (f)	išdaĩga (m)	[ɪʃ'dʌɪga]
Schelm (m)	padykėlis (v)	[padʲiː'kʲeːlʲɪs]

| gehorsam | paklusnùs | [paklʲʊs'nʊs] |
| ungehorsam | nepaklusnùs | [nʲɛpaklʲʊs'nʊs] |

fügsam	išmintìngas	[ɪʃmʲɪn'tʲɪngas]
klug	protìngas	[pro'tʲɪngas]
Wunderkind (n)	vùnderkindas (v)	['vʊndʲɛrkʲɪndas]

57. Ehepaare. Familienleben

küssen (vt)	bučiúoti	[bʊ'tʂ⁄ʊatᵢɪ]
sich küssen	bučiúotis	[bʊ'tʂ⁄ʊatᵢɪs]
Familie (f)	šeimà (m)	[ʃɛɪ'ma]
Familien-	šeimýninis	[ʃɛɪ'mⁱiːnᵢɪnᵢɪs]
Paar (n)	porà (m)	[po'ra]
Ehe (f)	sántuoka (m)	['santʊaka]
Heim (n)	namų̃ židinỹs (v)	[na'muː ʒⁱɪdᵢɪ'nᵢiːs]
Dynastie (f)	dinãstija (m)	[dᵢɪ'naːstᵢɪjɛ]

Rendezvous (n)	pasimãtymas (v)	[pasᵢɪ'maːtⁱiːmas]
Kuss (m)	bučinỹs (v)	[bʊtʂᵢɪ'nᵢiːs]

Liebe (f)	meĩlė (m)	['mⁱɛilⁱe:]
lieben (vt)	mylė́ti	[mⁱiː'lⁱe:tⁱɪ]
geliebt	mýlimas	['mⁱiː:lⁱɪmas]

Zärtlichkeit (f)	švelnùmas (v)	[ʃvⁱɛlⁱ'nʊmas]
zärtlich	švelnùs	[ʃvⁱɛlⁱ'nʊs]
Treue (f)	ištikimýbė (m)	[ɪʃtⁱɪkⁱɪ'mⁱiː:bⁱe:]
treu (Adj)	ištikimas	['ɪʃtⁱɪkⁱɪmas]
Fürsorge (f)	rũpestis (v)	['ruːpⁱɛstᵢɪs]
sorgsam	rūpestìngas	[ru:pⁱɛs'tⁱɪngas]

Frischvermählte (pl)	jaunavedžiaĩ (v dgs)	[jɛʊnavⁱɛ'dʒⁱɛɪ]
Flitterwochen (pl)	medaũs ménuo (v)	[mⁱɛ'daʊs 'mⁱe:nʊa]
heiraten (einen Mann ~)	ištekė́ti	[ɪʃtⁱɛ'kⁱe:tⁱɪ]
heiraten (ein Frau ~)	vèsti	['vⁱɛstⁱɪ]

Hochzeit (f)	vestùvės (m dgs)	[vⁱɛs'tʊvⁱe:s]
goldene Hochzeit (f)	auksìnės vestùvės (m dgs)	[aʊk's⁄ɪnⁱe:s vⁱɛs'tʊvⁱe:s]
Jahrestag (m)	mė́tinės (m dgs)	['mⁱætᵢɪnⁱe:s]

Geliebte (m)	meilùžis (v)	[mⁱɛɪ'lⁱʊʒⁱɪs]
Geliebte (f)	meilùžė (m)	[mⁱɛɪ'lⁱʊʒⁱe:]

Ehebruch (m)	neištikimýbė (m)	[nⁱɛɪʃtⁱɪkⁱɪ'mⁱiː:bⁱe:]
Ehebruch begehen	išdúoti	[ɪʃ'dʊatⁱɪ]
eifersüchtig	pavydùs	[pavⁱiː'dʊs]
eifersüchtig sein	pavyduliáuti	[pavⁱiː:dʊ'lⁱæʊtⁱɪ]
Scheidung (f)	skyrýbos (m)	[skⁱiː'rⁱiː:bos]
sich scheiden lassen	išsiskìrti	[ɪʃsⁱɪ'skⁱɪrtⁱɪ]

streiten (vi)	bártis	['bartⁱɪs]
sich versöhnen	susitáikyti	[susⁱɪ'tʌɪkⁱiː:tⁱɪ]
zusammen (Adv)	kartù	[kar'tʊ]
Sex (m)	sèksas (v)	['sⁱɛksas]

Glück (n)	laĩmė (m)	['lⁱʌɪmⁱe:]
glücklich	laimìngas	[lⁱʌɪ'mⁱɪngas]
Unglück (n)	nelaĩmė (m)	[nⁱɛ'lⁱʌɪmⁱe:]
unglücklich	nelaimìngas	[nⁱɛlⁱʌɪ'mⁱɪngas]

Charakter. Empfindungen. Gefühle

58. Empfindungen. Gefühle

Gefühl (n)	jaũsmas (v)	['jɛʊsmas]
Gefühle (pl)	jausmaĩ (v)	[jɛʊs'mʌɪ]
fühlen (vt)	jaũsti	['jɑʊstʲɪ]
Hunger (m)	bãdas (v)	['ba:das]
hungrig sein	noréti valgyti	[noˈrʲeːtʲɪ 'valʲgʲi:tʲɪ]
Durst (m)	troškulỹs (v)	[troʃkʊ'lʲi:s]
Durst haben	noréti gérti	[noˈrʲeːtʲɪ 'gʲærtʲɪ]
Schläfrigkeit (f)	mieguistùmas (v)	[mʲiɛgʊisˈtʊmas]
schlafen wollen	noréti miegóti	[noˈrʲeːtʲɪ mʲiɛˈgotʲɪ]
Müdigkeit (f)	núovargis (v)	['nʊɑvargʲɪs]
müde	pavar̃gęs	[paˈvargʲɛ:s]
müde werden	pavar̃gti	[paˈvarktʲɪ]
Laune (f)	núotaika (m)	['nʊɑtʌɪka]
Langeweile (f)	nuobodulỹs (v)	[nʊɑbodʊ'lʲi:s]
sich langweilen	ilgétis	[ɪlʲ'gʲeːtʲɪs]
Zurückgezogenheit (n)	atsiskyrìmas (v)	[atsʲɪskʲiːˈrʲɪmas]
sich zurückziehen	atsiskìrti	[atsʲɪ'skʲɪrtʲɪ]
beunruhigen (vt)	jáudinti	['jɑʊdʲɪntʲɪ]
sorgen (vi)	jáudintis	['jɑʊdʲɪntʲɪs]
Besorgnis (f)	jaudulỹs (v)	[jɛʊdʊ'lʲi:s]
Angst (~ um …)	neramùmas (v)	[nʲɛra'mʊmas]
besorgt (Adj)	susirū́pinęs	[sʊsʲɪ'ru:pʲɪnʲɛ:s]
nervös sein	nèrvintis	['nʲɛrvʲɪntʲɪs]
in Panik verfallen (vi)	panikúoti	[panʲɪ'kʊɑtʲɪ]
Hoffnung (f)	viltìs (m)	[vʲɪlʲˈtʲɪs]
hoffen (vi)	tikétis	[tʲɪ'kʲeːtʲɪs]
Sicherheit (f)	pasitikéjimas (v)	[pasʲɪtʲɪˈrʲkʲɛjɪmas]
sicher	įsitìkinęs	[i:sʲɪ'tʲɪːkʲɪnʲɛ:s]
Unsicherheit (f)	neaiškùmas (v)	[nʲɛʌɪʃ'kumas]
unsicher	neįsitìkinęs	[nʲɛɪːsʲɪ'tʲɪːkʲɪnʲɛ:s]
betrunken	gìrtas	['gʲɪrtas]
nüchtern	blaĩvas	['blʲʌɪvas]
schwach	sìlpnas	['sʲɪlʲpnas]
glücklich	sékmìngas	[sʲeːk'mʲɪngas]
erschrecken (vt)	išgą̃sdinti	[ɪʃ'ga:sdʲɪntʲɪ]
Wut (f)	pasiutìmas (v)	[pasʲʊ'tʲɪmas]
Rage (f)	įneršis (v)	[i:nʲɛrʃʲɪs]
Depression (f)	deprèsija (m)	[dʲɛp'rʲɛsʲɪjɛ]
Unbehagen (n)	diskomfòrtas (v)	[dʲɪskom'fortas]

Komfort (m)	komfòrtas (v)	[kɔm'fortas]
bedauern (vt)	gailétis	[gʌɪ'lʲe:tʲɪs]
Bedauern (n)	gàilestis (v)	['gʌɪlʲestʲɪs]
Missgeschick (n)	nesėkmě (m)	[nʲɛsʲe:k'mʲe:]
Kummer (m)	nusivylìmas (v)	[nʊsʲɪvʲi:'lʲɪmas]

Scham (f)	géda (m)	['gʲe:da]
Freude (f)	linksmýbė (m)	[lʲɪŋks'mʲi:bʲe:]
Begeisterung (f)	entuziãzmas (v)	[ɛntʊz'ɪ'jazmas]
Enthusiast (m)	entuziãstas (v)	[ɛntʊz'ɪ'jastas]
Begeisterung zeigen	paródyti entuziãzmą	[pa'rodʲi:tʲɪ ɛntʊzʲɪ'jazma:]

59. Charakter. Persönlichkeit

Charakter (m)	charãkteris (v)	[xa'ra:ktʲɛrʲɪs]
Charakterfehler (m)	trůkumas (v)	['tru:kʊmas]
Verstand (m)	prõtas (v)	['pro:tas]
Vernunft (f)	išmintìs (m)	[ɪʃmʲɪn'tʲɪs]

Gewissen (n)	sąžinė (m)	['sa:ʒʲɪnʲe:]
Gewohnheit (f)	íprotis (v)	['i:protʲɪs]
Fähigkeit (f)	gebéjimas (v)	[gʲɛ'bʲɛjɪmas]
können (v mod)	mokéti	[mo'kʲe:tʲɪ]

geduldig	kantrùs	[kant'rʊs]
ungeduldig	nekantrùs	[nʲɛkant'rʊs]
neugierig	smalsùs	[smalʲ'sʊs]
Neugier (f)	smalsùmas (v)	[smalʲ'sʊmas]

Bescheidenheit (f)	kuklùmas (v)	[kʊk'lʲʊmas]
bescheiden	kuklùs	[kʊk'lʲʊs]
unbescheiden	nekuklùs	[nʲɛkʊk'lʲʊs]

| faul | tingùs | [tʲɪn'gʊs] |
| Faulenzer (m) | tinginỹs (v) | [tʲɪngʲɪ'nʲi:s] |

Listigkeit (f)	gudrùmas (v)	[gʊd'rʊmas]
listig	gudrùs	[gʊd'rʊs]
Misstrauen (n)	nepasitikéjimas (v)	[nʲɛpasʲɪtʲɪ'kʲɛjɪmas]
misstrauisch	nepatiklùs	[nʲɛpatʲɪk'lʲʊs]

Freigebigkeit (f)	dosnùmas (v)	[dos'nʊmas]
freigebig	dosnùs	[dos'nʊs]
talentiert	talentìngas	[talʲɛn'tʲɪngas]
Talent (n)	tàlentas (v)	['ta:lʲɛntas]

tapfer	drąsùs	[dra:'sʊs]
Tapferkeit (f)	drąsà (m)	[dra:'sa]
ehrlich	sąžiningas	[sa:ʒʲɪ'nʲɪngas]
Ehrlichkeit (f)	sąžinė (m)	['sa:ʒʲɪnʲe:]

vorsichtig	atsargùs	[atsar'gʊs]
tapfer	narsùs	[nar'sʊs]
ernst	rìmtas	['rʲɪmtas]

streng	gríežtas	['grʲiɛʒtas]
entschlossen	ryžtìngas	[rʲiːʒ'tʲɪngas]
unentschlossen	neryžtìngas	[nʲɛrʲiːʒ'tʲɪngas]
schüchtern	drovùs	[dro'vʊs]
Schüchternheit (f)	drovùmas (v)	[dro'vʊmas]

Vertrauen (n)	pasitikéjimas (v)	[pasʲɪtʲɪ'kʲɛjɪmas]
vertrauen (vi)	tikéti	[tʲɪ'kʲeːtʲɪ]
vertrauensvoll	patiklùs	[patʲɪk'lʲʊs]

aufrichtig (Adv)	nuoširdžiaì	[nʊɑʃɪr'dʒʲɛI]
aufrichtig (Adj)	nuoširdùs	[nʊɑʃɪr'dʊs]
Aufrichtigkeit (f)	nuoširdùmas (v)	[nʊɑʃɪr'dʊmas]
offen	ãtviras	['aːtvʲɪras]

still (Adj)	ramùs	[ra'mʊs]
freimütig	ãtviras	['aːtvʲɪras]
naiv	naivùs	[nʌɪ'vʊs]
zerstreut	išsiblãškęs	[ɪʃsʲɪ'blʲaːʃkʲɛːs]
drollig, komisch	juokìngas	[jʊɑ'kʲɪngas]

Gier (f)	gobšùmas (v)	[gop'ʃumas]
habgierig	gobšùs	[gop'ʃʊs]
geizig	šykštùs	[ʃiːkʃ'tʊs]
böse	pìktas	['pʲɪktas]
hartnäckig	užsispýręs	[ʊʒsʲɪs'pʲiːrʲɛːs]
unangenehm	nemalonùs	[nʲɛmalʲo'nʊs]

Egoist (m)	egoìstas (v)	[ɛgoʲɪstas]
egoistisch	egoìstiškas	[ɛgoʲɪstʲɪʃkas]
Feigling (m)	bailỹs (v)	[bʌɪ'lʲiːs]
feige	bailùs	[bʌɪ'lʲʊs]

60. Schlaf. Träume

schlafen (vi)	miegóti	[mʲiɛ'gotʲɪ]
Schlaf (m)	mìegas (v)	['mʲɛgas]
Traum (m)	sãpnas (v)	['saːpnas]
träumen (im Schlaf)	sapnúoti	[sap'nʊɑtʲɪ]
verschlafen	miegùistas	[mʲiɛ'gʊistas]

Bett (n)	lóva (m)	['lʲova]
Matratze (f)	čiužinỹs (v)	[tʂʊʒʲɪr'nʲiːs]
Decke (f)	užklótas (v)	[ʊʒ'klʲotas]
Kissen (n)	pagálvė (m)	[pa'galʲvʲeː]
Laken (n)	paklõdė (m)	[pak'lʲoːdʲeː]

Schlaflosigkeit (f)	nèmiga (m)	['nʲæmʲɪga]
schlaflos	bemìegis	[bʲɛ'mʲɛgʲɪs]
Schlafmittel (n)	mìgdomieji (v)	['mʲɪgdomʲiɛji]
Schlafmittel nehmen	išgérti mìgdomuosius	[ɪʃ'gʲɛrtʲɪ 'mʲɪgdomʊɑsʲʊs]

schlafen wollen	noréti miegóti	[no'rʲeːtʲɪ mʲiɛ'gotʲɪ]
gähnen (vi)	žióvauti	['ʒʲovɑʊtʲɪ]

schlafen gehen	eiti miegóti	['ɛɪt'ɪ m'iɛ'got'ɪ]
das Bett machen	klóti lóvą	['kl'ot'ɪ 'l'ova:]
einschlafen (vi)	užmìgti	[ʊʒ'm'ɪkt'ɪ]

Alptraum (m)	košmãras (v)	[koʃ'ma:ras]
Schnarchen (n)	knarkìmas (v)	[knar'k'ɪmas]
schnarchen (vi)	knar̃kti	['knarkt'ɪ]

Wecker (m)	žadintùvas (v)	[ʒad'ɪn'tʊvas]
aufwecken (vt)	pažãdinti	[pa'ʒa:d'ɪnt'ɪ]
erwachen (vi)	atsibùsti	[ats'ɪ'bʊst'ɪ]
aufstehen (vi)	kéltis	['k'ɛl't'ɪs]
sich waschen	praũstis	['praʊst'ɪs]

61. Humor. Lachen. Freude

Humor (m)	hùmoras (v)	['ɣʊmoras]
Sinn (m) für Humor	jaũsmas (v)	['jɛʊsmas]
sich amüsieren	lìnksmintis	['l'ɪŋksm'ɪnt'ɪs]
froh (Adj)	lìnksmas	['l'ɪŋksmas]
Fröhlichkeit (f)	linksmýbė (m)	[l'ɪŋks'm'i:b'e:]

Lächeln (n)	šýpsena (m)	['ʃ'ɪ:ps'ɛna]
lächeln (vi)	šypsótis	[ʃ'ɪ:p'sot'ɪs]
auflachen (vi)	nusijuõkti	[nʊs'ɪ'jʊakt'ɪ]
lachen (vi)	juõktis	['jʊakt'ɪs]
Lachen (n)	juõkas (v)	['jʊakas]

Anekdote, Witz (m)	anekdòtas (v)	[an'ɛk'dotas]
lächerlich	juokìngas	[jʊa'k'ɪngas]
komisch	juokìngas	[jʊa'k'ɪngas]

Witz machen	juokáuti	[jʊa'kaʊt'ɪ]
Spaß (m)	juõkas (v)	['jʊakas]
Freude (f)	džiaũgsmas (v)	['dʒ'ɛʊgsmas]
sich freuen	džiaũgtis	['dʒ'ɛʊkt'ɪs]
froh (Adj)	džiaugsmìngas	[dʒ'ɛʊgs'm'ɪngas]

62. Diskussion, Unterhaltung. Teil 1

Kommunikation (f)	bendrãvimas (v)	[b'ɛn'dra:v'ɪmas]
kommunizieren (vi)	bendráuti	[b'ɛn'draʊt'ɪ]

Konversation (f)	pókalbis (v)	['pokal'b'ɪs]
Dialog (m)	dialògas (v)	[d'ɪja'l'ogas]
Diskussion (f)	diskùsija (m)	[d'ɪs'kʊs'ɪjɛ]
Streitgespräch (n)	giñčas (v)	['g'ɪntʂas]
streiten (vi)	giñčytis	['g'ɪntʂ'i:t'ɪs]

Gesprächspartner (m)	pašnekõvas (v)	[paʃn'ɛ'ko:vas]
Thema (n)	temà (m)	[t'ɛ'ma]
Gesichtspunkt (m)	póžiūris (v)	['poʒ'u:r'ɪs]

| Meinung (f) | núomoné (m) | ['nuɑmonʲe:] |
| Rede (f) | kalba (m) | [kalʲ'ba] |

Besprechung (f)	aptarìmas (v)	[apta'rʲɪmas]
besprechen (vt)	aptàrti	[ap'tartʲɪ]
Gespräch (n)	pókalbis (v)	['pokalʲbʲɪs]
Gespräche führen	kalbétis	[kalʲ'bʲe:tʲɪs]
Treffen (n)	susìtikimas (v)	[su'sʲɪtʲɪkʲɪmas]
sich treffen	susitikinéti	[susʲɪtʲɪkʲɪ'nʲe:tʲɪ]

Sprichwort (n)	patarlě (m)	[patar'lʲe:]
Redensart (f)	príežodis (v)	['prʲɪɛʒodʲɪs]
Rätsel (n)	mìslě (m)	[mʲɪːsʲlʲe:]
ein Rätsel aufgeben	ịmiñti mìslę	[i:'mʲɪntʲɪ 'mʲɪːslʲɛ:]
Parole (f)	slaptãžodis (v)	[slʲap'ta:ʒodʲɪs]
Geheimnis (n)	paslaptìs (m)	[paslʲap'tʲɪs]

Eid (m), Schwur (m)	príesaika (m)	['prʲɛsʌɪka]
schwören (vi, vt)	prisiekinéti	[prʲɪsʲiɛkʲɪ'nʲe:tʲɪ]
Versprechen (n)	pãžadas (v)	['pa:ʒadas]
versprechen (vt)	žadéti	[ʒa'dʲe:tʲɪ]

Rat (m)	patarìmas (v)	[pata'rʲɪmas]
raten (vt)	patàrti	[pa'tartʲɪ]
gehorchen (jemandem ~)	paklausýti	[paklʲɑu'sʲiːtʲɪ]

Neuigkeit (f)	naujíena (m)	[nɑu'jiɛna]
Sensation (f)	sensãcija (m)	[sʲɛn'sa:tsʲɪjɛ]
Informationen (pl)	dúomenys (v dgs)	['duɑmʲɛnʲi:s]
Schlussfolgerung (f)	ìšvada (m)	['ɪʃvada]
Stimme (f)	bàlsas (v)	['balʲsas]
Kompliment (n)	komplimeñtas (v)	[komplʲɪ'mʲɛntas]
freundlich	mandagùs	[manda'gus]

Wort (n)	žõdis (v)	['ʒo:dʲɪs]
Phrase (f)	reãkcija (m)	[rʲɛ'a:ktsʲɪjɛ]
Antwort (f)	atsãkymas (v)	[a'tsa:kʲi:mas]

| Wahrheit (f) | tiesà (m) | [tʲiɛ'sa] |
| Lüge (f) | mēlas (v) | ['mʲælʲas] |

Gedanke (m)	mintìs (m)	[mʲɪn'tʲɪs]
Idee (f)	idėja (m)	[ɪ'dʲe:ja]
Phantasie (f)	fantãzija (m)	[fan'ta:zʲɪjɛ]

63. Diskussion, Unterhaltung. Teil 2

angesehen (Adj)	gerbiamas	['gʲɛrbʲæmas]
respektieren (vt)	gerbti	['gʲɛrptʲɪ]
Respekt (m)	pagarbà (m)	[pagar'ba]
Sehr geehrter ...	Gerbiamàsis ...	[gʲɛrbʲæ'masʲɪs ...]

| bekannt machen | supažìndinti | [supa'ʒʲɪndʲɪntʲɪ] |
| kennenlernen (vt) | susipažìnti | [susʲɪpa'ʒʲɪntʲɪ] |

Absicht (f)	ketìnimas (v)	[kʲɛ'tʲɪnʲɪmas]
beabsichtigen (vt)	ketìnti	[kʲɛ'tʲɪntʲɪ]
Wunsch (m)	palinkéjimas (v)	[palʲɪŋ'kʲɛjɪmas]
wünschen (vt)	palinkéti	[palʲɪŋ'kʲe:tʲɪ]

Staunen (n)	núostaba (m)	['nʊastaba]
erstaunen (vt)	stèbinti	['stʲæbʲɪntʲɪ]
staunen (vi)	stebétis	[ste'bʲe:tʲɪs]

geben (vt)	dúoti	['dʊatʲɪ]
nehmen (vt)	im̃ti	['ɪmtʲɪ]
herausgeben (vt)	grąžìnti	[gra:'ʒʲɪntʲɪ]
zurückgeben (vt)	atidúoti	[atʲɪ'dʊatʲɪ]

sich entschuldigen	atsiprašinéti	[atsʲɪpraʃɪ'nʲe:tʲɪ]
Entschuldigung (f)	atsiprãšymas (v)	[atsʲɪ'pra:ʃɪːmas]
verzeihen (vt)	atléisti	[at'lʲɛɪstʲɪ]

sprechen (vi)	kalbéti	[kalʲ'bʲe:tʲɪ]
hören (vt), zuhören (vi)	klausýti	[klʲaʊ'sʲi:tʲɪ]
sich anhören	išklausýti	[ɪʃklʲaʊ'sʲi:tʲɪ]
verstehen (vt)	supràsti	[sʊp'rastʲɪ]
zeigen (vt)	paródyti	[pa'rodʲi:tʲɪ]
ansehen (vt)	žiūréti į …	[ʒʲuː'rʲe:tʲɪ iː ..]
rufen (vt)	pakviẽsti	[pak'vʲɛstʲɪ]
belästigen (vt)	trukdýti	[trʊk'dʲi:tʲɪ]
stören (vt)	trukdýti	[trʊk'dʲi:tʲɪ]
übergeben (vt)	pérduoti	['pʲɛrdʊatʲɪ]

Bitte (f)	prãšymas (v)	['pra:ʃɪːmas]
bitten (vt)	prašýti	[pra'ʃɪːtʲɪ]
Verlangen (n)	reikalãvimas (v)	[rʲɛɪka'lʲa:vʲɪmas]
verlangen (vt)	reikaláuti	[rʲɛɪka'lʲaʊtʲɪ]

necken (vt)	érzinti	['ɛrzʲɪntʲɪ]
spotten (vi)	šaipýtis	[ʃʌɪ'pʲi:tʲɪs]
Spott (m)	pajuokà (m)	[pajʊa'ka]
Spitzname (m)	pravardĕ (m)	[pravar'dʲe:]

Andeutung (f)	užúomina (m)	[ʊ'ʒʊamʲɪna]
andeuten (vt)	užsimiñti	[ʊʒsʲɪ'mʲɪntʲɪ]
meinen (vt)	numanýti	[nʊma'nʲi:tʲɪ]

Beschreibung (f)	aprãšymas (v)	[ap'ra:ʃɪːmas]
beschreiben (vt)	aprašýti	[apra'ʃɪːtʲɪ]
Lob (n)	pagyrìmas (v)	[pagʲi:'rʲɪmas]
loben (vt)	pagìrti	[pa'gʲɪrtʲɪ]

Enttäuschung (f)	nusivylìmas (v)	[nʊsʲɪvʲi:'lʲɪmas]
enttäuschen (vt)	nuvìlti	[nʊ'vʲɪlʲtʲɪ]
enttäuscht sein	nusivìlti	[nʊsʲɪ'vʲɪlʲtʲɪ]

Vermutung (f)	príelaida (m)	['prʲɛlʲʌɪda]
vermuten (vt)	numanýti	[nʊma'nʲi:tʲɪ]
Warnung (f)	įspéjimas (v)	[i:spʲe:'jɪmas]
warnen (vt)	įspéti	[i:s'pʲe:tʲɪ]

64. Diskussion, Unterhaltung. Teil 3

überreden (vt)	įkalbéti	[i:kalʲʼbʲe:tʲɪ]
beruhigen (vt)	ramìnti, gúosti	[ra'mʲɪntʲɪ], ['gʊastʲɪ]

Schweigen (n)	tyléjimas (v)	[tʲiː'lʲɛjɪmas]
schweigen (vi)	tyléti	[tʲiː'lʲe:tʲɪ]
flüstern (vt)	sušnabždéti	[sʊʃnabʒ'dʲe:tʲɪ]
Flüstern (n)	šnabždesỹs (v)	[ʃnabʒdʲɛ'sʲi:s]

offen (Adv)	atvirai	[atvʲɪ'rʌɪ]
meiner Meinung nach ...	màno núomone ...	['manɔ 'nʊamonʲɛ ...]

Detail (n)	išsamùmas (v)	[ɪʃsa'mʊmas]
ausführlich (Adj)	išsamùs	[ɪʃsa'mʊs]
ausführlich (Adv)	išsamiai	[ɪʃsa'mʲɛɪ]

Tipp (m)	užúomina (m)	[ʊ'ʒʊamʲɪna]
einen Tipp geben	pasakinéti	[pasakʲɪ'nʲe:tʲɪ]

Blick (m)	žvílgsnis (v)	['ʒvʲɪlʲgsnʲɪs]
anblicken (vt)	žvilgteléti	['ʒvʲɪlʲktelʲe:tʲɪ]
starr (z.B. -en Blick)	nèjudantis	['nʲɛjʊdantʲɪs]
blinzeln (mit den Augen)	mirkséti	[mʲɪrk'sʲe:tʲɪ]
zwinkern (mit den Augen)	mìrkteléti	['mʲɪrktelʲe:tʲɪ]
nicken (vi)	lìnkteléti	['lʲɪŋktelʲe:tʲɪ]

Seufzer (m)	iškvépis (v)	['ɪʃkvʲe:pʲɪs]
aufseufzen (vi)	įkvẽpti	[i:k'vʲe:ptʲɪ]
zusammenzucken (vi)	krũpčioti	['kru:ptʂʲotʲɪ]
Geste (f)	gèstas (v)	['gʲɛstas]
berühren (vt)	prisiliẽsti	[prʲɪsʲɪ'lʲʼɛstʲɪ]
ergreifen (vt)	griẽbti	['grʲɛptʲɪ]
klopfen (vt)	plekšnóti	[plʲɛkʃ'notʲɪ]

Vorsicht!	Atsargiai!	[atsar'gʲɛɪ!]
Wirklich?	Nejaũgi?	[nʲɛ'jɛʊgʲɪ?]
Sind Sie sicher?	Tù įsitìkinęs?	['tʊ i:sʲɪ'tʲɪːkʲɪnʲɛːs?]
Viel Glück!	Sėkmės!	[sʲe:k'mʲe:s!]
Klar!	Áišku!	['ʌɪʃkʊ!]
Schade!	Gaìla!	['gʌɪlʲa!]

65. Zustimmung. Ablehnung

Einverständnis (n)	sutikìmas (v)	[sʊtʲɪ'kʲɪmas]
zustimmen (vi)	sutìkti	[sʊ'tʲɪktʲɪ]
Billigung (f)	pritarìmas (v)	[prʲɪta'rʲɪmas]
billigen (vt)	pritarti	[prʲɪ'tartʲɪ]
Absage (f)	atsisãkymas (v)	[atsʲɪ'sa:kʲiːmas]
sich weigern	atsisakýti	[atsʲɪsa'kʲiːtʲɪ]

Ausgezeichnet!	Puikù!	[pʊi'kʊ!]
Ganz recht!	Geraì!	[gʲɛ'rʌɪ!]

Gut! Okay!	Geraî!	[gʲɛ'rʌɪ!]
verboten (Adj)	ùždraustas	['ʊʒdrɑʊstas]
Es ist verboten	negalimà	[nʲɛgalʲɪ'ma]
Es ist unmöglich	neįmãnoma	[nʲɛɪ:'ma:noma]
falsch	neteisìngas	[nʲɛtʲɛɪ'sʲɪngas]

ablehnen (vt)	atmèsti	[at'mʲɛstʲɪ]
unterstützen (vt)	palaikýti	[palʲʌɪ'kʲi:tʲɪ]
akzeptieren (vt)	priiṁti	[prʲɪ'imtʲɪ]

bestätigen (vt)	patvìrtinti	[pat'vʲɪrtʲɪntʲɪ]
Bestätigung (f)	patvìrtinimas (v)	[pat'vʲɪrtʲɪnʲɪmas]
Erlaubnis (f)	leidìmas (v)	[lʲɛɪ'dɪmas]
erlauben (vt)	léisti	['lʲɛɪstʲɪ]
Entscheidung (f)	sprendìmas (v)	[sprʲɛn'dʲɪmas]
schweigen (nicht antworten)	nutyléti	[nʊtʲi:'lʲe:tʲɪ]

Bedingung (f)	sályga (m)	['sa:lʲi:ga]
Ausrede (f)	atsikalbinéjimas (v)	[atsʲɪkalʲbʲɪ'nʲɛjɪmas]
Lob (n)	pagyrìmas (v)	[pagʲi:'rʲɪmas]
loben (vt)	gìrti	['gʲɪrtʲɪ]

66. Erfolg. Alles Gute. Misserfolg

Erfolg (m)	sėkmě̃ (m)	[sʲe:k'mʲe:]
erfolgreich (Adv)	sėkmìngai	[sʲe:k'mʲɪngʌɪ]
erfolgreich (Adj)	sėkmìngas	[sʲe:k'mʲɪngas]
Glück (Glücksfall)	sėkmě̃ (m)	[sʲe:k'mʲe:]
Viel Glück!	Sėkmě̃s!	[sʲe:k'mʲe:s!]
Glücks- (z.B. -tag)	sėkmìngas	[sʲe:k'mʲɪngas]
glücklich (Adj)	sėkmìngas	[sʲe:k'mʲɪngas]

Misserfolg (m)	nesėkmě̃ (m)	[nʲɛsʲe:k'mʲe:]
Missgeschick (n)	nesėkmě̃ (m)	[nʲɛsʲe:k'mʲe:]
Unglück (n)	nesėkmě̃ (m)	[nʲɛsʲe:k'mʲe:]
missglückt (Adj)	nesėkmìngas	[nʲɛsʲe:k'mʲɪngas]
Katastrophe (f)	katastrofà (m)	[katastro'fa]

Stolz (m)	išdidùmas (v)	[ɪʃdʲɪ'dʊmas]
stolz	išdidùs	[ɪʃdʲɪ'dʊs]
stolz sein	didžiúotis	[dʲɪ'dʒʲʊatʲɪs]
Sieger (m)	nugalétojas (v)	[nʊga'lʲe:to:jɛs]
siegen (vi)	nugaléti	[nʊga'lʲe:tʲɪ]
verlieren (Spiel usw.)	pralaiméti	[pralʲʌɪ'mʲe:tʲɪ]
Versuch (m)	baṅdymas (v)	['bandʲi:mas]
versuchen (vt)	bandýti	[ban'dʲi:tʲɪ]
Chance (f)	šánsas (v)	['ʃansas]

67. Streit. Negative Gefühle

| Schrei (m) | rìksmas (v) | ['rʲɪksmas] |
| schreien (vi) | rěkti | ['rʲe:ktʲɪ] |

beginnen zu schreien	užrikti	[ʊʒ'rʲɪktʲɪ]
Zank (m)	barnis (v)	['barnʲɪs]
sich zanken	bartis	['bartʲɪs]
Riesenkrach (m)	skandalas (v)	[skan'daːlʲas]
Krach haben	kelti skandalą	['kʲɛlʲtʲɪ skandaːlaː]
Konflikt (m)	konfliktas (v)	[kɔn'flʲɪktas]
Missverständnis (n)	nesusipratimas (v)	[nʲɛsʊsʲɪpra'tʲɪmas]

Kränkung (f)	įžeidimas (v)	[iːʒʲɛɪ'dʲiːmas]
kränken (vt)	įžeidinėti	[iːʒʲɛɪdʲɪ'nʲeːtʲɪ]
gekränkt (Adj)	įžeistas	['iːʒʲɛɪstas]
Beleidigung (f)	nuoskauda (m)	['nʊɑskaʊda]
beleidigen (vt)	nuskriausti	[nʊ'skrʲɛʊstʲɪ]
sich beleidigt fühlen	įsižeisti	[iːsʲɪ'ʒʲɛɪstʲɪ]

Empörung (f)	pasipiktinimas (v)	[pasʲɪ'pʲɪktʲɪnʲɪmas]
sich empören	pasipiktinti	[pasʲɪ'pʲɪktʲɪntʲɪ]
Klage (f)	skundas (v)	['skʊndas]
klagen (vi)	skųstis	['skuːstʲɪs]

Entschuldigung (f)	atsiprašymas (v)	[atsʲɪ'pra:ʃiːmas]
sich entschuldigen	atsiprašyneti	[atsʲɪ'praʃɪːnʲeːtʲɪ]
um Entschuldigung bitten	prašyti atleidimo	[pra'ʃiːtʲɪ atlʲɛɪ'dʲɪmɔ]

Kritik (f)	kritika (m)	['krʲɪtʲɪka]
kritisieren (vt)	kritikuoti	[krʲɪtʲɪ'kʊɑtʲɪ]
Anklage (f)	kaltinimas (v)	['kalʲtʲɪnʲɪmas]
anklagen (vt)	kaltinti	['kalʲtʲɪntʲɪ]

Rache (f)	kerštas (v)	['kʲɛrʃtas]
rächen (vt)	keršyti	['kʲɛrʃɪːtʲɪ]
sich rächen	atkeršyti	[at'kʲɛrʃɪːtʲɪ]

Verachtung (f)	pasmerkimas (v)	[pasmʲɛr'kʲɪmas]
verachten (vt)	smerkti	['smʲɛrktʲɪ]
Hass (m)	neapykanta (m)	[nʲɛa'pʲiːkanta]
hassen (vt)	nekęsti	[nʲɛ'kʲɛːstʲɪ]

nervös	nervuotas	[nʲɛr'vʊɑtas]
nervös sein	nervintis	['nʲɛrvʲɪntʲɪs]
verärgert	piktas	['pʲɪktas]
ärgern (vt)	supykdyti	[sʊ'pʲiːkdʲiːtʲɪ]

Erniedrigung (f)	žeminimas (v)	['ʒʲæmʲɪnʲɪmas]
erniedrigen (vt)	žeminti	['ʒʲæmʲɪntʲɪ]
sich erniedrigen	žemintis	['ʒʲæmʲɪntʲɪs]

| Schock (m) | šokas (v) | ['ʃokas] |
| schockieren (vt) | šokiruoti | [ʃokʲɪ'rʊɑtʲɪ] |

| Ärger (m) | nemalonumas (v) | [nʲɛmalʲo'numas] |
| unangenehm | nemalonus | [nʲɛmalʲo'nʊs] |

Angst (f)	baimė (m)	['bʌɪmʲeː]
furchtbar (z.B. -e Sturm)	baisus	[bʌɪ'sʊs]
schrecklich	baisus	[bʌɪ'sʊs]

| Entsetzen (n) | siaũbas (v) | ['sʲɛubas] |
| entsetzlich | siaubìngas | [sʲɛu'bʲɪngas] |

zittern (vi)	suvirpéti	[suvʲɪr'pʲeːtʲɪ]
weinen (vi)	veȓkti	['vʲɛrktʲɪ]
anfangen zu weinen	pradéti veȓkti	[pra'dʲeːtʲɪ 'verktʲɪ]
Träne (f)	ãšara (m)	['aːʃara]

Schuld (f)	kaltě (m)	[kalʲ'tʲeː]
Schuldgefühl (n)	kaltě (m)	[kalʲ'tʲeː]
Schmach (f)	géda (m)	['gʲeːda]
Protest (m)	protèstas (v)	[pro'tʲɛstas]
Stress (m)	strèsas (v)	['strʲɛsas]

stören (vt)	trukdýti	[truk'dʲiːtʲɪ]
sich ärgern	pȳkti	['pʲiːktʲɪ]
ärgerlich	pìktas	['pʲɪktas]
abbrechen (vi)	nutráukti	[nu'trauktʲɪ]
schelten (vi)	bártis	['bartʲɪs]

erschrecken (vi)	baugìntis	[bau'gʲɪntʲɪs]
schlagen (vt)	treñkti	['trʲeɳktʲɪ]
sich prügeln	mùštis	['muʃtʲɪs]

beilegen (Konflikt usw.)	sureguliúoti	[surʲɛgu'lʲuatʲɪ]
unzufrieden	nepaténkintas	[nʲɛpa'tʲɛɳkʲɪntas]
wütend	įnìȓšęs	[iː'nʲɪrʃɛːs]

| Das ist nicht gut! | Negeraĩ! | [nʲɛgʲɛ'rʌɪ!] |
| Das ist schlecht! | Negeraĩ! | [nʲɛgʲɛ'rʌɪ!] |

Medizin

68. Krankheiten

Krankheit (f)	liga (m)	[li'ga]
krank sein	sirgti	['sʲɪrktʲɪ]
Gesundheit (f)	sveikata (m)	[svʲɛɪka'ta]

Schnupfen (m)	sloga (m)	[slʲo'ga]
Angina (f)	angina (m)	[angʲɪ'na]
Erkältung (f)	peršalimas (v)	['pʲɛrʃalʲɪmas]
sich erkälten	peršalti	['pʲɛrʃalʲtʲɪ]

Bronchitis (f)	bronchitas (v)	[bron'xʲɪtas]
Lungenentzündung (f)	plaučių uždegimas (v)	['plʲɑʊtʂʲu: ʊʒdʲɛ'gʲɪmas]
Grippe (f)	gripas (v)	['grʲɪpas]

kurzsichtig	trumparegis	[trʊmpa'rʲæɡʲɪs]
weitsichtig	toliaregis	[tolʲæ'rʲæɡʲɪs]
Schielen (n)	žvairumas (v)	[ʒvʌɪ'rʊmas]
schielend (Adj)	žvairas	['ʒvʌɪras]
grauer Star (m)	katarakta (m)	[katarak'ta]
Glaukom (n)	glaukoma (m)	[glʲɑʊko'ma]

Schlaganfall (m)	insultas (v)	[ɪn'sʊlʲtas]
Infarkt (m)	infarktas (v)	[ɪn'farktas]
Herzinfarkt (m)	miokarda infarktas (v)	[mʲɪjo'karda in'farktas]
Lähmung (f)	paralyžius (v)	[para'lʲi:ʒʲʊs]
lähmen (vt)	paraližuoti	[paralʲɪ'ʒʊɑtʲɪ]

Allergie (f)	alergija (m)	[a'lʲɛrɡʲɪjɛ]
Asthma (n)	astma (m)	[ast'ma]
Diabetes (m)	diabetas (v)	[dʲɪja'bʲɛtas]

| Zahnschmerz (m) | dantų skausmas (v) | [dan'tu: 'skɑʊsmas] |
| Karies (f) | kariesas (v) | ['ka:rʲɛsas] |

Durchfall (m)	diaréja (m)	[dʲɪjarʲe:ja]
Verstopfung (f)	vidurių užkietéjimas (v)	[vʲɪdʊ'rʲu: ʊʒkʲɪɛ'tʲɛjɪmas]
Magenverstimmung (f)	skrandžio sutrikimas (v)	['skrandʒʲo sʊtrʲɪ'kʲɪmas]
Vergiftung (f)	apsinuodijimas (v)	[apsʲɪ'nʊɑdʲɪjimas]
Vergiftung bekommen	apsinuodyti	[apsʲɪ'nʊɑdʲi:tʲɪ]

Arthritis (f)	artritas (v)	[art'rʲɪtas]
Rachitis (f)	rachitas (v)	[ra'xʲɪtas]
Rheumatismus (m)	reumatizmas (v)	[rʲɛʊma'tʲɪzmas]
Atherosklerose (f)	aterosklerozė (m)	[aterosklʲɛ'rozʲe:]

| Gastritis (f) | gastritas (v) | [gas'trʲɪtas] |
| Blinddarmentzündung (f) | apendicitas (v) | [apʲɛndʲɪ'tsʲɪtas] |

| Cholezystitis (f) | cholecistitas (v) | [xolʲɛtsʲɪsʲtʲɪtas] |
| Geschwür (n) | opa (m) | [oˈpa] |

Masern (pl)	tymai (v)	[tʲiˈmʌɪ]
Röteln (pl)	raudoniukė (m)	[rɑʊdoˈnʲʊkʲe:]
Gelbsucht (f)	gelta (m)	[gʲɛlʲˈta]
Hepatitis (f)	hepatitas (v)	[ɣʲɛpaˈtʲɪtas]

Schizophrenie (f)	šizofrenija (m)	[ʃʲɪzoˈfrʲɛnʲɪjɛ]
Tollwut (f)	pasiutligė (m)	[paˈsʲʊtlʲɪgʲe:]
Neurose (f)	neurozė (m)	[nʲɛʊˈrozʲe:]
Gehirnerschütterung (f)	smegenų sutrenkimas (v)	[smʲɛgʲɛˈnu: sʊtrʲɛŋˈkʲɪmas]

Krebs (m)	vėžys (v)	[vʲe:ˈʒʲi:s]
Sklerose (f)	sklerozė (m)	[sklʲɛˈrozʲe:]
multiple Sklerose (f)	išsėtinė sklerozė (m)	[ɪʃʲsʲe:ˈtʲɪnʲe: sklʲɛˈrozʲe:]

Alkoholismus (m)	alkoholizmas (v)	[alʲkoɣoˈlʲɪzmas]
Alkoholiker (m)	alokoholikas (v)	[aloko'ɣolʲɪkas]
Syphilis (f)	sifilis (v)	[ˈsʲɪfʲɪlʲɪs]
AIDS	ŽIV (v)	[ˈʒʲɪv]

Tumor (m)	auglys (v)	[ɑʊgˈlʲi:s]
Fieber (n)	karštligė (m)	[ˈkarʃtlʲɪgʲe:]
Malaria (f)	maliarija (m)	[maˈlʲærʲɪjɛ]
Gangrän (f, n)	gangrena (m)	[gangrʲɛˈna]
Seekrankheit (f)	jūros liga (m)	[ˈju:ros lʲɪˈga]
Epilepsie (f)	epilepsija (m)	[ɛpʲɪˈlʲɛpsʲɪjɛ]

Epidemie (f)	epidemija (m)	[ɛpʲɪˈdʲɛmʲɪjɛ]
Typhus (m)	šiltinė (m)	[ˈʃʲɪlʲtʲɪnʲe:]
Tuberkulose (f)	tuberkuliozė (m)	[tʊberkʊˈlʲozʲe:]
Cholera (f)	cholera (m)	[ˈxolʲɛra]
Pest (f)	maras (v)	[ˈma:ras]

69. Symptome. Behandlungen. Teil 1

Symptom (n)	simptomas (v)	[sʲɪmpˈtomas]
Temperatur (f)	temperatūra (m)	[tʲɛmpʲɛratuːˈra]
Fieber (n)	aukšta temperatūra (m)	[ɑʊkʃˈta tʲɛmpʲɛratuːˈra]
Puls (m)	pulsas (v)	[ˈpʊlʲsas]

Schwindel (m)	galvos svaigimas (v)	[galʲˈvoːs svʌɪˈgʲɪmas]
heiß (Stirne usw.)	karštas	[ˈkarʃtas]
Schüttelfrost (m)	drebulys (v)	[drʲɛbʊˈlʲi:s]
blass (z.B. -es Gesicht)	išbalęs	[ɪʃˈba:lʲɛ:s]

Husten (m)	kosulys (v)	[kɔsʊˈlʲi:s]
husten (vi)	kosėti	[ˈkosʲe:tʲɪ]
niesen (vi)	čiaudėti	[ˈtʂʲæʊdʲe:tʲɪ]
Ohnmacht (f)	nualpimas (v)	[nʊˈalʲpʲɪmas]
ohnmächtig werden	nualpti	[nʊˈalʲptʲɪ]
blauer Fleck (m)	mėlynė (m)	[mʲe:ˈlʲi:nʲe:]
Beule (f)	guzas (v)	[ˈgʊzas]

sich stoßen	atsitreñkti	[atsʲɪ'trʲɛŋktʲɪ]
Prellung (f)	sumušimas (v)	[sʊmʊ'ʃɪmas]
sich stoßen	susimùšti	[sʊsʲɪ'mʊʃtʲɪ]

hinken (vi)	šlubúoti	[ʃlʲʊ'bʊɑtʲɪ]
Verrenkung (f)	išnirìmas (v)	[ɪʃnʲɪ'rʲɪmas]
ausrenken (vt)	išnarìnti	[ɪʃna'rʲɪntʲɪ]
Fraktur (f)	lūžis (v)	['lʲuːʒʲɪs]
brechen (Arm usw.)	susiláužyti	[sʊsʲɪ'lʲaʊʒʲiːtʲɪ]

Schnittwunde (f)	įpjovìmas (v)	[iːpjoˈvʲiːmas]
sich schneiden	įsipjáuti	[iːsʲɪ'pjaʊtʲɪ]
Blutung (f)	kraujàvimas (v)	[kraʊ'ja:vʲɪmas]

| Verbrennung (f) | nudegìmas (v) | [nʊdʲɛ'gʲɪmas] |
| sich verbrennen | nusidèginti | [nʊsʲɪ'dʲægʲɪntʲɪ] |

stechen (vt)	įdùrti	[iː'dʊrtʲɪ]
sich stechen	įsidùrti	[iːsʲɪ'dʊrtʲɪ]
verletzen (vt)	susižalóti	[sʊsʲɪʒa'lʲotʲɪ]
Verletzung (f)	sužalójimas (v)	[sʊʒa'lʲoːjɪmas]
Wunde (f)	žaizdà (m)	[ʒʌɪz'da]
Trauma (n)	tráuma (m)	['traʊma]

irrereden (vi)	sapalióti	[sapa'lʲotʲɪ]
stottern (vi)	mikčióti	[mʲɪk'tʂʲotʲɪ]
Sonnenstich (m)	sáulės smū̃gis (v)	['saʊlʲeːs 'smu:gʲɪs]

70. Symptome. Behandlungen. Teil 2

| Schmerz (m) | skaũsmas (v) | ['skaʊsmas] |
| Splitter (m) | rakštìs (m) | [rakʃtʲɪs] |

Schweiß (m)	prãkaitas (v)	['pra:kʌɪtas]
schwitzen (vi)	prakaitúoti	[prakʌɪ'tʊatʲɪ]
Erbrechen (n)	pýkinimas (v)	['pʲiːkʲɪnʲɪmas]
Krämpfe (pl)	traukùliai (v)	[traʊ'kʊlʲɛɪ]

schwanger	nėščià	[nʲeːʃtʂʲæ]
geboren sein	gìmti	['gʲɪmtʲɪ]
Geburt (f)	gim̃dymas (v)	['gʲɪmdʲiːmas]
gebären (vt)	gimdýti	[gʲɪm'dʲiːtʲɪ]
Abtreibung (f)	abòrtas (v)	[a'bortas]

Atem (m)	kvėpãvimas (v)	[kvʲeː'pa:vʲɪmas]
Atemzug (m)	įkvėpis (v)	['iːkvʲeːpʲɪs]
Ausatmung (f)	iškvėpìmas (v)	[ɪʃkvʲeː'ʃʲɪmas]
ausatmen (vt)	iškvėpti	[ɪʃkvʲeːptʲɪ]
einatmen (vt)	įkvėpti	[iːk'vʲeːptʲɪ]

Invalide (m)	invalìdas (v)	[ɪnva'lʲɪdas]
Krüppel (m)	luošỹs (v)	[lʲʊa'ʃʲiːs]
Drogenabhängiger (m)	narkománas (v)	[narko'ma:nas]
taub	kuřčias	['kʊrtʂʲæs]

| stumm | nebylỹs | [nʲɛbʲiː'lʲiːs] |
| taubstumm | kurčnebylis | ['kʊrt̪ʂnʲɛbʲiːˈlʲɪs] |

verrückt (Adj)	pamìšęs	[pa'mʲɪʃɛːs]
Irre (m)	pamìšęs (v)	[pa'mʲɪʃɛːs]
Irre (f)	pamìšusi (m)	[pa'mʲɪʃʊsʲɪ]
den Verstand verlieren	išprotéti	[ɪʃpro'tʲeːtʲɪ]

Gen (n)	genas (v)	['gʲɛnas]
Immunität (f)	imunitėtas (v)	[ɪmʊnʲɪ'tʲɛtas]
erblich	pavéldimas	[pa'vʲɛlʲdʲɪmas]
angeboren	ĩgimtas	['iːgʲɪmtas]

Virus (m, n)	vìrusas (v)	['vʲɪrʊsas]
Mikrobe (f)	mikròbas (v)	[mʲɪk'robas]
Bakterie (f)	bakterija (m)	[bak'tʲɛrʲɪjɛ]
Infektion (f)	infèkcija (m)	[ɪn'fʲɛktsʲɪjɛ]

71. Symptome. Behandlungen. Teil 3

| Krankenhaus (n) | ligóninė (m) | [lʲɪ'gonʲɪnʲeː] |
| Patient (m) | pacieñtas (v) | [pa'tsʲiɛntas] |

Diagnose (f)	diagnòzė (m)	[dʲɪjag'nozʲeː]
Heilung (f)	gýdymas (v)	['gʲiːdʲiːmas]
Behandlung (f)	gýdymas (v)	['gʲiːdʲiːmas]
Behandlung bekommen	gýdytis	['gʲiːdʲiːtʲɪs]
behandeln (vt)	gýdyti	['gʲiːdʲiːtʲɪ]
pflegen (Kranke)	slaugýti	[slʲɑʊ'gʲiːtʲɪ]
Pflege (f)	slaugà (m)	[slʲɑʊ'ga]

Operation (f)	operãcija (m)	[opʲɛ'raːtsʲɪjɛ]
verbinden (vt)	pèrrišti	['pʲɛrrʲɪʃtʲɪ]
Verband (m)	pèrrišimas (v)	['pʲɛrrʲɪʃɪmas]

Impfung (f)	skiẽpas (v)	['skʲɛpas]
impfen (vt)	skiẽpyti	['skʲɛpʲiːtʲɪ]
Spritze (f)	įdūrìmas (v)	[iːduːˈrʲɪːmas]
eine Spritze geben	suléisti váistus	[sʊ'lʲɛɪstʲɪ 'vʌɪstʊs]

Anfall (m)	príepuolis (v)	['prʲɛpʊalʲɪs]
Amputation (f)	amputãcija (m)	[ampʊ'taːtsʲɪjɛ]
amputieren (vt)	amputúoti	[ampʊ'tʊatʲɪ]
Koma (n)	komà (m)	[kɔ'ma]
im Koma liegen	būti kòmoje	['buːtʲɪ 'kõmojɛ]
Reanimation (f)	reanimãcija (m)	[rʲɛanʲɪ'maːtsʲɪjɛ]

genesen von ... (vi)	svéikti ...	['svʲɛɪktʲɪ ...]
Zustand (m)	būklė̃ (m)	['buːklʲeː]
Bewusstsein (n)	sąmonė (m)	['sa:monʲeː]
Gedächtnis (n)	atmintìs (m)	[atmʲɪn'tʲɪs]

| ziehen (einen Zahn ~) | šãlinti | ['ʃaːlʲɪntʲɪ] |
| Plombe (f) | plòmba (m) | ['plʲomba] |

plombieren (vt)	plombúoti	[pˡom'buatʲɪ]
Hypnose (f)	hipnózė (m)	[ɣʲɪp'nozʲeː]
hypnotisieren (vt)	hipnotizúoti	[ɣʲɪpnotʲɪ'zuatʲɪ]

72. Ärzte

Arzt (m)	gýdytojas (v)	['gʲiːdʲiːtoːjɛs]
Krankenschwester (f)	medicìnos sesẽlė (m)	[mʲɛdʲɪ'tsʲɪnos se'sʲælʲeː]
Privatarzt (m)	asmenìnis gýdytojas (v)	[asmʲɛ'nʲɪnʲɪs 'gʲiːdʲiːtoːjɛs]
Zahnarzt (m)	dantìstas (v)	[dan'tʲɪstas]
Augenarzt (m)	okulìstas (v)	[okʊ'lʲɪstas]
Internist (m)	terapèutas (v)	[tʲɛra'pʲɛʊtas]
Chirurg (m)	chirùrgas (v)	[xʲɪ'rʊrgas]
Psychiater (m)	psichiãtras (v)	[psʲɪxʲɪ'jatras]
Kinderarzt (m)	pediãtras (v)	[pʲɛ'dʲɪ'jatras]
Psychologe (m)	psichologas (v)	[psʲɪxo'lˡogas]
Frauenarzt (m)	ginekologas (v)	[gʲɪnʲɛko'lˡogas]
Kardiologe (m)	kardiologas (v)	[kardʲɪjo'lˡogas]

73. Medizin. Medikamente. Accessoires

Arznei (f)	vaìstas (v)	['vʌɪstas]
Heilmittel (n)	príemonė (m)	['prʲɪɛmonʲeː]
verschreiben (vt)	išrašýti	[ɪʃra'ʃɪːtʲɪ]
Rezept (n)	recèptas (v)	[rʲɛ'tsʲɛptas]
Tablette (f)	tablètė (m)	[tab'lʲɛtʲeː]
Salbe (f)	tẽpalas (v)	['tʲæpalʲas]
Ampulle (f)	ámpulė (m)	['ampʊlʲeː]
Mixtur (f)	mikstūrà (m)	[mʲɪkstuː'ra]
Sirup (m)	sìrupas (v)	['sʲɪrʊpas]
Pille (f)	piliùlė (m)	[pʲɪ'lʲʊlʲeː]
Pulver (n)	miltẽliai (v dgs)	[mʲɪlʲ'tʲælʲɛɪ]
Verband (m)	bìntas (v)	['bʲɪntas]
Watte (f)	vatà (m)	[va'ta]
Jod (n)	jòdas (v)	[jɔ das]
Pflaster (n)	pleĩstras (v)	['plʲɛɪstras]
Pipette (f)	pipètė (m)	[pʲɪ'pʲɛtʲeː]
Thermometer (n)	termomètras (v)	[tʲɛrmo'mʲɛtras]
Spritze (f)	švìrkštas (v)	['ʃvʲɪrkʃtas]
Rollstuhl (m)	neįgaliójo vežimėlis (v)	[nʲɛɪ:ga'lˡojo vʲɛ'ʒʲɪmʲeːlʲɪs]
Krücken (pl)	rameñtai (v dgs)	[ra'mʲɛntʌɪ]
Betäubungsmittel (n)	skaũsmą malšìnantys vaĩstai (v dgs)	['skaʊsma: malʲ'ʃɪnantʲiːs 'vʌɪstʌɪ]
Abführmittel (n)	laĩsvinantys vaĩstai (v dgs)	['lʲʌɪsvʲɪnantʲiːs 'vʌɪstʌɪ]
Spiritus (m)	spìritas (v)	['spʲɪrʲɪtas]

Heilkraut (n)	žolė (m)	[ʒo'lʲe:]
Kräuter- (z.B. Kräutertee)	žolìnis	[ʒo'lʲɪnʲɪs]

74. Rauchen. Tabakwaren

Tabak (m)	tabõkas (v)	[ta'bo:kas]
Zigarette (f)	cigarètė (m)	[tsʲɪga'rʲɛtʲe:]
Zigarre (f)	cigãras (v)	[tsʲɪ'ga:ras]
Pfeife (f)	pýpkė (m)	['pʲi:pkʲe:]
Packung (f)	pakelìs (v)	[pakʲɛ'lʲɪs]

Streichhölzer (pl)	degtùkai (v)	[dʲɛg'tʊkʌɪ]
Streichholzschachtel (f)	degtùkų dėžùtė (m)	[dʲɛg'tʊku: dʲe:'ʒutʲe:]
Feuerzeug (n)	žiebtuvẽlis (v)	[ʒʲiɛptʊ'vʲe:lʲɪs]
Aschenbecher (m)	pelenìnė (m)	[pʲɛlʲɛ'nʲɪnʲe:]
Zigarettenetui (n)	portsigãras (v)	[portsʲɪ'ga:ras]

Mundstück (n)	kandìklis (v)	[kan'dʲɪklʲɪs]
Filter (n)	fìltras (v)	['fʲɪlʲtras]

rauchen (vi, vt)	rūkýti	[ru:'kʲi:tʲɪ]
anrauchen (vt)	užrūkýti	[ʊʒru:'kʲi:tʲɪ]
Rauchen (n)	rūkymas (v)	['ru:kʲi:mas]
Raucher (m)	rūkõrius (v)	[ru:'ko:rʲʊs]

Stummel (m)	núorūka (m)	['nʊɑru:ka]
Rauch (m)	dűmas (v)	['du:mas]
Asche (f)	pelenaĩ (v dgs)	[pʲɛlʲɛ'nʌɪ]

LEBENSRAUM DES MENSCHEN

Stadt

75. Stadt. Leben in der Stadt

Stadt (f)	miēstas (v)	['mᴵɛstas]
Hauptstadt (f)	sóstinė (m)	['sostᴵɪnᴵe:]
Dorf (n)	káimas (v)	['kʌɪmas]
Stadtplan (m)	miēsto plānas (v)	['mᴵɛstɔ 'plᴵa:nas]
Stadtzentrum (n)	miēsto ceñtras (v)	['mᴵɛstɔ 'tsᴵɛntras]
Vorort (m)	príemiestis (v)	['prᴵɪɛmᴵɛstᴵɪs]
Vorort-	príemiesčio	['prᴵɪɛmᴵɪɛstʂᴵɔ]
Stadtrand (m)	pakraštỹs (v)	[pakraʃᴵtᴵi:s]
Umgebung (f)	apýlinkės (m dgs)	[a'pᴵi:lᴵɪŋkᴵe:s]
Stadtviertel (n)	kvartālas (v)	[kvar'ta:lᴵas]
Wohnblock (m)	gyvēnamas kvartālas (v)	[gᴵi:'vᴵænamas kvar'ta:lᴵas]
Straßenverkehr (m)	judéjimas (v)	[juˈdᴵɛjɪmas]
Ampel (f)	šviesofòras (v)	[ʃvᴵɪɛso'foras]
Stadtverkehr (m)	miēsto transpòrtas (v)	['mᴵɛstɔ trans'portas]
Straßenkreuzung (f)	sánkryža (m)	['saŋkrᴵi:ʒa]
Übergang (m)	pérėja (m)	['pᴵɛrᴵe:ja]
Fußgängerunterführung (f)	požemìnė pérėja (m)	[poʒe'mᴵɪnᴵe: 'pᴵærᴵe:ja]
überqueren (vt)	péreiti	['pᴵɛrᴵɛɪtᴵɪ]
Fußgänger (m)	péstysis (v)	['pᴵe:stᴵi:sᴵɪs]
Gehweg (m)	šalìgatvis (v)	[ʃa'lᴵɪgatvᴵɪs]
Brücke (f)	tìltas (v)	['tᴵɪlᴵtas]
Kai (m)	krantìnė (m)	[kran'tᴵɪnᴵe:]
Allee (f)	alėja (m)	[a'lᴵe:ja]
Park (m)	párkas (v)	['parkas]
Boulevard (m)	bulvāras (v)	[bʊlᴵ'va:ras]
Platz (m)	aikštė̃ (m)	[ʌɪkʃᴵtᴵe:]
Avenue (f)	prospèktas (v)	[pros'pᴵɛktas]
Straße (f)	gātvė (m)	['ga:tvᴵe:]
Gasse (f)	skersgatvis (v)	['skᴵɛrsgatvᴵɪs]
Sackgasse (f)	tupìkas (v)	[tʊ'pᴵɪkas]
Haus (n)	nāmas (v)	['na:mas]
Gebäude (n)	pāstatas (v)	['pa:statas]
Wolkenkratzer (m)	dangóraižis (v)	[dan'gorʌɪʒᴵɪs]
Fassade (f)	fasādas (v)	[fa'sa:das]
Dach (n)	stógas (v)	['stogas]

Fenster (n)	lángas (v)	['lʲangas]
Bogen (m)	árka (m)	['arka]
Säule (f)	kolonà (m)	[kɔlʲoˈna]
Ecke (f)	kaṁpas (v)	['kampas]

Schaufenster (n)	vitrinà (m)	[vʲɪtrʲɪˈna]
Firmenschild (n)	iškaba (m)	['ɪʃkaba]
Anschlag (m)	afišà (m)	[afʲɪˈʃa]
Werbeposter (m)	reklãminis plakãtas (v)	[rʲɛkˈlʲaːmʲɪnʲɪs plʲaˈkaːtas]
Werbeschild (n)	reklãminis skỹdas (v)	[rʲɛkˈlʲaːmʲɪnʲɪs 'skʲiːdas]

Müll (m)	šiùkšlés (m dgs)	['ʃʊkʃlʲeːs]
Mülleimer (m)	ùrna (m)	['ʊrna]
Abfall wegwerfen	šiùkšlinti	['ʃʊkʃlʲɪntʲɪ]
Mülldeponie (f)	sąvartýnas (v)	[saːvarˈtʲiːnas]

Telefonzelle (f)	telefòno bùdelė (m)	[tʲɛlʲɛˈfonɔ 'bʊdelʲeː]
Straßenlaterne (f)	žibiñto stulpas (v)	[ʒɪˈbʲɪntɔ 'stʊlʲpas]
Bank (Park-)	súolas (v)	['sʊɑlʲas]

Polizist (m)	policininkas (v)	[poˈlʲɪtsʲɪnʲɪŋkas]
Polizei (f)	policija (m)	[poˈlʲɪtsʲɪjɛ]
Bettler (m)	skurdžius (v)	['skʊrdʒʲʊs]
Obdachlose (m)	benãmis (v)	[bʲɛˈnaːmʲɪs]

76. Innerstädtische Einrichtungen

Laden (m)	parduotùvė (m)	[pardʊɑˈtʊvʲeː]
Apotheke (f)	váistinė (m)	['vʌɪstʲɪnʲeː]
Optik (f)	òptika (m)	['optʲɪka]
Einkaufszentrum (n)	prekýbos ceñtras (v)	[prʲɛˈkʲiːbos 'tsʲɛntras]
Supermarkt (m)	supermárketas (v)	[sʊpʲɛrˈmarkʲɛtas]

Bäckerei (f)	bandělių kráutuvė (m)	[banˈdʲælʲuː 'krɑʊtʊvʲeː]
Bäcker (m)	kepėjas (v)	[kʲɛˈpʲeːjas]
Konditorei (f)	konditèrija (m)	[kɔndʲɪˈtʲɛrʲɪjɛ]
Lebensmittelladen (m)	bakalėja (m)	[bakaˈlʲeːja]
Metzgerei (f)	mėsõs kráutuvė (m)	[mʲeːˈsoːs 'krɑʊtʊvʲeː]

Gemüseladen (m)	daržóvių kráutuvė (m)	[darˈʒovʲuː 'krɑʊtʊvʲeː]
Markt (m)	prekývietė (m)	[prʲɛˈkʲiːvʲɛtʲeː]

Kaffeehaus (n)	kavìnė (m)	[kaˈvʲɪnʲeː]
Restaurant (n)	restorãnas (v)	[rʲɛstoˈraːnas]
Bierstube (f)	alùdė (m)	[aˈlʲʊdʲeː]
Pizzeria (f)	picèrija (m)	[pʲɪˈtsʲɛrʲɪjɛ]

Friseursalon (m)	kirpyklà (m)	[kʲɪrpʲiːkˈlʲa]
Post (f)	pãštas (v)	['paːʃtas]
chemische Reinigung (f)	valyklà (m)	[valʲiːkˈla]
Fotostudio (n)	fotoateljě (v)	[fotoateˈlʲje:]

Schuhgeschäft (n)	ãvalynės parduotùvė (m)	['aːvalʲiːnʲeːs pardʊɑˈtʊvʲeː]
Buchhandlung (f)	knygýnas (v)	[knʲiːˈgʲiːnas]

Sportgeschäft (n)	sportinių prēkių parduotuvē (m)	['sportˡɪnˡu: 'prˡækˡu: parduɑ'tʊvˡe:]
Kleiderreparatur (f)	drabužių taisyklà (m)	[dra'bʊʒˡu: tʌɪsˡi:k'lˡa]
Bekleidungsverleih (m)	drabužių núoma (m)	[dra'bʊʒˡu: 'nʊɑma]
Videothek (f)	filmų núoma (m)	['fɪlˡmu: 'nʊɑma]
Zirkus (m)	cìrkas (v)	['tsˡɪrkas]
Zoo (m)	zoológijos sõdas (v)	[zoo'lˡogˡɪjɔs 'so:das]
Kino (n)	kìno teãtras (v)	['kˡɪnɔ tˡɛ'a:tras]
Museum (n)	muziẽjus (v)	[mʊ'zˡɛjʊs]
Bibliothek (f)	bibliotekà (m)	[bˡɪblˡɪjɔtˡɛ'ka]
Theater (n)	teãtras (v)	[tˡɛ'a:tras]
Opernhaus (n)	òpera (m)	['opˡɛra]
Nachtklub (m)	naktìnis klùbas (v)	[nak'tˡɪnˡɪs 'klˡʊbas]
Kasino (n)	kazinò (v)	[kazˡɪ'no]
Moschee (f)	mečẽtė (m)	[mˡɛ'tsˡɛtˡe:]
Synagoge (f)	sinagogà (m)	[sˡɪnago'ga]
Kathedrale (f)	kãtedra (m)	['ka:tˡɛdra]
Tempel (m)	šventyklà (m)	[ʃvˡɛntˡi:k'lˡa]
Kirche (f)	bažnýčia (m)	[baʒ'nˡi:tsˡæ]
Institut (n)	institùtas (v)	[ɪnstˡɪ'tʊtas]
Universität (f)	universitẽtas (v)	[ʊnˡɪvˡɛrsˡɪ'tˡɛtas]
Schule (f)	mokyklà (m)	[mokˡi:k'lˡa]
Präfektur (f)	prefektūrà (m)	[prˡɛfˡɛk'tu:'ra]
Rathaus (n)	savivaldýbė (m)	[savˡɪvalˡʲdˡi:bˡe:]
Hotel (n)	viẽšbutis (v)	['vˡɛʃbʊtˡɪs]
Bank (f)	bánkas (v)	['baŋkas]
Botschaft (f)	ambasadà (m)	[ambasa'da]
Reisebüro (n)	turìzmo agentūrà (m)	[tʊ'rˡɪzmɔ agˡɛntu:'ra]
Informationsbüro (n)	informãcijos biùras (v)	[ɪnfor'ma:tsˡɪjɔs 'bˡʊras]
Wechselstube (f)	keitykla (m)	[kˡɛɪtˡi:k'lˡa]
U-Bahn (f)	metrò	[mˡɛ'tro]
Krankenhaus (n)	ligóninė (m)	[lˡɪ'gonˡɪnˡe:]
Tankstelle (f)	degalìnė (m)	[dˡɛga'lˡɪnˡe:]
Parkplatz (m)	stovėjimo aikštẽlė (m)	[sto'vˡɛjɪmɔ ʌɪkʃ'tˡælˡe:]

77. Innerstädtischer Transport

Bus (m)	autobùsas (v)	[ɑuto'busas]
Straßenbahn (f)	tramvãjus (v)	[tram'va:jʊs]
Obus (m)	troleibùsas (v)	[trolˡɛɪ'busas]
Linie (f)	maršrùtas (v)	[marʃ'rutas]
Nummer (f)	nùmeris (v)	['nʊmˡɛrˡɪs]
mit ... fahren	važiúoti ...	[va'ʒˡʊatˡɪ ...]
einsteigen (vi)	įlìpti į̃ ...	[i:'lˡɪ:ptˡɪ i: ...]
aussteigen (aus dem Bus)	išlìpti ìš ...	[ɪʃ'lˡɪptˡɪ ɪʃ ...]

Haltestelle (f)	stotẽlė (m)	[sto't'æl'e:]
nächste Haltestelle (f)	kitã stotẽlė (m)	[kɪ'ta sto't'æl'e:]
Endhaltestelle (f)	galutìnė stotẽlė (m)	[galʊ't'ɪn'e: sto't'æl'e:]
Fahrplan (m)	tvarkãraštis (v)	[tvar'ka:raʃt'ɪs]
warten (vi, vt)	láukti	['l'aʊkt'ɪ]

| Fahrkarte (f) | bìlietas (v) | ['b'ɪl'iɛtas] |
| Fahrpreis (m) | bìlieto káina (m) | ['b'ɪl'iɛtɔ 'kʌɪna] |

Kassierer (m)	kãsininkas (v)	['ka:s'ɪn'ɪŋkas]
Fahrkartenkontrolle (f)	kontrõlė (m)	[kɔn'trol'e:]
Fahrkartenkontrolleur (m)	kontroliẽrius (v)	[kɔntro'l'ɛr'ʊs]

sich verspäten	vėlúoti	[v'e:'l'ʊat'ɪ]
versäumen (Zug usw.)	pavėlúoti	[pav'e:'l'ʊat'ɪ]
sich beeilen	skubéti	[skʊ'b'e:t'ɪ]

Taxi (n)	taksì (v)	[tak's'ɪ]
Taxifahrer (m)	taksìstas (v)	[tak's'ɪstas]
mit dem Taxi	sù taksì	['sʊ tak's'ɪ]
Taxistand (m)	taksì stovéjimo aikštẽlė (m)	[tak's'ɪ sto'v'ɛjɪmɔ ʌɪkʃt'æl'e:]
ein Taxi rufen	iškviẽsti taksì	[ɪʃk'v'iɛst'ɪ tak's'ɪ]
ein Taxi nehmen	įsésti į̃ taksì	[i:s'es't'ɪ: i: tak's'ɪ:]

Straßenverkehr (m)	gãtvės judéjimas (v)	['ga:tv'e:s jʊ'd'ɛjɪmas]
Stau (m)	kamštis (v)	['kamʃt'ɪs]
Hauptverkehrszeit (f)	pìko vãlandos (m dgs)	['p'ɪkɔ 'va:l'andos]
parken (vi)	parkúotis	[par'kʊat'ɪs]
parken (vt)	parkúoti	[par'kʊat'ɪ]
Parkplatz (m)	stovéjimo aikštẽlė (m)	[sto'v'ɛjɪmɔ ʌɪkʃt'æl'e:]

U-Bahn (f)	metrò	[m'ɛ'tro]
Station (f)	stotìs (m)	[sto't'ɪs]
mit der U-Bahn fahren	važiúoti metrò	[va'ʒʊat'ɪ m'ɛ'tro]
Zug (m)	traukinỹs (v)	[traʊk'ɪr'n'i:s]
Bahnhof (m)	stotìs (m)	[sto't'ɪs]

78. Sehenswürdigkeiten

Denkmal (n)	paminklas (v)	[pa'm'ɪŋkl'as]
Festung (f)	tvirtóvė (m)	[tv'ɪr'tov'e:]
Palast (m)	rūmai (v)	['ru:mʌɪ]
Schloss (n)	pilìs (m)	[p'ɪ'l'ɪs]
Turm (m)	bókštas (v)	['bokʃtas]
Mausoleum (n)	mauzoliẽjus (v)	[maʊzo'l'ɛjʊs]

Architektur (f)	architektūrà (m)	[arx'ɪt'ɛktu:'ra]
mittelalterlich	vidùramžių	[v'ɪ'dʊramʒ'u:]
alt (antik)	senóvinis	[s'ɛ'nov'ɪn'ɪs]
national	nacionãlinis	[nats'ɪjo'na:l'ɪn'ɪs]
berühmt	žymùs	[ʒ'i:'mʊs]

| Tourist (m) | turìstas (v) | [tʊ'r'ɪstas] |
| Fremdenführer (m) | gìdas (v) | ['g'ɪdas] |

Ausflug (m)	ekskursija (m)	[ɛksˈkʊrsʲɪjɛ]
zeigen (vt)	rodyti	[ˈrodʲiːtʲɪ]
erzählen (vt)	pāsakoti	[ˈpaːsakotʲɪ]
finden (vt)	rāsti	[ˈrastʲɪ]
sich verlieren	pasiklysti	[pasʲɪˈkʲˈiːstʲɪ]
Karte (U-Bahn ~)	schemā (m)	[sxʲɛˈma]
Karte (Stadt-)	plānas (v)	[ˈpʲˈaːnas]
Souvenir (n)	suvenyras (v)	[sʊvʲɛˈnʲiːras]
Souvenirladen (m)	suvenyrų parduotuvė (m)	[sʊvɛˈnʲiːruː parduɑˈtʊvʲeː]
fotografieren (vt)	fotografuoti	[fotograˈfuatʲɪ]
sich fotografieren	fotografuotis	[fotograˈfuatʲɪs]

79. Shopping

kaufen (vt)	pirkti	[ˈpʲɪrktʲɪ]
Einkauf (m)	pirkinys (v)	[pʲɪrkʲɪˈnʲiːs]
einkaufen gehen	apsipirkti	[apsʲɪˈpʲɪrktʲɪ]
Einkaufen (n)	apsipirkimas (v)	[apsʲɪpʲɪrˈkʲɪmas]
offen sein (Laden)	veikti	[ˈvʲɛɪktʲɪ]
zu sein	užsidaryti	[ʊʒsʲɪdaˈrʲiːtʲɪ]
Schuhe (pl)	āvalynė (m)	[ˈaːvalʲiːnʲeː]
Kleidung (f)	drabužiai (v)	[draˈbʊʒʲɛɪ]
Kosmetik (f)	kosmetika (m)	[kɔsˈmʲɛtʲɪka]
Lebensmittel (pl)	produktai (v)	[proˈdʊktʌɪ]
Geschenk (n)	dovanā (m)	[dovaˈna]
Verkäufer (m)	pardavejas (v)	[pardaˈvʲeːjas]
Verkäuferin (f)	pardaveja (m)	[pardaˈvʲeːja]
Kasse (f)	kasā (m)	[kaˈsa]
Spiegel (m)	veidrodis (v)	[ˈvʲɛɪdrodʲɪs]
Ladentisch (m)	prekystalis (v)	[prʲɛˈkʲiːstalʲɪs]
Umkleidekabine (f)	matāvimosi kabinā (m)	[maˈtaːvʲɪmosʲɪ kabʲɪˈna]
anprobieren (vt)	matuoti	[maˈtuatʲɪ]
passen (Schuhe, Kleid)	tikti	[ˈtʲɪktʲɪ]
gefallen (vi)	patikti	[paˈtʲɪktʲɪ]
Preis (m)	kaina (m)	[ˈkʌɪna]
Preisschild (n)	kainynas (v)	[kʌɪˈnʲiːnas]
kosten (vt)	kainuoti	[kʌɪˈnuatʲɪ]
Wie viel?	Kiek?	[ˈkʲiɛk?]
Rabatt (m)	nuolaida (m)	[ˈnualʲʌɪda]
preiswert	nebrangus	[nʲɛbranˈgʊs]
billig	pigus	[pʲɪˈgʊs]
teuer	brangus	[branˈgʊs]
Das ist teuer	Tai brangu.	[ˈtʌɪ branˈgʊ]
Verleih (m)	nuoma (m)	[ˈnuama]
leihen, mieten (ein Auto usw.)	išsinuomoti	[ɪʃsʲɪˈnuamotʲɪ]

| Kredit (m), Darlehen (n) | kreditas (v) | [krʲɛ'dʲɪtas] |
| auf Kredit | kreditu | [krʲɛdʲɪ'tʊ] |

80. Geld

Geld (n)	pinigaì (v)	[pʲɪnʲɪ'gʌɪ]
Austausch (m)	keitimas (v)	[kʲɛɪ'tʲɪmas]
Kurs (m)	kùrsas (v)	['kʊrsas]
Geldautomat (m)	bankomãtas (v)	[baŋko'ma:tas]
Münze (f)	monetà (m)	[monʲɛ'ta]

| Dollar (m) | dóleris (v) | ['dolʲɛrʲɪs] |
| Euro (m) | eũras (v) | ['ɛʊras] |

Lira (f)	lirà (m)	[lʲɪ'ra]
Mark (f)	márkė (m)	['markʲe:]
Franken (m)	fránkas (v)	['fraŋkas]
Pfund Sterling (n)	svãras (v)	['sva:ras]
Yen (m)	jenà (m)	[jɛ'na]

Schulden (pl)	skolà (m)	[sko'lʲa]
Schuldner (m)	skõlininkas (v)	['sko:lʲɪnʲɪŋkas]
leihen (vt)	dúoti į̃ skõlą	['dʊɑtʲɪ i: 'sko:lʲa:]
leihen, borgen (Geld usw.)	im̃ti į̃ skõlą	['ɪmtʲɪ i: 'sko:lʲa:]

Bank (f)	bánkas (v)	['baŋkas]
Konto (n)	sąskaita (m)	['sa:skʌɪta]
auf ein Konto einzahlen	dėti į̃ sąskaitą	['dʲe:tʲɪ i: 'sa:skʌɪta:]
abheben (vt)	im̃ti iš sąskaitos	['ɪmtʲɪ ɪʃ 'sa:skʌɪtos]

Kreditkarte (f)	kreditinė kortėlė (m)	[krʲɛ'dʲɪtʲɪnʲe: kor'tʲælʲe:]
Bargeld (n)	grynieji pinigaì (v)	[grʲi:'nʲiɛjɪ pʲɪnʲɪ'gʌɪ]
Scheck (m)	čẽkis (v)	['tʃɛkʲɪs]
einen Scheck schreiben	išrašyti čẽkį	[ɪʃra'ʃʲɪ:tʲɪ 'tʃɛkʲɪ:]
Scheckbuch (n)	čẽkių knygėlė (m)	['tʃɛkʲu: knʲɪ:'gʲælʲe:]

Geldtasche (f)	piniginė (m)	[pʲɪnʲɪ'gʲɪnʲe:]
Geldbeutel (m)	piniginė (m)	[pʲɪnʲɪ'gʲɪnʲe:]
Safe (m)	sei̇̃fas (v)	['sʲɛɪfas]

Erbe (m)	paveldétojas (v)	[pavelʲ'dʲe:to:jɛs]
Erbschaft (f)	palikimas (v)	[palʲɪ'kʲɪmas]
Vermögen (n)	tùrtas (v)	['tʊrtas]

Pacht (f)	núoma (m)	['nʊɑma]
Miete (f)	bùto mókestis (v)	['bʊtɔ 'mokʲɛstʲɪs]
mieten (vt)	núomotis	['nʊɑmotʲɪs]

Preis (m)	káina (m)	['kʌɪna]
Kosten (pl)	káina (m)	['kʌɪna]
Summe (f)	sumà (m)	[sʊ'ma]

| ausgeben (vt) | léisti | ['lʲɛɪstʲɪ] |
| Ausgaben (pl) | są̃naudos (m dgs) | ['sa:nɑʊdos] |

sparen (vt)	taupýti	[tɑʊ'pʲiːtʲɪ]
sparsam	taupùs	[tɑʊ'pʊs]
zahlen (vt)	mokéti	[mo'kʲeːtʲɪ]
Lohn (m)	apmokéjimas (v)	[apmo'kʲɛjɪmas]
Wechselgeld (n)	grąžà (m)	[graː'ʒa]
Steuer (f)	mókestis (v)	['mokʲɛstʲɪs]
Geldstrafe (f)	baudà (m)	[bɑʊ'da]
bestrafen (vt)	baũsti	['bɑʊstʲɪ]

81. Post. Postdienst

Post (Postamt)	pãštas (v)	['paːʃtas]
Post (Postsendungen)	pãštas (v)	['paːʃtas]
Briefträger (m)	pãštininkas (v)	['paːʃtʲɪnʲɪŋkas]
Öffnungszeiten (pl)	dárbo valandõs (m dgs)	['darbɔ valʲan'doːs]
Brief (m)	láiškas (v)	['lʲʌɪʃkas]
Einschreibebrief (m)	užsakýtas láiškas (v)	[ʊʒsa'kʲiːtas 'lʲʌɪʃkas]
Postkarte (f)	atvirùtė (m)	[atvʲɪ'rʊtʲeː]
Telegramm (n)	telegramà (m)	[tʲɛlʲɛgra'ma]
Postpaket (n)	siuntinỹs (v)	[sʲʊntʲɪ'nʲiːs]
Geldanweisung (f)	pinigìnis pavedìmas (v)	[pʲɪnʲɪ'gʲɪnʲɪs pavʲɛ'dʲɪmas]
bekommen (vt)	gáuti	['gɑʊtʲɪ]
abschicken (vt)	išsiũsti	[ɪʃ'sʲʊːstʲɪ]
Absendung (f)	išsiuntìmas (v)	[ɪʃsʲʊn'tʲɪmas]
Postanschrift (f)	ãdresas (v)	['a:drʲɛsas]
Postleitzahl (f)	iñdeksas (v)	['ɪndʲɛksas]
Absender (m)	siuntéjas (v)	[sʲʊn'tʲeːjas]
Empfänger (m)	gavéjas (v)	[ga'vʲeːjas]
Vorname (m)	var̃das (v)	['vardas]
Nachname (m)	pavardė̃ (m)	[pavar'dʲeː]
Tarif (m)	tarìfas (v)	[ta'rʲɪfas]
Standard- (Tarif)	ĩprastas	['iːprastas]
Spar- (-tarif)	taupùs	[tɑʊ'pʊs]
Gewicht (n)	svõris (v)	['svoːrʲɪs]
abwiegen (vt)	sver̃ti	['svʲɛrtʲɪ]
Briefumschlag (m)	võkas (v)	['voːkas]
Briefmarke (f)	markùtė (m)	[mar'kʊtʲeː]

Wohnung. Haus. Zuhause

82. Haus. Wohnen

Haus (n)	nãmas (v)	['na:mas]
zu Hause	namuosė	[namʊɑ'sʲɛ]
Hof (m)	kiẽmas (v)	['kʲɛmas]
Zaun (m)	tvorà (m)	[tvo'ra]

Ziegel (m)	plytà (m)	[plʲi:'ta]
Ziegel-	plỹtinis	['plʲi:tʲɪnʲɪs]
Stein (m)	akmuõ (v)	[ak'mʊɑ]
Stein-	akmenìnis	[akmʲɛ'nʲɪnʲɪs]
Beton (m)	betònas (v)	[bʲɛ'tonas]
Beton-	betòninis	[bʲɛ'tonʲɪnʲɪs]

neu	naũjas	['nɑʊjas]
alt	sẽnas	['sʲænas]
baufällig	senàsis	[sʲɛ'nasʲɪs]
modern	šiuolaikìnis	[ʃʊolʲʌɪ'kʲɪnʲɪs]
mehrstöckig	daugiaaũkštis	[dɑʊgʲæ'ɑʊkʃtʲɪs]
hoch	áukštas	['ɑʊkʃtas]

Stock (m)	aũkštas (v)	['ɑʊkʃtas]
einstöckig	vienaaũkštis	[vʲiɛna'ɑʊkʃtʲɪs]

Erdgeschoß (n)	apatìnis aũkštas (v)	[apa'tʲɪnʲɪs 'ɑʊkʃtas]
oberster Stock (m)	viršutìnis aũkštas (v)	[vʲɪrʃu'tʲɪnʲɪs 'ɑʊkʃtas]

Dach (n)	stógas (v)	['stogas]
Schlot (m)	vamzdis (v)	['vamzdʲɪs]

Dachziegel (m)	čérpė (m)	['tʂʲærpʲe:]
Dachziegel-	čérpinis	['tʂʲɛrpʲɪnʲɪs]
Dachboden (m)	palėpė (m)	[pa'lʲe:pʲe:]

Fenster (n)	lángas (v)	['lʲangas]
Glas (n)	stìklas (v)	['stʲɪklʲas]

Fensterbrett (n)	palángė (m)	[pa'lʲangʲe:]
Fensterläden (pl)	langìnės (m dgs)	[lʲan'gʲɪnʲe:s]

Wand (f)	síena (m)	['sʲiɛna]
Balkon (m)	balkònas (v)	[balʲ'konas]
Regenfallrohr (n)	stógvamzdis (v)	['stogvamzdʲɪs]

nach oben	viršujė	[vʲɪrʃu'jæ]
hinaufgehen (vi)	kìlti	['kʲɪlʲtʲɪ]
herabsteigen (vi)	léistis	['lʲɛɪstʲɪs]
umziehen (vi)	pérvažiuoti	['pʲɛrvaʒʲʊotʲɪ]

83. Haus. Eingang. Lift

Eingang (m)	laiptinė (m)	['lʲʌɪptʲɪnʲeː]
Treppe (f)	laiptai (v dgs)	['lʲʌɪptʌɪ]
Stufen (pl)	laiptai (v)	['lʲʌɪptʌɪ]
Geländer (n)	turėklai (v dgs)	[tʊ'rʲeːklʲʌɪ]
Halle (f)	holas (v)	['ɣolʲas]
Briefkasten (m)	pašto dėžutė (m)	['paːʃtɔ dʲeːʒutʲeː]
Müllkasten (m)	šiukšlių bakas (v)	['ʃʊkʃlʲu: 'baːkas]
Müllschlucker (m)	šiukšliavamzdis (v)	[ʃʊkʃlʲaevamzdʲɪs]
Aufzug (m)	liftas (v)	['lʲɪftas]
Lastenaufzug (m)	kroviniinis liftas (v)	[krovʲɪ'nʲɪnʲɪs lʲɪftas]
Aufzugkabine (f)	kabina (m)	[kabʲɪ'na]
Aufzug nehmen	važiuoti liftu	[va'ʒʲʊɑtʲɪ lʲɪftʊ]
Wohnung (f)	butas (v)	['bʊtas]
Mieter (pl)	gyventojai (v dgs)	[gʲiː'vʲɛntoːjɛi]
Nachbar (m)	kaimynas (v)	[kʌɪ'mʲiː:nas]
Nachbarin (f)	kaimynė (m)	[kʌɪ'mʲiː:nʲeː]
Nachbarn (pl)	kaimynai (v dgs)	[kʌɪ'mʲiː:nʌɪ]

84. Haus. Türen. Schlösser

Tür (f)	durys (m dgs)	['dʊrʲiː:s]
Tor (der Villa usw.)	vartai (v)	['vartʌɪ]
Griff (m)	rankena (m)	['raŋkʲena]
aufschließen (vt)	atrakinti	[atra'kʲɪntʲɪ]
öffnen (vt)	atidarýti	[atʲɪda'rʲiː:tʲɪ]
schließen (vt)	uždarýti	[ʊʒda'rʲiː:tʲɪ]
Schlüssel (m)	raktas (v)	['raːktas]
Bündel (n)	ryšulys (v)	[rʲiːʃʊ'lʲiː:s]
knarren (vi)	girgždéti	[gʲɪrgʒ'dʲeːtʲɪ]
Knarren (n)	girgždesys (v)	[gʲɪrgʒdʲɛ'sʲiː:s]
Türscharnier (n)	vyris (v)	['viː:rʲɪs]
Fußmatte (f)	kilimas (v)	['kʲɪlʲɪmas]
Schloss (n)	spyna (m)	[spʲiː'na]
Schlüsselloch (n)	spynos skylutė (m)	[spʲiː'noːs skʲiː'lʲʊtʲeː]
Türriegel (m)	sklạstis (v)	['sklʲaːstʲɪs]
kleiner Türriegel (m)	sklendė (m)	[sklʲɛn'dʲeː]
Vorhängeschloss (n)	pakabinama spyna (m)	[paka'bʲɪnama spʲiː'na]
klingeln (vi)	skambinti	['skambʲɪntʲɪ]
Klingel (Laut)	skambutis (v)	[skam'bʊtʲɪs]
Türklingel (f)	skambutis (v)	[skam'bʊtʲɪs]
Knopf (m)	mygtukas (v)	[mʲiː:k'tʊkas]
Klopfen (n)	beldimas (v)	[bʲɛlʲ'dʲɪmas]
anklopfen (vi)	baladóti	[balʲa'dotʲɪ]

Code (m)	kodas (v)	['kodas]
Zahlenschloss (n)	kodúota spyna (m)	[ko'duata spʲi:'na]
Sprechanlage (f)	domofonas (v)	[domo'fonas]
Nummer (f)	numeris (v)	['numʲɛrʲɪs]
Türschild (n)	lentelė (m)	[lʲɛn'tʲælʲe:]
Türspion (m)	akutė (m)	[a'kutʲe:]

85. Landhaus

Dorf (n)	kaimas (v)	['kʌɪmas]
Gemüsegarten (m)	daržas (v)	['darʒas]
Zaun (m)	tvora (m)	[tvo'ra]
Lattenzaun (m)	aptvara (m)	[aptva'ra]
Zauntür (f)	varteliai (v dgs)	[var'tʲælʲɛɪ]

Speicher (m)	klėtis (v)	['klʲe:tʲɪs]
Keller (m)	pogrindis (v)	['pogrʲɪndʲɪs]
Schuppen (m)	daržinė (m)	[darʒʲɪ'nʲe:]
Brunnen (m)	šulinys (v)	[ʃulʲɪ'nʲi:s]

Ofen (m)	pečius (v)	[pʲɛ'tsʲus]
heizen (Ofen ~)	kurenti	[ku:'rʲɛntʲɪ]
Holz (n)	malkos (m dgs)	['malʲkos]
Holzscheit (n)	malka (m)	['malʲka]

Veranda (f)	veranda (m)	[vʲɛ'randa]
Terrasse (f)	terasa (m)	[tʲɛra'sa]
Außentreppe (f)	prieangis (v)	['prʲiɛangʲɪs]
Schaukel (f)	supynės (m dgs)	[supʲi:'nʲe:s]

86. Burg. Palast

Schloss (n)	pilis (m)	[pʲɪ'lʲɪs]
Palast (m)	rūmai (v)	['ru:mʌɪ]
Festung (f)	tvirtovė (m)	[tvʲɪr'tovʲe:]

Mauer (f)	siena (m)	['sʲiɛna]
Turm (m)	bokštas (v)	['bokʃtas]
Bergfried (m)	pagrindinė siena (m)	[pagrʲɪn'dʲɪnʲe: 'sʲiɛna]

Fallgatter (n)	pakeliami vartai (v)	[pakʲɛlʲæ'mʲɪ 'vartʌɪ]
Tunnel (n)	požeminis praėjimas (v)	[poʒʲe:mʲɪnʲɪs praʲe:'jɪmas]
Graben (m)	griovys (v)	[grʲo'vʲi:s]

Kette (f)	grandis (m)	[gran'dʲɪs]
Schießscharte (f)	šaudymo anga (m)	['ʃaudʲi:mɔ an'ga]

großartig, prächtig	nuostabus	[nuasta'bus]
majestätisch	didingas	[dʲɪ'dʲɪngas]

unnahbar	neprieinamas	[nʲɛprʲi'ɛɪnamas]
mittelalterlich	viduramžių	[vʲɪ'duramʒʲu:]

87. Wohnung

Wohnung (f)	butas (v)	['butas]
Zimmer (n)	kambarỹs (v)	[kamba'rʲiːs]
Schlafzimmer (n)	miegamãsis (v)	[mʲiɛga'masʲɪs]
Esszimmer (n)	valgomãsis (v)	[valʲgo'masʲɪs]
Wohnzimmer (n)	svečių̃ kambarỹs (v)	[svʲɛ'tsʲu: kamba'rʲiːs]
Arbeitszimmer (n)	kabinẽtas (v)	[kabʲɪ'nʲɛtas]

Vorzimmer (n)	príeškambaris (v)	['prʲiɛʃkambarʲɪs]
Badezimmer (n)	voniõs kambarỹs (v)	[vo'nʲoːs kamba'rʲiːs]
Toilette (f)	tualẽtas (v)	[tʊa'lʲɛtas]

Decke (f)	lùbos (m dgs)	['lʲʊbos]
Fußboden (m)	griñdys (m dgs)	['grʲɪndʲiːs]
Ecke (f)	kam̃pas (v)	['kampas]

88. Wohnung. Saubermachen

aufräumen (vt)	tvarkýti	[tvar'kʲiːtʲɪ]
weglegen (vt)	tvarkýti (išnešti)	[tvar'kʲiːtʲɪ]
Staub (m)	dùlkės (m dgs)	['dʊlʲkʲeːs]
staubig	dulkétas	[dʊlʲ'kʲeːtas]
Staub abwischen	valýti dùlkes	[va'lʲiːtʲɪ 'dʊlʲkʲɛs]
Staubsauger (m)	dùlkių siurblỹs (v)	['dʊlʲkʲu: sʲʊr'blʲiːs]
Staub saugen	siùrbti	['sʲʊrptʲɪ]

kehren, fegen (vt)	šlúoti	['ʃlʲʊatʲɪ]
Kehricht (m, n)	šiùkšlės (m dgs)	['ʃʊkʃlʲeːs]
Ordnung (f)	tvarkà (m)	[tvar'ka]
Unordnung (f)	netvarkà (m)	[nʲɛtvar'ka]

Schrubber (m)	plaušìnė šlúota (m)	[plʲaʊ'ʃɪnʲe: 'ʃlʲʊata]
Lappen (m)	skùduras (v)	['skʊdʊras]
Besen (m)	šlúota (m)	['ʃlʲʊata]
Kehrichtschaufel (f)	semtuvẽlis (v)	[sʲɛmtʊvʲeːlʲɪs]

89. Möbel. Innenausstattung

Möbel (n)	baldai (v)	['balʲdʌɪ]
Tisch (m)	stãlas (v)	['staːlʲas]
Stuhl (m)	kėdė̃ (m)	[kʲeːˈdʲeː]
Bett (n)	lóva (m)	['lʲova]
Sofa (n)	sofà (m)	[so'fa]
Sessel (m)	fòtelis (v)	['fotʲɛlʲɪs]

Bücherschrank (m)	spìnta (m)	['spʲɪnta]
Regal (n)	lentýna (m)	[lʲɛn'tʲiːna]

Schrank (m)	drabužių spìnta (m)	[dra'bʊʒʲu: 'spʲɪnta]
Hakenleiste (f)	pakabà (m)	[paka'ba]

Kleiderständer (m)	kabyklà (m)	[kabʲi:kˈlʲa]
Kommode (f)	komodà (m)	[kɔmoˈda]
Couchtisch (m)	žurnãlinis staliùkas (v)	[ʒurˈna:lʲɪnʲɪs staˈlʲukas]

Spiegel (m)	veĩdrodis (v)	[ˈvʲɛɪdrodʲɪs]
Teppich (m)	kìlimas (v)	[ˈkʲɪlʲɪmas]
Matte (kleiner Teppich)	kilimẽlis (v)	[kʲɪlʲɪˈmʲeːlʲɪs]

Kamin (m)	židinỹs (v)	[ʒʲɪdʲɪˈnʲiːs]
Kerze (f)	žvãkė (m)	[ˈʒvaːkʲeː]
Kerzenleuchter (m)	žvakìdė (m)	[ʒvaˈkʲɪdʲeː]

Vorhänge (pl)	užúolaidos (m dgs)	[uˈʒuɑlʲʌɪdos]
Tapete (f)	tapètai (v)	[taˈpʲɛtʌɪ]
Jalousie (f)	žãliuzės (m dgs)	[ˈʒaːlʲuzʲeːs]

Tischlampe (f)	stalìnė lémpa (m)	[staˈlʲɪnʲeː ˈlʲɛmpa]
Leuchte (f)	šviestùvas (v)	[ʃvʲiɛˈstuvas]
Stehlampe (f)	toršèras (v)	[torˈʃɛras]
Kronleuchter (m)	sietýnas (v)	[sʲiɛˈtʲiːnas]

Bein (Tischbein usw.)	kojýtė (m)	[kɔˈjiːtʲeː]
Armlehne (f)	rañktūris (v)	[ˈraŋktuːrʲɪs]
Lehne (f)	ãtlošas (v)	[ˈaːtlʲoʃas]
Schublade (f)	stálčius (v)	[ˈstalʲtʂʲus]

90. Bettwäsche

Bettwäsche (f)	pãtalynė (m)	[ˈpa:talʲiːnʲeː]
Kissen (n)	pagálvė (m)	[paˈgalʲvʲeː]
Kissenbezug (m)	ùžvalkalas (v)	[ˈuʒvalʲkalas]
Bettdecke (f)	užklótas (v)	[uʒˈklʲotas]
Laken (n)	paklõdė (m)	[pakˈlʲo:dʲeː]
Tagesdecke (f)	lovãtiesė (m)	[lʲoˈva:tʲiɛsʲeː]

91. Küche

Küche (f)	virtùvė (m)	[vʲɪrˈtuvʲeː]
Gas (n)	dùjos (m dgs)	[ˈdujos]
Gasherd (m)	dùjinė (m)	[ˈdujɪnʲeː]
Elektroherd (m)	elektrìnė (m)	[ɛlʲɛkˈtrʲɪnʲeː]
Backofen (m)	órkaitė (m)	[ˈorkʌɪtʲeː]
Mikrowellenherd (m)	mikrobangų̃ krosnẽlė (m)	[mʲɪkrobanˈgu: krosˈnʲælʲeː]

Kühlschrank (m)	šaldytùvas (v)	[ʃalʲdʲiːˈtuvas]
Tiefkühltruhe (f)	šáldymo kãmera (m)	[ˈʃalʲdʲiːmɔ ˈka:mʲɛra]
Geschirrspülmaschine (f)	iñdų plovìmo mašinà (m)	[ˈɪndu: plʲoˈvʲɪmɔ maʃɪˈna]

Fleischwolf (m)	mėsmalė̃ (m)	[ˈmʲeːsmalʲeː]
Saftpresse (f)	sulčiãspaudė (m)	[sulʲˈtʂʲæspɑudʲeː]
Toaster (m)	tòsteris (v)	[ˈtostʲɛrʲɪs]
Mixer (m)	mìkseris (v)	[ˈmʲɪksʲɛrʲɪs]

Kaffeemaschine (f)	kavõs aparãtas (v)	[ka'vo:s apa'ra:tas]
Kaffeekanne (f)	kavinùkas (v)	[kav'ı'nʊkas]
Kaffeemühle (f)	kavãmalė (m)	[ka'va:malʲe:]

Wasserkessel (m)	arbatinùkas (v)	[arbatʲı'nʊkas]
Teekanne (f)	arbãtinis (v)	[arba:'tınʲıs]
Deckel (m)	dangtēlis (v)	[daŋk'tʲælʲıs]
Teesieb (n)	sietēlis (v)	[sʲiɛ'tʲælʲıs]

Löffel (m)	šáukštas (v)	['ʃɑʊkʃtas]
Teelöffel (m)	arbãtinis šaukštēlis (v)	[ar'ba:tʲınʲıs ʃɑʊkʃ'tʲælʲıs]
Esslöffel (m)	válgomasis šáukštas (v)	['valʲgomasʲıs 'ʃɑʊkʃtas]
Gabel (f)	šakùtė (m)	[ʃa'kʊtʲe:]
Messer (n)	peĩlis (v)	['pʲɛılʲıs]

Geschirr (n)	iñdai (v)	['ındʌı]
Teller (m)	lėkštē̃ (m)	[lʲe:kʃ'tʲe:]
Untertasse (f)	lėkštēlė (m)	[lʲe:kʃ'tʲælʲe:]

Schnapsglas (n)	taurēlė (m)	[tɑʊ'rʲælʲe:]
Glas (n)	stiklìnė (m)	[stʲık'lʲınʲe:]
Tasse (f)	puodùkas (v)	[pʊɑ'dʊkas]

Zuckerdose (f)	cùkrinė (m)	['tsʊkrʲınʲe:]
Salzstreuer (m)	drùskinė (m)	['drʊskʲınʲe:]
Pfefferstreuer (m)	pipìrinė (m)	[pʲı'pʲırʲınʲe:]
Butterdose (f)	svíestinė (m)	['svʲiɛstʲınʲe:]

Kochtopf (m)	púodas (v)	['pʊɑdas]
Pfanne (f)	keptùvė (m)	[kʲɛp'tʊvʲe:]
Schöpflöffel (m)	sámtis (v)	['samtʲıs]
Durchschlag (m)	kiaurãsamtis (v)	[kʲɛʊ'ra:samtʲıs]
Tablett (n)	padėklas (v)	[pa'dʲe:klʲas]

Flasche (f)	bùtelis (v)	['bʊtʲɛlʲıs]
Glas (Einmachglas)	stiklaĩnis (v)	[stʲık'lʲʌınʲıs]
Dose (f)	skardìnė (m)	[skar'dʲınʲe:]

Flaschenöffner (m)	atidarytùvas (v)	[atʲıdarʲi:'tʊvas]
Dosenöffner (m)	konsèrvų atidarytùvas (v)	[kon'sʲɛrvʊ atʲıdarʲi:'tʊvas]
Korkenzieher (m)	kamščiãtraukis (v)	[kamʃ'tsʲætrɑʊkʲıs]
Filter (v)	fìltras (v)	['fʲılʲtras]
filtern (vt)	filtrúoti	[fʲılʲ'trʊatʲı]

| Müll (m) | šiùkšlės (m dgs) | ['ʃʊkʃlʲe:s] |
| Mülleimer, Treteimer (m) | šiùkšlių kìbiras (v) | ['ʃʊkʃlʲu: 'kʲıbʲıras] |

92. Bad

Badezimmer (n)	voniõs kambarỹs (v)	[vo'nʲo:s kamba'rʲi:s]
Wasser (n)	vanduõ (v)	[van'dʊɑ]
Wasserhahn (m)	čiáupas (v)	['tsʲæʊpas]
Warmwasser (n)	kárštas vanduõ (v)	['karʃtas van'dʊɑ]
Kaltwasser (n)	šáltas vanduõ (v)	['ʃalʲtas van'dʊɑ]

Zahnpasta (f)	dantų pasta (m)	[dan'tu: pas'ta]
Zähne putzen	valýti dantìs	[va'lʲiːtʲɪ dan'tʲɪs]
Zahnbürste (f)	dantų šepetėlis (v)	[dan'tu: ʃepe'tʲeːlʲɪs]

sich rasieren	skùstis	['skʊstʲɪs]
Rasierschaum (m)	skutìmosi pùtos (m dgs)	[skʊ'tʲɪmosʲɪ 'pʊtos]
Rasierer (m)	skutìmosi peiliùkas (v)	[skʊ'tʲɪmosʲɪ pʲɛɪ'lʲʊkas]

waschen (vt)	pláuti	['plʲaʊtʲɪ]
sich waschen	máudytis, praũstis	['maʊdʲiːtʲɪs], ['praʊstʲɪs]
Dusche (f)	dùšas (v)	['dʊʃas]
sich duschen	praũstis dušè	['praʊstʲɪs dʊ'ʃɛ]

Badewanne (f)	vonià (m)	[vo'nʲæ]
Klosettbecken (n)	unitàzas (v)	[ʊnʲɪ'taːzas]
Waschbecken (n)	kriauklė̃ (m)	[krʲɛʊk'lʲeː]

Seife (f)	muĩlas (v)	['mʊɪlʲas]
Seifenschale (f)	muĩlinė (m)	['mʊɪlʲɪnʲeː]

Schwamm (m)	kempìnė (m)	[kʲɛm'pʲɪnʲeː]
Shampoo (n)	šampū̃nas (v)	[ʃam'puːnas]
Handtuch (n)	rañkšluostis (v)	['raŋkʃlʲʊɑstʲɪs]
Bademantel (m)	chalãtas (v)	[xa'lʲaːtas]

Wäsche (f)	skalbìmas (v)	[skalʲʲbʲɪmas]
Waschmaschine (f)	skalbìmo mašinà (m)	[skalʲʲbʲɪmɔ maʃɪ'na]
waschen (vt)	skaĺbti báltinius	['skʌlʲptʲɪ 'ba lʲʲtʲɪnʲʊs]
Waschpulver (n)	skalbìmo miltẽliai (v dgs)	[skalʲʲbʲɪmɔ mʲɪlʲʲtʲælʲɛɪ]

93. Haushaltsgeräte

Fernseher (m)	televìzorius (v)	[tʲɛlʲɛ'vʲɪzorʲʊs]
Tonbandgerät (n)	magnetofònas (v)	[magnʲɛto'fonas]
Videorekorder (m)	video magnetofònas (v)	[vʲɪdʲɛɔ magnʲɛto'fonas]
Empfänger (m)	imtùvas (v)	[ɪm'tʊvas]
Player (m)	grotùvas (v)	[gro'tʊvas]

Videoprojektor (m)	video projèktorius (v)	['vʲɪdʲɛɔ pro'jæktorʊs]
Heimkino (n)	namų̃ kìno teãtras (v)	[na'mu: 'kʲɪnɔ tʲɛ'aːtras]
DVD-Player (m)	DVD grotùvas (v)	[dʲɪvʲɪ'dʲɪ gro'tʊvas]
Verstärker (m)	stiprintùvas (v)	[stʲɪprʲɪn'tʊvas]
Spielkonsole (f)	žaidìmų príedėlis (v)	[ʒʌɪ'dʲɪmu: 'prʲɪɛdʲeːlʲɪs]

Videokamera (f)	videokãmera (m)	[vʲɪdʲɛo'kaːmʲɛra]
Kamera (f)	fotoaparãtas (v)	[fotoapa'raːtas]
Digitalkamera (f)	skaitmenìnis fotoaparãtas (v)	[skʌɪtmʲɛ'nʲɪnʲɪs fotoapa'raːtas]

Staubsauger (m)	dùlkių siurblỹs (v)	['dʊlʲkʲʊ: sʲʊr'blʲiːs]
Bügeleisen (n)	lygintùvas (v)	[lʲiːgʲɪn'tʊvas]
Bügelbrett (n)	lýginimo lentà (m)	['lʲiːgʲɪnʲɪmɔ lʲɛn'ta]
Telefon (n)	telefònas (v)	[tʲɛlʲɛ'fonas]
Mobiltelefon (n)	mobilùsis telefònas (v)	[mobʲɪ'lʊsʲɪs tʲɛlʲɛ'fonas]

| Schreibmaschine (f) | rãšymo mašinė̃lė (m) | [ˈraːʃɪːmɔ maʃɪˈnʲeːlʲeː] |
| Nähmaschine (f) | siuvìmo mašinà (m) | [sʲʊvʲɪmɔ maʃɪˈna] |

Mikrophon (n)	mikrofònas (v)	[mʲɪkrɔˈfonas]
Kopfhörer (m)	ausìnės (m dgs)	[ɑʊˈsʲɪnʲeːs]
Fernbedienung (f)	pùltas (v)	[ˈpʊlʲtas]

CD (f)	kompãktinis dìskas (v)	[kɔmˈpaːktʲɪnʲɪs ˈdʲɪskas]
Kassette (f)	kasètė (m)	[kaˈsʲɛtʲeː]
Schallplatte (f)	plokštẽlė (m)	[plɔkʃˈtʲælʲeː]

94. Reparaturen. Renovierung

Renovierung (f)	remòntas (v)	[rʲɛˈmontas]
renovieren (vt)	darýti remòntą	[daˈrʲiːtʲɪ rʲɛˈmontaː]
reparieren (vt)	remontúoti	[rʲɛmonˈtʊɑtʲɪ]
in Ordnung bringen	tvarkýti	[tvarˈkʲiːtʲɪ]
noch einmal machen	pérdaryti	[ˈpʲɛrdarʲiːtʲɪ]

Farbe (f)	dažaĩ (v dgs)	[daˈʒʌɪ]
streichen (vt)	dažýti	[daˈʒʲiːtʲɪ]
Anstreicher (m)	dažýtojas (v)	[daˈʒʲiːtoːjɛs]
Pinsel (m)	teptùkas (v)	[tʲɛpˈtʊkas]

| Kalkfarbe (f) | báltinimas (v) | [ˈbalʲtʲɪnʲɪmas] |
| weißen (vt) | bãlinti | [ˈbaːlʲɪntʲɪ] |

Tapete (f)	tapètai (v)	[taˈpʲɛtʌɪ]
tapezieren (vt)	tapetúoti	[tapʲɛˈtʊɑtʲɪ]
Lack (z.B. Parkettlack)	lãkas (v)	[ˈlʲaːkas]
lackieren (vt)	lakúoti	[lʲaˈkʊɑtʲɪ]

95. Rohrleitungen

Wasser (n)	vanduõ (v)	[vanˈdʊɑ]
Warmwasser (n)	kárštas vanduõ (v)	[ˈkarʃtas vanˈdʊɑ]
Kaltwasser (n)	šáltas vanduõ (v)	[ˈʃalʲtas vanˈdʊɑ]
Wasserhahn (m)	čiáupas (v)	[ˈtʂʲæʊpas]

Tropfen (m)	lãšas (v)	[ˈlʲaːʃas]
tropfen (vi)	lašnóti	[lʲaʃˈnotʲɪ]
durchsickern (vi)	varvéti	[varˈvʲeːtʲɪ]
Leck (n)	tekéti	[tʲɛˈkʲeːtʲɪ]
Lache (f)	balà (m)	[baˈlʲa]

Rohr (n)	vam̃zdis (v)	[ˈvamzdʲɪs]
Ventil (n)	ventìlis (v)	[vʲɛnˈtʲɪlʲɪs]
sich verstopfen	užsiteřšti	[ʊʒsʲɪˈtʲɛrʃtʲɪ]

Werkzeuge (pl)	į́rankiai (v dgs)	[ˈiːraŋkʲɛɪ]
Engländer (m)	skečiamàsis rãktas (v)	[skʲɛtʂʲæˈmasʲɪs ˈraːktas]
abdrehen (vt)	atsùkti	[atˈsʊktʲɪ]

zudrehen (vt)	užsùkti	[ʊʒ'sʊktʲɪ]
reinigen (Rohre ~)	valýti	[va'lʲiːtʲɪ]
Klempner (m)	santèchnikas (v)	[san'tʲɛxnʲɪkas]
Keller (m)	rūsỹs (v)	[ruː'sʲiːs]
Kanalisation (f)	kanalizãcija (m)	[kanalʲɪ'zaːtsʲɪjɛ]

96. Feuer. Brand

Feuer (n)	ugnìs (v)	[ʊg'nʲɪs]
Flamme (f)	liepsnà (m)	[lʲiɛps'na]
Funke (m)	žièžirba (m)	['ʒʲiɛʒʲɪrba]
Rauch (m)	dū̃mas (v)	['duːmas]
Fackel (f)	fãkelas (v)	['faːkʲɛlʲas]
Lagerfeuer (n)	láužas (v)	['lʲɑuʒas]

Benzin (n)	benzìnas (v)	[bʲɛn'zʲɪnas]
Kerosin (n)	žìbalas (v)	['ʒʲɪbalʲas]
brennbar	degùs	[dʲɛ'gʊs]
explosiv	sprógus	['sprogʊs]
RAUCHEN VERBOTEN!	NERŪKÝTI!	[nʲɛruː'kʲiːtʲɪ]

Sicherheit (f)	saugùmas (v)	[sɑu'gʊmas]
Gefahr (f)	pavõjus (v)	[pa'voːjʊs]
gefährlich	pavojìngas	[pavo'jɪngas]

sich entflammen	užsidègti	[ʊʒsʲɪ'dʲɛktʲɪ]
Explosion (f)	sprogìmas (v)	[spro'gʲɪmas]
in Brand stecken	padègti	[pa'dʲɛktʲɪ]
Brandstifter (m)	padegėjas (v)	[padʲɛ'gʲeːjas]
Brandstiftung (f)	padegìmas (v)	[padʲɛ'gʲɪmas]

flammen (vi)	liepsnóti	[lʲiɛps'notʲɪ]
brennen (vi)	dègti	['dʲeːktʲɪ]
verbrennen (vi)	sudègti	[sʊ'dʲɛktʲɪ]

die Feuerwehr rufen	iškviẽsti gaĩsrininkus	[ɪʃk'vʲɛstʲɪ 'gʌɪsrʲɪnʲɪŋkʊs]
Feuerwehrmann (m)	gaisrìnis	['gʌɪsrʲɪnʲɪs]
Feuerwehrauto (n)	gaĩsrinė mašinà (m)	[gʌɪsrʲɪnʲeː maʃɪ'na]
Feuerwehr (f)	gaĩsrinė kománda (m)	['gʌɪsrʲɪnʲeː ko'manda]
Drehleiter (f)	gaĩsrinės kópėčios (m dgs)	['gʌɪsrʲɪnʲeːs 'kopʲeːtʃos]

Feuerwehrschlauch (m)	žarnà (m)	[ʒar'na]
Feuerlöscher (m)	gesintùvas (v)	[gʲɛsʲɪn'tʊvas]
Helm (m)	šálmas (v)	['ʃalʲmas]
Sirene (f)	sirenà (m)	[sʲɪrʲɛ'na]

schreien (vi)	šaũkti	['ʃɑuktʲɪ]
um Hilfe rufen	kviẽsti pagálbą	['kvʲɛstʲɪ pa'galʲbaː]
Retter (m)	gélbėtojas (v)	['gʲælʲbʲeːto:jɛs]
retten (vt)	gélbėti	['gʲælʲbʲeːtʲɪ]

ankommen (vi)	atvažiúoti	[atva'ʒʲuɑtʲɪ]
löschen (vt)	gesìnti	[gʲɛ'sʲɪntʲɪ]
Wasser (n)	vanduõ (v)	[van'dʊɑ]

Sand (m)	**smėlis** (v)	['smʲeːlʲɪs]
Trümmer (pl)	**griuvėsiai** (v dgs)	[grʲʊ'vʲeːsʲɛɪ]
zusammenbrechen (vi)	**nugriū́ti**	[nʊ'grʲuːtʲɪ]
einfallen (vi)	**nuvir̃sti**	[nʊ'vʲɪrstʲɪ]
einstürzen (Decke)	**apgriū́ti**	[ap'grʲuːtʲɪ]
Bruchstück (n)	**núolauža** (m)	['nʊalʲaʊʒa]
Asche (f)	**pelenaĩ** (v dgs)	[pʲɛlʲɛ'nʌɪ]
ersticken (vi)	**uždùsti**	[ʊʒ'dʊstʲɪ]
ums Leben kommen	**žū́ti**	['ʒuːtʲɪ]

AKTIVITÄTEN DES MENSCHEN

Beruf. Geschäft. Teil 1

97. Bankgeschäft

Bank (f)	bánkas (v)	['baŋkas]
Filiale (f)	skýrius (v)	['skʲiːrʲʊs]
Berater (m)	konsultántas (v)	[kɔnsʊlʲ'tantas]
Leiter (m)	valdýtojas (v)	[valʲ'dʲiːtoːjɛs]
Konto (n)	sąskaita (m)	['saːskʌɪta]
Kontonummer (f)	sąskaitos nùmeris (v)	['saːskʌɪtos 'nʊmʲɛrʲɪs]
Kontokorrent (n)	einamóji są́skaita (m)	[ɛɪna'moːjɪ 'saːskʌɪta]
Sparkonto (n)	kaupiamóji są́skaita (m)	[kɑʊpʲæ'moːjɪ 'saːskʌɪta]
ein Konto eröffnen	atidarýti są́skaitą	[atʲɪda'rʲiːtʲɪ 'saːskʌɪtaː]
das Konto schließen	uždarýti są́skaitą	[ʊʒda'rʲiːtʲɪ 'saːskʌɪtaː]
einzahlen (vt)	padéti į̃ są́skaitą	[pa'dʲeːtʲɪ iː 'saːskʌɪtaː]
abheben (vt)	paim̃ti iš są́skaitos	['pʌɪmtʲɪ ɪʃ 'saːskʌɪtos]
Einzahlung (f)	iñdėlis (v)	['ɪndʲeːlʲɪs]
eine Einzahlung machen	įnèšti iñdėlį	[iː'nʲɛʃtʲɪ 'ɪndʲeːlʲɪː]
Überweisung (f)	pavedìmas (v)	[pavʲɛ'dʲɪmas]
überweisen (vt)	atlìkti pavedìmą	[at'lʲɪktʲɪ pavʲɛ'dʲɪmaː]
Summe (f)	sumà (m)	[sʊ'ma]
Wieviel?	Kíek?	['kʲiɛk?]
Unterschrift (f)	par̃ašas (v)	['paːraʃas]
unterschreiben (vt)	pasirašýti	[pasʲɪra'ʃʲiːtʲɪ]
Kreditkarte (f)	kredìtinė kortẽlė (m)	[krʲɛ'dʲɪtʲɪnʲe: kor'tʲælʲe:]
Code (m)	kòdas (v)	['kodas]
Kreditkartennummer (f)	kredìtinės kortẽlės nùmeris (v)	[krʲɛ'dʲɪtʲɪnʲe:s kor'tʲælʲe:s 'nʊmerʲɪs]
Geldautomat (m)	bankomãtas (v)	[baŋko'ma:tas]
Scheck (m)	kvìtas (v)	['kvʲɪtas]
einen Scheck schreiben	išrašýti kvìtą	[ɪʃra'ʃʲɪːtʲɪ 'kvʲɪtaː]
Scheckbuch (n)	čẽkių knygẽlė (m)	['tʂɛkʲu: knʲɪ:'gʲælʲe:]
Darlehen (m)	kredìtas (v)	[krʲɛ'dʲɪtas]
ein Darlehen beantragen	kreĩptis dėl kredìto	['krʲɛɪptʲɪs dʲeːlʲ krʲɛ'dʲɪtɔ]
ein Darlehen aufnehmen	im̃ti kredìtą	['ɪmtʲɪ krʲɛ'dʲɪtaː]
ein Darlehen geben	suteĩkti kredìtą	[sʊ'tʲɛɪktʲɪ krʲɛ'dʲɪta:]
Sicherheit (f)	garántija (m)	[ga'rantʲɪjɛ]

98. Telefon. Telefongespräche

Telefon (n)	telefonas (v)	[tʲɛlʲɛ'fonas]
Mobiltelefon (n)	mobilùsis telefonas (v)	[mobʲɪ'lusʲɪs tʲɛlʲɛ'fonas]
Anrufbeantworter (m)	autoatsakiklis (v)	[ɑutoatsa'kʲɪklʲɪs]
anrufen (vt)	skambinti	['skambʲɪntʲɪ]
Anruf (m)	skambùtis (v)	[skam'butʲɪs]
eine Nummer wählen	surinkti nùmerį	[su'rʲɪŋktʲɪ 'numʲɛrʲɪ:]
Hallo!	Alio!	[a'lʲo!]
fragen (vt)	paklausti	[pak'lʲɑustʲɪ]
antworten (vi)	atsakýti	[atsa'kʲi:tʲɪ]
hören (vt)	girdeti	[gʲɪr'dʲe:tʲɪ]
gut (~ aussehen)	gerai	[gʲɛ'rʌɪ]
schlecht (Adv)	prastai	[pras'tʌɪ]
Störungen (pl)	trukdžiai (v dgs)	[truk'dʒʲɛɪ]
Hörer (m)	ragēlis (v)	[ra'gʲælʲɪs]
den Hörer abnehmen	pakelti ragēlį	[pa'kʲɛlʲtʲɪ ra'gʲælʲɪ:]
auflegen (den Hörer ~)	padeti ragēlį	[pa'dʲe:tʲɪ ra'gʲælʲɪ:]
besetzt	ùžimtas	['uʒʲɪmtas]
läuten (vi)	skambeti	[skam'bʲe:tʲɪ]
Telefonbuch (n)	telefonų knygà (m)	[tʲɛlʲɛ'fonu: knʲi:'ga]
Orts-	vietinis	['vʲiɛtʲɪnʲɪs]
Ortsgespräch (n)	vietinis skambùtis (v)	['vʲiɛtʲɪnʲɪs skam'butʲɪs]
Auslands-	tarptautinis	[tarptɑu'tʲɪnʲɪs]
Auslandsgespräch (n)	tarptautinis skambùtis (v)	[tarptɑu'tʲɪnʲɪs skam'butʲɪs]
Fern-	tarpmiestinis	[tarpmʲiɛs'tʲɪnʲɪs]
Ferngespräch (n)	tarpmiestinis skambùtis (v)	[tarpmʲiɛs'tʲɪnʲɪs skam'butʲɪs]

99. Mobiltelefon

Mobiltelefon (n)	mobilùsis telefonas (v)	[mobʲɪ'lusʲɪs tʲɛlʲɛ'fonas]
Display (n)	ekrānas (v)	[ɛk'ra:nas]
Knopf (m)	mygtùkas (v)	[mʲi:k'tukas]
SIM-Karte (f)	SIM-kortēlė (m)	[sʲɪm-kor'tʲælʲe:]
Batterie (f)	akumuliātorius (v)	[akumu'lʲiætorʲus]
leer sein (Batterie)	išsikrauti	[ɪʃsʲɪ'krɑutʲɪ]
Ladegerät (n)	įkroviklis (v)	[i:kro'vʲɪ:klʲɪs]
Menü (n)	valgiāraštis (v)	[valʲ'gʲæraʃtʲɪs]
Einstellungen (pl)	nustātymai (v dgs)	[nu'sta:tʲi:mʌɪ]
Melodie (f)	melodija (m)	[mʲɛ'lʲodʲɪjɛ]
auswählen (vt)	pasirinkti	[pasʲɪ'rʲɪŋktʲɪ]
Rechner (m)	skaičiuotùvas (v)	[skʌɪtʃʲuo'tuvas]
Anrufbeantworter (m)	balso pāštas (v)	['balʲsɔ 'pa:ʃtas]
Wecker (m)	žadintùvas (v)	[ʒadʲɪn'tuvas]

Kontakte (pl)	telefonų knyga (m)	[tʲɛlʲɛ'fonu: knʲi:'ga]
SMS-Nachricht (f)	SMS žinutė (m)	[ɛsɛ'mɛs ʒʲɪnʊtʲe:]
Teilnehmer (m)	abonentas (v)	[abo'nʲɛntas]

100. Bürobedarf

| Kugelschreiber (m) | automatinis šratinukas (v) | [ɑʊto'ma:tʲɪnʲɪs ʃratʲɪ'nʊkas] |
| Federhalter (m) | plunksnakotis (v) | [plʲʊŋk'sna:kotʲɪs] |

Bleistift (m)	pieštukas (v)	[pʲiɛʃ'tʊkas]
Faserschreiber (m)	žymeklis (v)	[ʒʲi:'mʲæklʲɪs]
Filzstift (m)	flomasteris (v)	[flʲo'ma:stʲɛrʲɪs]

| Notizblock (m) | bloknotas (v) | [blʲok'notas] |
| Terminkalender (m) | dienoraštis (v) | [dʲiɛ'noraʃtɪs] |

Lineal (n)	liniuotė (m)	[lʲɪ'nʲʊo:tʲe:]
Rechner (m)	skaičiuotuvas (v)	[skʌɪtʂʲʊo'tʊvas]
Radiergummi (m)	trintuvas (v)	[trʲɪn'tʊkas]
Reißzwecke (f)	smeigtukas (v)	[smʲɛɪk'tʊkas]
Heftklammer (f)	sąvaržėlė (m)	[sa:var'ʒʲe:lʲe:]

Klebstoff (m)	klijai (v dgs)	[klʲɪ'jʌɪ]
Hefter (m)	segiklis (v)	[sʲɛ'gʲɪklʲɪs]
Locher (m)	skylamušis (v)	[skʲi:'lʲa:mʊʃʲɪs]
Bleistiftspitzer (m)	droztukas (v)	[droʒ'tʊkas]

Arbeit. Geschäft. Teil 2

101. Massenmedien

Zeitung (f)	laĩkraštis (v)	[ˈlʲʌɪkraʃtʲɪs]
Zeitschrift (f)	žurnãlas (v)	[ʒʊrˈnaːlʲas]
Presse (f)	spaudà (m)	[spɑʊˈda]
Rundfunk (m)	rãdijas (v)	[ˈraːdʲɪjas]
Rundfunkstation (f)	rãdijo stotìs (m)	[ˈraːdʲɪjɔ stoˈtʲɪs]
Fernsehen (n)	televìzija (m)	[tʲɛlʲɛˈvʲɪzʲɪjɛ]

Moderator (m)	vedėjas (v)	[vʲɛˈdʲeːjas]
Sprecher (m)	dìktorius (v)	[ˈdʲɪktorʲʊs]
Kommentator (m)	komentãtorius (v)	[komʲɛnˈtaːtorʲʊs]

Journalist (m)	žurnalìstas (v)	[ʒʊrnaˈlʲɪstas]
Korrespondent (m)	korespondeñtas (v)	[korʲɛsponˈdʲɛntas]
Bildberichterstatter (m)	fotokorespondeñtas (v)	[fotokorʲɛsponˈdʲɛntas]
Reporter (m)	repòrteris (v)	[rʲɛˈportʲɛrʲɪs]

Redakteur (m)	redãktorius (v)	[rʲɛˈdaːktorʲʊs]
Chefredakteur (m)	vyriáusiasis redãktorius (v)	[vʲiːˈrʲæʊsʲæsʲɪs rʲɛˈdaːktorʲʊs]

abonnieren (vt)	užsiprenumerúoti	[ʊʒsʲɪprʲɛnʊmʲɛˈrʊɑtʲɪ]
Abonnement (n)	prenumeratà (m)	[prʲɛnʊmʲɛraˈta]
Abonnent (m)	prenumerãtorius (v)	[prʲɛnʊmʲɛˈraːtorʲʊs]
lesen (vi, vt)	skaitýti	[skʌɪˈtʲiːtʲɪ]
Leser (m)	skaitýtojas (v)	[skʌɪˈtʲiːtojɛs]

Auflage (f)	tirãžas (v)	[tʲɪˈraːʒas]
monatlich (Adj)	ménesìnis	[mʲeːnesʲɪnʲɪs]
wöchentlich (Adj)	saváitinis	[saˈvʌɪtʲɪnʲɪs]
Ausgabe (Zeitschrift)	nùmeris (v)	[ˈnʊmʲɛrʲɪs]
neueste (~ Ausgabe)	naũjas	[ˈnɑʊjas]

Titel (m)	an̄trašte̅ (m)	[ˈantraʃtʲe:]
Notiz (f)	straipsnēlis (v)	[strʌɪpˈsnʲælʲɪs]
Rubrik (f)	rùbrika (m)	[ˈrʊbrʲɪka]
Artikel (m)	straĩpsnis (v)	[ˈstrʌɪpsnʲɪs]
Seite (f)	pùslapis (v)	[ˈpʊslʲapʲɪs]

Reportage (f)	reportãžas (v)	[rʲɛporˈtaːʒas]
Ereignis (n)	ĩvykis (v)	[ˈiːvʲɪkʲɪs]
Sensation (f)	sensãcija (m)	[sʲɛnˈsaːtsʲɪjɛ]
Skandal (m)	skandãlas (v)	[skanˈdaːlʲas]
skandalös	skandalìngas	[skandaˈlʲɪngas]
groß (-er Skandal)	garsùs	[garˈsʊs]

Sendung (f)	laidà (m)	[lʲʌɪˈda]
Interview (n)	interviù (v)	[ɪntʲɛrvʲˈjʊ]

Live-Übertragung (f) **tiesióginė transliãcija** (m) [tʲiɛ'sʲogʲɪnʲe: transˈlʲætsʲɪjɛ]
Kanal (m) **kanãlas** (v) [ka'naːlʲas]

102. Landwirtschaft

Landwirtschaft (f) **žẽmės ū̃kis** (v) ['ʒʲæmʲeːs 'uːkʲɪs]
Bauer (m) **valstiẽtis** (v) [valʲsˈtʲɛtʲɪs]
Bäuerin (f) **valstiẽtė** (m) [valʲsˈtʲɛtʲeː]
Farmer (m) **fèrmeris** (v) ['fʲɛrmʲɛrʲɪs]

Traktor (m) **trãktorius** (v) ['traːktorʲʊs]
Mähdrescher (m) **kombáinas** (v) [kɔm'bʌɪnas]

Pflug (m) **plū̃gas** (v) ['plʲuːgas]
pflügen (vt) **ā́rti** ['aːrtʲɪ]
Acker (m) **dirvà** (m) [dʲɪr'va]
Furche (f) **vagà** (m) [va'ga]

säen (vt) **sė́ti** ['sʲeːtʲɪ]
Sämaschine (f) **sėjamóji mašinà** (m) [sʲeːja'moːjɪ maʃɪ'na]
Saat (f) **sėjìmas** (v) [sʲeː'jɪmas]

Sense (f) **dal̃gis** (v) ['dalʲgʲɪs]
mähen (vt) **pjáuti** ['pjɑʊtʲɪ]

Schaufel (f) **kastùvas** (v) [kas'tʊvas]
graben (vt) **kàsti** ['kastʲɪ]

Hacke (f) **kapõklė** (m) [ka'poːklʲeː]
jäten (vt) **ravéti** [ra'vʲeːtʲɪ]
Unkraut (n) **pìktžolė** (m) ['pʲɪktʒolʲeː]

Gießkanne (f) **laistytùvas** (v) [lʲʌɪstʲiː'tʊvas]
gießen (vt) **laìstyti** ['lʲʌɪstʲiːtʲɪ]
Bewässerung (f) **laìstymas** (v) ['lʲʌɪstʲiːmas]

Heugabel (f) **šãkės** (m dgs) ['ʃaːkʲeːs]
Rechen (m) **grėblỹs** (v) [grʲeː'bʲlʲiːs]

Dünger (m) **trą̃ša** (m) [tra:'ʃa]
düngen (vt) **trę̃šti** ['trʲɛːʃtʲɪ]
Mist (m) **mė́šlas** (v) ['mʲeːʃlʲas]

Feld (n) **laũkas** (v) ['lʲɑʊkas]
Wiese (f) **píeva** (m) ['pʲiɛva]
Gemüsegarten (m) **dar̃žas** (v) ['darʒas]
Obstgarten (m) **sõdas** (v) ['soːdas]

weiden (vt) **ganýti** [ga'nʲiːtʲɪ]
Hirt (m) **piemuõ** (v) [pʲiɛ'mʊɑ]
Weide (f) **ganyklà** (m) [ganʲiːk'lʲa]

Viehzucht (f) **gyvulininkỹstė** (m) [gʲiːvʊlʲɪnʲɪŋ'kʲiːstʲeː]
Schafzucht (f) **avininkỹstė** (m) [avʲɪnʲɪŋ'kʲiːstʲeː]

Plantage (f)	plantãcija (m)	[plʲanˈta:tsʲɪjɛ]
Beet (n)	lýsvė (m)	[ˈlʲi:svʲe:]
Treibhaus (n)	šiltãdaržis (v)	[ʃʲɪlʲˈta:darʒʲɪs]

| Dürre (f) | sausrà (m) | [saʊsˈra] |
| dürr, trocken | sausrĩngas | [saʊsˈrʲɪngas] |

Getreide (n)	grū́das (v)	[ˈgru:das]
Getreidepflanzen (pl)	javaĩ (v dgs)	[jaˈvʌɪ]
ernten (vt)	nuim̃ti	[ˈnʊimtʲɪ]

Müller (m)	malū̃nininkas (v)	[maˈlʲu:nʲɪnʲɪŋkas]
Mühle (f)	malū̃nas (v)	[maˈlʲu:nas]
mahlen (vt)	málti grū́dus	[ˈmalʲtʲɪ ˈgru:dʊs]
Mehl (n)	mìltai (v dgs)	[ˈmʲɪlʲtʌɪ]
Stroh (n)	šiaudaĩ (v dgs)	[ʃʲɛʊˈdʌɪ]

103. Gebäude. Bauabwicklung

Baustelle (f)	statýbvietė (m)	[staˈtʲi:bvʲiɛtʲe:]
bauen (vt)	statýti	[staˈtʲi:tʲɪ]
Bauarbeiter (m)	statýbininkas (v)	[staˈtʲi:bʲɪnʲɪŋkas]

Projekt (n)	projèktas (v)	[proˈjæktas]
Architekt (m)	architèktas (v)	[arxʲɪˈtʲɛktas]
Arbeiter (m)	darbiniñkas (v)	[darbʲɪˈnʲɪŋkas]

Fundament (n)	fundameñtas (v)	[fʊndaˈmʲɛntas]
Dach (n)	stógas (v)	[ˈstogas]
Pfahl (m)	põlis (v)	[ˈpo:lʲɪs]
Wand (f)	síena (m)	[ˈsʲiɛna]

| Bewehrungsstahl (m) | armatūrà (m) | [armatu:ˈra] |
| Gerüst (n) | statýbiniai pastõliai (v dgs) | [staˈtʲi:bʲɪnʲɛɪ pasˈto:lʲɛɪ] |

Beton (m)	betònas (v)	[bʲɛˈtonas]
Granit (m)	granìtas (v)	[graˈnʲɪtas]
Stein (m)	akmuõ (v)	[akˈmʊɑ]
Ziegel (m)	plytà (m)	[plʲi:ˈta]

Sand (m)	smė̃lis (v)	[ˈsmʲe:lʲɪs]
Zement (m)	cemeñtas (v)	[tsʲɛˈmʲɛntas]
Putz (m)	tiñkas (v)	[ˈtʲɪŋkas]
verputzen (vt)	tinkúoti	[tʲɪŋˈkʊɑtʲɪ]

Farbe (f)	dažaĩ (v dgs)	[daˈʒʌɪ]
färben (vt)	dažýti	[daˈʒʲi:tʲɪ]
Fass (n), Tonne (f)	statìnė (m)	[staˈtʲɪnʲe:]

Kran (m)	krãnas (v)	[ˈkra:nas]
aufheben (vt)	kélti	[ˈkʲɛlʲtʲɪ]
herunterlassen (vt)	nuléisti	[nʊˈlʲɛɪstʲɪ]
Planierraupe (f)	buldòzeris (v)	[bʊlʲˈdoizʲɛrʲɪs]
Bagger (m)	ekskavãtorius (v)	[ɛkskaˈva:torʲʊs]

Baggerschaufel (f)	**káušas** (v)	['kɑʊʃas]
graben (vt)	**kàsti**	['kastʲɪ]
Schutzhelm (m)	**šálmas** (v)	['ʃalʲmas]

Berufe und Tätigkeiten

104. Arbeitsuche. Kündigung

Arbeit (f), Stelle (f)	dárbas (v)	['darbas]
Belegschaft (f)	etãtai (dgs)	[ɛ'ta:tʌɪ]
Personal (n)	personãlas (v)	[pʲɛrso'na:las]
Karriere (f)	karjerã (m)	[karjɛ'ra]
Perspektive (f)	perspektyvã (m)	[pʲɛrspʲɛktʲi:'va]
Können (n)	meistriškùmas (v)	[mʲɛɪstrʲɪʃ'kumas]
Auswahl (f)	atrankã (m)	[atraŋ'ka]
Personalagentur (f)	darbúotojų paieškõs agentūrã (m)	[dar'buɑto:ju: paʲiɛʃ'ko:s agʲɛntu:'ra]
Lebenslauf (m)	gyvẽnimo aprãšymas (v)	[gʲi:'vʲænʲɪmɔ ap'ra:ʃɪ:mas]
Vorstellungsgespräch (n)	pókalbis (v)	['pokalʲbʲɪs]
Vakanz (f)	laisvã dárbo vietã (m)	[lʲʌɪs'va 'darbɔ vʲiɛ'ta]
Gehalt (n)	dárbo ùžmokestis (v)	['darbɔ 'uʒmokʲɛstʲɪs]
festes Gehalt (n)	algã (m)	[alʲ'ga]
Arbeitslohn (m)	atlýginimas (v)	[at'lʲi:gʲɪnʲɪmas]
Stellung (f)	pãreigos (m dgs)	['parɛɪgos]
Pflicht (f)	pareigã (m)	[parʲɛɪ'ga]
Aufgabenspektrum (n)	sritìs (m)	[srʲɪ'tʲɪs]
beschäftigt	ùžimtas	['uʒʲɪmtas]
kündigen (vt)	atléisti	[at'lʲɛɪstʲɪ]
Kündigung (f)	atleidìmas (v)	[atlʲɛɪ'dʲɪmas]
Arbeitslosigkeit (f)	bedarbýstė (m)	[bʲɛdar'bʲi:stʲe:]
Arbeitslose (m)	bedar̃bis (v)	[bʲɛ'darbʲɪs]
Rente (f), Ruhestand (m)	peñsija (m)	['pʲɛnsʲɪjɛ]
in Rente gehen	išeĩti į̃ peñsiją	[ɪ'ʃɛɪtʲɪ i: 'pʲɛnsʲɪja:]

105. Geschäftsleute

Direktor (m)	dirẽktorius (v)	[dʲɪ'rʲɛktorʲʊs]
Leiter (m)	valdýtojas (v)	[valʲ'dʲi:to:jɛs]
Boss (m)	vadõvas (v)	[va'do:vas]
Vorgesetzte (m)	vir̃šininkas (v)	['vʲɪrʃʲɪnʲɪŋkas]
Vorgesetzten (pl)	vadovýbė (m)	[vado'vʲi:bʲe:]
Präsident (m)	prezidéntas (v)	[prʲɛzʲɪ'dʲɛntas]
Vorsitzende (m)	pìrmininkas (v)	['pʲɪrmʲɪnʲɪŋkas]
Stellvertreter (m)	pavadúotojas (v)	[pava'duɑto:jɛs]
Helfer (m)	padėjéjas (v)	[padʲe:'je:jas]

Sekretär (m)	sekretõrius (v)	[sʲɛkrʲɛ'to:rʲʊs]
Privatsekretär (m)	asmenìnis sekretõrius (v)	[asmʲɛ'nʲɪnʲɪs sʲɛkrʲɛ'to:rʲʊs]

Geschäftsmann (m)	komersántas (v)	[komʲɛr'santas]
Unternehmer (m)	veřslininkas (v)	['vʲɛrslʲɪnʲɪŋkas]
Gründer (m)	steigéjas (v)	[stʲɛɪ'gʲe:jas]
gründen (vt)	įsteĩgti	[i:'stʲɛɪktʲɪ]

Gründungsmitglied (n)	steigéjas (v)	[stʲɛɪ'gʲe:jas]
Partner (m)	pártneris (v)	['partnʲɛrʲɪs]
Aktionär (m)	ãkcininkas (v)	['a:ktsʲɪnʲɪŋkas]

Millionär (m)	milijoniẽrius (v)	[mʲɪlʲɪjo'nʲɛrʲʊs]
Milliardär (m)	milijardiẽrius (v)	[mʲɪlʲɪjar'dʲɛrʲʊs]
Besitzer (m)	valdýtojas (v)	[valʲ'dʲi:to:jɛs]
Landbesitzer (m)	žémės savininkas (v)	['ʒʲæmʲe:s savʲɪ'nʲɪŋkas]

Kunde (m)	klieñtas (v)	['klʲiɛntas]
Stammkunde (m)	pastovùs klieñtas (v)	[pasto'vʊs klʲi'ɛntas]
Käufer (m)	pirkéjas (v)	[pʲɪr'kʲe:jas]
Besucher (m)	lankýtojas (v)	[lʲaŋ'kʲi:to:jɛs]

Fachmann (m)	profesionãlas (v)	[profʲɛsʲɪjo'na:lʲas]
Experte (m)	ekspeřtas (v)	[ɛks'pʲɛrtas]
Spezialist (m)	specialìstas (v)	[spʲɛtsʲɪja'lʲɪstas]

Bankier (m)	bánkininkas (v)	['baŋkʲɪnʲɪŋkas]
Makler (m)	brõkeris (v)	['brokʲɛrʲɪs]

Kassierer (m)	kãsininkas (v)	['ka:sʲɪnʲɪŋkas]
Buchhalter (m)	buhálteris (v)	[bʊ'ɣalʲtʲɛrʲɪs]
Wächter (m)	apsaugininkas (v)	[apsɑʊgʲɪ'nʲɪŋkas]

Investor (m)	investúotojas (v)	[ɪnvʲɛs'tʊato:jɛs]
Schuldner (m)	skõlininkas (v)	['sko:lʲɪnʲɪŋkas]
Gläubiger (m)	kreditorius (v)	[krʲɛ'dʲɪtorʲʊs]
Kreditnehmer (m)	paskolõs gavéjas (v)	[pasko'lʲo:s ga'vʲe:jas]

Importeur (m)	importúotojas (v)	[ɪmpor'tʊato:jɛs]
Exporteur (m)	eksportúotojas (v)	[ɛkspor'tʊato:jɛs]

Hersteller (m)	gamìntojas (v)	[ga'mʲɪnto:jɛs]
Distributor (m)	plãtintojas (v)	['plʲa:tʲɪnto:jɛs]
Vermittler (m)	tárpininkas (v)	['tarpʲɪnʲɪŋkas]

Berater (m)	konsultántas (v)	[konsʊlʲ'tantas]
Vertreter (m)	atstõvas (v)	[at'sto:vas]
Agent (m)	ageñtas (v)	[a'gʲɛntas]
Versicherungsagent (m)	draudìmo ageñtas (v)	[drɑʊ'dʲɪmɔ a'gʲɛntas]

106. Dienstleistungsberufe

Koch (m)	viréjas (v)	[vʲɪ'rʲe:jas]
Chefkoch (m)	vyriáusiasis viréjas (v)	[vʲi:'rʲæʊsʲæsʲɪs vʲɪ'rʲe:jas]

Bäcker (m)	kepėjas (v)	[kʲɛ'pʲe:jas]
Barmixer (m)	barmenas (v)	['barmʲɛnas]
Kellner (m)	padavėjas (v)	[pada'vʲe:jas]
Kellnerin (f)	padavėja (m)	[pada'vʲe:ja]

Rechtsanwalt (m)	advokãtas (v)	[advo'ka:tas]
Jurist (m)	jurìstas (v)	[ju'rʲɪstas]
Notar (m)	notãras (v)	[no'ta:ras]

Elektriker (m)	mònteris (v)	['montʲɛrʲɪs]
Klempner (m)	santèchnikas (v)	[san'tʲɛxnʲɪkas]
Zimmermann (m)	dailìdė (v)	[dʌɪ'lʲɪdʲe:]

Masseur (m)	masažìstas (v)	[masa'ʒʲɪstas]
Masseurin (f)	masažìstė (m)	[masa'ʒʲɪstʲe:]
Arzt (m)	gýdytojas (v)	['gʲi:dʲi:to:jɛs]

Taxifahrer (m)	taksìstas (v)	[tak'sʲɪstas]
Fahrer (m)	vairúotojas (v)	[vʌɪ'rʊɑto:jɛs]
Ausfahrer (m)	kùrjeris (v)	['kʊrjɛrʲɪs]

Zimmermädchen (n)	kambarìnė (m)	[kamba'rʲɪnʲe:]
Wächter (m)	apsauginiñkas (v)	[apsɑʊgʲɪ'nʲɪŋkas]
Flugbegleiterin (f)	stiuardèsė (m)	[stʲʊar'dʲɛsʲe:]

Lehrer (m)	mókytojas (v)	['mokʲi:to:jɛs]
Bibliothekar (m)	bibliotèkininkas (v)	[bʲɪblʲɪjo'tʲɛkʲɪnʲɪŋkas]
Übersetzer (m)	vertėjas (v)	[vʲɛr'tʲe:jas]
Dolmetscher (m)	vertėjas (v)	[vʲɛr'tʲe:jas]
Fremdenführer (m)	gìdas (v)	['gʲɪdas]

Friseur (m)	kirpėjas (v)	[kʲɪr'pʲe:jas]
Briefträger (m)	pãštininkas (v)	['pa:ʃtʲɪnʲɪŋkas]
Verkäufer (m)	pardavėjas (v)	[parda'vʲe:jas]

Gärtner (m)	sõdininkas (v)	['so:dʲɪnʲɪŋkas]
Diener (m)	tar̃nas (v)	['tarnas]
Magd (f)	tarnáitė (m)	[tar'nʌɪtʲe:]
Putzfrau (f)	valýtoja (m)	[va'lʲi:to:jɛ]

107. Militärdienst und Ränge

einfacher Soldat (m)	eilìnis (v)	[ɛɪ'lʲɪnʲɪs]
Feldwebel (m)	seržántas (v)	[sʲɛr'ʒantas]
Leutnant (m)	leitenántas (v)	[lʲɛɪtɛ'nantas]
Hauptmann (m)	kapitõnas (v)	[kapʲɪ'to:nas]

Major (m)	majõras (v)	[ma'jɔ:ras]
Oberst (m)	pulkininkas (v)	['pʊlʲkʲɪnʲɪŋkas]
General (m)	generõlas (v)	[gʲɛnʲɛ'ro:lʲas]
Marschall (m)	mársalas (v)	['marʃalʲas]
Admiral (m)	admirõlas (v)	[admʲɪ'ro:lʲas]
Militärperson (f)	kariškis (v)	[ka'rʲɪʃkʲɪs]
Soldat (m)	kareìvis (v)	[ka'rʲɛɪvʲɪs]

| Offizier (m) | karininkas (v) | [karˈɪˈnʲɪŋkas] |
| Kommandeur (m) | vãdas (v) | [ˈvaːdas] |

Grenzsoldat (m)	pasieniẽtis (v)	[pasˈiɛˈnʲɛtˈɪs]
Funker (m)	radìstas (v)	[raˈdʲɪstas]
Aufklärer (m)	žval̃gas (v)	[ˈʒvalʲgas]
Pionier (m)	pioniẽrius (v)	[pʲɪjoˈnʲɛrʲʊs]
Schütze (m)	šaulỹs (v)	[ʃɑʊˈlʲiːs]
Steuermann (m)	štùrmanas (v)	[ˈʃtʊrmanas]

108. Beamte. Priester

| König (m) | karãlius (v) | [kaˈraːlʲʊs] |
| Königin (f) | karaliẽnė (m) | [karaˈlʲiɛnʲeː] |

| Prinz (m) | prìncas (v) | [ˈprʲɪntsas] |
| Prinzessin (f) | princẽsė (m) | [prʲɪnˈtsʲɛsʲeː] |

| Zar (m) | cãras (v) | [ˈtsaːras] |
| Zarin (f) | cariẽnė (m) | [tsaˈrʲiɛnʲeː] |

Präsident (m)	prezideñtas (v)	[prʲɛzʲɪˈdʲɛntas]
Minister (m)	minìstras (v)	[mʲɪˈnʲɪstras]
Ministerpräsident (m)	minìstras pìrmininkas (v)	[mʲɪˈnʲɪstras ˈpʲɪrmʲɪnʲɪˈɪŋkas]
Senator (m)	senãtorius (v)	[sʲɛˈnaːtorʲʊs]

Diplomat (m)	diplomãtas (v)	[dʲɪplʲoˈmaːtas]
Konsul (m)	kònsulas (v)	[ˈkonsʊlʲas]
Botschafter (m)	ambasãdorius (v)	[ambaˈsaːdorʲʊs]
Ratgeber (m)	patarėjas (v)	[pataˈrʲeːjas]

Beamte (m)	valdininkas (v)	[valʲdʲɪˈnʲɪŋkas]
Präfekt (m)	prefèktas (v)	[prʲɛˈfʲɛktas]
Bürgermeister (m)	mèras (v)	[ˈmʲɛras]

| Richter (m) | teisėjas (v) | [tʲɛɪˈsʲeːjas] |
| Staatsanwalt (m) | prokuròras (v) | [prokʊˈroras] |

Missionar (m)	misioniẽrius (v)	[mʲɪsʲɪjoˈnʲɛrʲʊs]
Mönch (m)	vienuõlis (v)	[vʲiɛˈnʊɑlʲɪs]
Abt (m)	abãtas (v)	[aˈbaːtas]
Rabbiner (m)	rãbinas (v)	[ˈraːbʲɪnas]

Wesir (m)	vizìris (v)	[vʲɪˈzʲɪrʲɪs]
Schah (n)	šãchas (v)	[ˈʃaːxas]
Scheich (m)	šeĩchas (v)	[ˈʃɛɪxas]

109. Landwirtschaftliche Berufe

Bienenzüchter (m)	bìtininkas (v)	[ˈbʲɪtʲɪnʲɪˈɪŋkas]
Hirt (m)	piemuõ (v)	[pʲiɛˈmʊɑ]
Agronom (m)	agronòmas (v)	[agroˈnomas]

| Viehzüchter (m) | gývulininkas (v) | ['gʲi:vʊlʲɪnʲɪŋkas] |
| Tierarzt (m) | veterinãras (v) | [vʲɛtʲɛrʲɪˈna:ras] |

Farmer (m)	fèrmeris (v)	['fɛrmʲɛrʲɪs]
Winzer (m)	vyndarỹs (v)	[vʲi:ndaˈrʲi:s]
Zoologe (m)	zoológas (v)	[zooˈlʲogas]
Cowboy (m)	kaubòjus (v)	[kɑʊˈbojʊs]

110. Künstler

| Schauspieler (m) | ãktorius (v) | ['a:ktorʲʊs] |
| Schauspielerin (f) | ãktorė (m) | ['a:ktorʲe:] |

| Sänger (m) | daininin̄kas (v) | [dʌɪnʲɪ'nʲɪŋkas] |
| Sängerin (f) | daininin̄kė (m) | [dʌɪnʲɪ'nʲɪŋkʲe:] |

| Tänzer (m) | šokéjas (v) | [ʃoˈkʲeːjas] |
| Tänzerin (f) | šokéja (m) | [ʃoˈkʲeːja] |

| Künstler (m) | artìstas (v) | [arˈtʲɪstas] |
| Künstlerin (f) | artìstė (m) | [arˈtʲɪstʲe:] |

Musiker (m)	muzikántas (v)	[mʊzʲɪˈkantas]
Pianist (m)	pianìstas (v)	[pʲɪjaˈnʲɪstas]
Gitarrist (m)	gitarìstas (v)	[gʲɪtaˈrʲɪstas]

Dirigent (m)	dirigeñtas (v)	[dʲɪrʲɪˈgʲɛntas]
Komponist (m)	kompozìtorius (v)	[kɔmpoˈzʲɪtorʲʊs]
Manager (m)	impresãrijas (v)	[ɪmprʲɛˈsa:rʲɪjas]

Regisseur (m)	režisièrius (v)	[rʲɛʒʲɪˈsʲɛrʲʊs]
Produzent (m)	prodiùseris (v)	[proˈdʲʊsʲɛrʲɪs]
Drehbuchautor (m)	scenarìstas (v)	[stsʲɛnaˈrʲɪstas]
Kritiker (m)	krìtikas (v)	['krʲɪtʲɪkas]

Schriftsteller (m)	rašýtojas (v)	[raˈʃʲɪːtoːjɛs]
Dichter (m)	poètas (v)	[poˈɛtas]
Bildhauer (m)	skùlptorius (v)	['skʊlʲptorʲʊs]
Maler (m)	mēnininkas (v)	['mʲænʲɪnʲɪŋkas]

Jongleur (m)	žonglièrius (v)	[ʒonˈglʲɛrʲʊs]
Clown (m)	klòunas (v)	['klʲoʊnas]
Akrobat (m)	akrobãtas (v)	[akroˈba:tas]
Zauberkünstler (m)	fòkusininkas (v)	['fokʊsʲɪnʲɪŋkas]

111. Verschiedene Berufe

Arzt (m)	gýdytojas (v)	['gʲi:dʲi:toːjɛs]
Krankenschwester (f)	medicìnos sesẽlė (m)	[mʲɛdɪˈtsʲɪnos seˈsʲælʲe:]
Psychiater (m)	psichiãtras (v)	[psʲɪxʲɪˈjatras]
Zahnarzt (m)	stomatológas (v)	[stomatoˈlʲogas]
Chirurg (m)	chirùrgas (v)	[xʲɪˈrʊrgas]

Astronaut (m)	astronáutas (v)	[astro'nɑutas]
Astronom (m)	astronòmas (v)	[astro'nomas]
Pilot (m)	pilòtas (v)	[pʲɪ'lʲotas]

Fahrer (Taxi-)	vairúotojas (v)	[vʌɪ'rʊato:jɛs]
Lokomotivführer (m)	mašinìstas (v)	[maʃʲɪ'nʲɪstas]
Mechaniker (m)	mechãnikas (v)	[mʲɛ'xa:nʲɪkas]

Bergarbeiter (m)	šãchtininkas (v)	['ʃa:xtʲɪnʲɪŋkas]
Arbeiter (m)	darbininkas (v)	[darbʲɪ'nʲɪŋkas]
Schlosser (m)	šáltkalvis (v)	['ʃalʲtkalʲvʲɪs]
Tischler (m)	stãlius (v)	['sta:lʲʊs]
Dreher (m)	tėkintojas (v)	['tʲæckʲɪnto:jɛs]
Bauarbeiter (m)	statýbininkas (v)	[sta'tʲiː:bʲɪnʲɪŋkas]
Schweißer (m)	suvìrintojas (v)	[sʊ'vʲɪrʲɪnto:jɛs]

Professor (m)	profèsorius (v)	[pro'fʲɛsorʲʊs]
Architekt (m)	architèktas (v)	[arxʲɪ'tʲɛktas]
Historiker (m)	istòrikas (v)	[ɪs'torʲɪkas]
Wissenschaftler (m)	mòkslininkas (v)	['moksʲlʲɪnʲɪŋkas]
Physiker (m)	fìzikas (v)	['fʲɪzʲɪkas]
Chemiker (m)	chèmikas (v)	['xʲɛmʲɪkas]

Archäologe (m)	archeològas (v)	[arxʲɛo'lʲogas]
Geologe (m)	geològas (v)	[gʲɛo'lʲogas]
Forscher (m)	tyrinétojas (v)	[tʲiː:rʲɪ'nʲe:to:jɛs]

| Kinderfrau (f) | áuklė (m) | ['ɑuklʲe:] |
| Lehrer (m) | pedagògas (v) | [pʲɛda'gogas] |

Redakteur (m)	redãktorius (v)	[rʲɛ'da:ktorʲʊs]
Chefredakteur (m)	vyriáusiasis redãktorius (v)	[vʲiː'ræusʲæsʲɪs rʲɛ'da:ktorʲʊs]
Korrespondent (m)	korespondeñtas (v)	[korʲɛspon'dʲɛntas]
Schreibkraft (f)	mašìnininkė (m)	[ma'ʃʲɪnʲɪnʲɪŋkʲe:]

Designer (m)	dizáineris (v)	[dʲɪ'zʌɪnʲɛrʲɪs]
Computerspezialist (m)	kompiùterių specialìstas (v)	[kom'pʲʊtʲɛrʲʊ: spʲɛtsʲɪja'lʲɪstas]
Programmierer (m)	programúotojas (v)	[progra'mʊato:jɛs]
Ingenieur (m)	inžiniẽrius (v)	[ɪnʒʲɪ'rʲnʲɛrʲʊs]

Seemann (m)	júrininkas (v)	['ju:rʲɪnʲɪŋkas]
Matrose (m)	júreìvis (v)	[ju:'rʲɛɪvʲɪs]
Retter (m)	gélbėtojas (v)	['gʲælʲbʲe:to:jɛs]

Feuerwehrmann (m)	gaìsrininkas (v)	['gʌɪsrʲɪnʲɪŋkas]
Polizist (m)	polìcininkas (v)	[po'lʲɪtsʲɪnʲɪŋkas]
Nachtwächter (m)	sárgas (v)	['sargas]
Detektiv (m)	seklỹs (v)	[sʲɛk'lʲiː:s]

Zollbeamter (m)	muìtininkas (v)	['mʊɪtʲɪnʲɪŋkas]
Leibwächter (m)	asmeñs sargýbinis (v)	[as'mʲɛns sar'gʲiː:bʲɪnʲɪs]
Gefängniswärter (m)	prižiūrétojas (v)	[prʲɪʒʲʊ:'rʲe:to:jɛs]
Inspektor (m)	inspèktorius (v)	[ɪn'spʲɛktorʲʊs]

| Sportler (m) | spòrtininkas (v) | ['sportʲɪnʲɪŋkas] |
| Trainer (m) | trèneris (v) | ['trʲɛnʲɛrʲɪs] |

Fleischer (m)	mėsininkas (v)	['mʲeːsʲɪnʲɪŋkas]
Schuster (m)	batsiuvỹs (v)	[batsʲʊ'vʲiːs]
Geschäftsmann (m)	komersántas (v)	[kɔmʲɛr'santas]
Ladearbeiter (m)	krovéjas (v)	[kro'vʲeːjas]

| Modedesigner (m) | modeliúotojas (v) | [modʲɛ'lʲʊɑtoːjɛs] |
| Modell (n) | modelis (v) | ['modʲɛlʲɪs] |

112. Beschäftigung. Sozialstatus

| Schüler (m) | moksleĩvis (v) | [moks'lʲɛɪvʲɪs] |
| Student (m) | studeñtas (v) | [stʊ'dʲɛntas] |

Philosoph (m)	filosòfas (v)	[fʲɪlʲo'sofas]
Ökonom (m)	ekonomìstas (v)	[ɛkono'mʲɪstas]
Erfinder (m)	išradéjas (v)	[ɪʃra'dʲeːjas]

Arbeitslose (m)	bedãrbis (v)	[bʲɛ'darbʲɪs]
Rentner (m)	pensininkas (v)	['pʲɛnsʲɪnʲɪŋkas]
Spion (m)	šnìpas (v)	['ʃnʲɪpas]

Gefangene (m)	kalinỹs (v)	[kalʲɪ'nʲiːs]
Streikender (m)	streĩkininkas (v)	['strʲɛɪkʲɪnʲɪŋkas]
Bürokrat (m)	biurokrãtas (v)	[bʲʊro'kraːtas]
Reisende (m)	keliáutojas (v)	[kʲɛ'lʲæʊtoːjɛs]

Homosexuelle (m)	homosekluaìistas (v)	[ɣomosʲɛklʊa'lʲɪstas]
Hacker (m)	programìšius (v)	[progra'mʲɪʃʊs]
Hippie (m)	hìpis (v)	['ɣʲɪpʲɪs]

Bandit (m)	bandìtas (v)	[ban'dʲɪtas]
Killer (m)	samdomas žudìkas (v)	['samdomas ʒu'dʲɪkas]
Drogenabhängiger (m)	narkomãnas (v)	[narko'maːnas]
Drogenhändler (m)	narkótikų prekeĩvis (v)	[nar'kotʲɪku: prʲɛ'kʲɛɪvʲɪs]
Prostituierte (f)	prostitutė (m)	[prostʲɪ'tutʲeː]
Zuhälter (m)	suteneris (v)	[sʊ'tʲɛnʲɛrʲɪs]

Zauberer (m)	bùrtininkas (v)	['bʊrtʲɪnʲɪŋkas]
Zauberin (f)	bùrtininkė (m)	['bʊrtʲɪnʲɪŋkʲeː]
Seeräuber (m)	pirãtas (v)	[pʲɪ'raːtas]
Sklave (m)	vérgas (v)	['vʲɛrgas]
Samurai (m)	samurãjus (v)	[samʊ'raːjʊs]
Wilde (m)	laukìnis žmogùs (v)	[lʲɑʊ'kʲɪnʲɪs ʒmɔ'gʊs]

Sport

113. Sportarten. Persönlichkeiten des Sports

Sportler (m)	sportininkas (v)	['sportⁱɪnʲɪŋkas]
Sportart (f)	sporto šaka (m)	['sportɔ ʃa'ka]
Basketball (m)	krepšinis (v)	[krʲɛp'ʃɪnʲɪs]
Basketballspieler (m)	krepšininkas (v)	['krʲæpʃɪnʲɪŋkas]
Baseball (m, n)	beisbolas (v)	['bʲɛɪsbolʲas]
Baseballspieler (m)	beisbolininkas (v)	['bʲɛɪsbolʲɪnʲɪŋkas]
Fußball (m)	futbolas (v)	['fʊtbolʲas]
Fußballspieler (m)	futbolininkas (v)	['fʊtbolʲɪnʲɪŋkas]
Torwart (m)	vartininkas (v)	['vartⁱɪnʲɪŋkas]
Eishockey (n)	ledo ritulys (v)	['lʲædɔ rʲɪtʊ'lʲiːs]
Eishockeyspieler (m)	ledo ritulininkas (v)	['lʲædɔ 'rʲɪtʊlʲɪnʲɪŋkas]
Volleyball (m)	tinklinis (v)	[tʲɪŋk'lʲɪnʲɪs]
Volleyballspieler (m)	tinklininkas (v)	['tʲɪŋklʲɪnʲɪŋkas]
Boxen (n)	boksas (v)	['boksas]
Boxer (m)	boksininkas (v)	['boksʲɪnʲɪŋkas]
Ringen (n)	imtynės (m dgs)	[ɪm'tʲiːnʲeːs]
Ringkämpfer (m)	imtynininkas (v)	[ɪm'tʲiːnʲɪnʲɪŋkas]
Karate (n)	karatė (m)	[kara'tʲeː]
Karatekämpfer (m)	karatistas (v)	[kara'tʲɪstas]
Judo (n)	dziudo (v)	[dzʲʊ'do]
Judoka (m)	dziudo imtynininkas (v)	[dzʲʊ'dɔ ɪm'tʲiːnʲɪnʲɪŋkas]
Tennis (n)	tenisas (v)	['tʲɛnʲɪsas]
Tennisspieler (m)	tenisininkas (v)	['tʲɛnʲɪsʲɪnʲɪŋkas]
Schwimmen (n)	plaukimas (v)	[plʲɑʊ'kʲɪmas]
Schwimmer (m)	plaukikas (v)	[plʲɑʊ'kʲɪkas]
Fechten (n)	fechtavimas (v)	[fʲɛx'taːvʲɪmas]
Fechter (m)	fechtuotojas (v)	[fʲɛx'tʊɑtoːjɛs]
Schach (n)	šachmatai (v dgs)	[ʃax'ma:tʌɪ]
Schachspieler (m)	šachmatininkas (v)	[ʃax'ma:tⁱɪnʲɪŋkas]
Bergsteigen (n)	alpinizmas (v)	[alʲpʲɪ'nʲɪzmas]
Bergsteiger (m)	alpinistas (v)	[alʲpʲɪ'nʲɪstas]
Lauf (m)	begimas (v)	[bʲe:'gʲɪmas]

Läufer (m)	bėgìkas (v)	[bʲeːˈgʲɪkas]
Leichtathletik (f)	lengvóji atlètika (m)	[lʲɛngˈvoːjɪ atʲlʲɛtʲɪka]
Athlet (m)	atlètas (v)	[atʲlʲɛtas]

| Pferdesport (m) | jojìmo spòrtas (v) | [joˈjɪmɔ ˈsportas] |
| Reiter (m) | jojìkas (v) | [joˈjɪkas] |

Eiskunstlauf (m)	dailùsis čiuožìmas (v)	[dʌɪˈlʲusʲɪs tʂʲuoˈʐʲɪmas]
Eiskunstläufer (m)	figūrininkas (v)	[fʲɪˈguːrʲɪnʲɪŋkas]
Eiskunstläuferin (f)	figūrininkė (m)	[fʲɪˈguːrʲɪnʲɪŋkʲeː]

Gewichtheben (n)	sunkióji atlètika (m)	[sʊŋˈkʲoːjɪ atʲlʲɛtʲɪka]
Autorennen (n)	automobìlių lenktỹnės (m dgs)	[ɑʊtomoˈbʲɪlʲuː lʲɛŋˈktʲiːnʲeːs]
Rennfahrer (m)	lenktỹnininkas (v)	[lʲɛŋkˈtʲiːnʲɪnʲɪŋkas]

| Radfahren (n) | dvìračių spòrtas (v) | [ˈdvʲɪratʂʲu ˈsportas] |
| Radfahrer (m) | dvìratininkas (v) | [ˈdvʲɪratʲɪnʲɪŋkas] |

Weitsprung (m)	šúoliai (v) į̃ tólį (v)	[ˈʃualʲɛɪ iː ˈtoːlʲɪ]
Stabhochsprung (m)	šúoliai (v dgs) sù kártimi	[ˈʃualʲɛɪ ˈsʊ ˈkartʲɪmʲɪ]
Springer (m)	šúolininkas (v)	[ˈʃualʲɪnʲɪŋkas]

114. Sportarten. Verschiedenes

American Football (m)	amerikiẽtiškas fùtbolas (v)	[amʲɛrʲɪˈkʲɛtʲɪʃkas ˈfutbolʲas]
Federballspiel (n)	bãdmintonas (v)	[ˈbaːdmʲɪntonas]
Biathlon (n)	biatlònas (v)	[bʲɪjatʲlʲonas]
Billard (n)	biliárdas (v)	[bʲɪlʲɪˈjardas]

Bob (m)	bòbslėjus (v)	[ˈbobslʲeːjus]
Bodybuilding (n)	kultūrìzmas (v)	[kʊlʲtuːˈrʲɪzmas]
Wasserballspiel (n)	vandénsvydis (v)	[vanˈdʲɛnsvʲiːdʲɪs]
Handball (m)	rañkinis (v)	[ˈraŋkʲɪnʲɪs]
Golf (n)	gòlfas (v)	[ˈgolʲfas]

Rudern (n)	irklãvimas (v)	[ɪrˈklʲaːvʲɪmas]
Tauchen (n)	nárdymas (v)	[ˈnardʲiːmas]
Skilanglauf (m)	slìdininkų lenktỹnės (m dgs)	[ˈslʲɪdʲɪnʲɪŋku lʲɛŋkˈtʲiːnʲeːs]
Tischtennis (n)	stãlo tènisas (v)	[ˈstaːlʲo ˈtʲɛnʲɪsas]

Segelsport (m)	buriãvimas (v)	[bʊˈrʲævʲɪmas]
Rallye (f, n)	rãlis (v)	[ˈraːlʲɪs]
Rugby (n)	règbis (v)	[ˈrʲɛgbʲɪs]
Snowboard (n)	sniẽglenčių spòrtas (v)	[ˈsnʲiɛglʲɛntʂʲu ˈsportas]
Bogenschießen (n)	šáudymas ìš lañko (v)	[ˈʃɑʊdʲiːmas ɪʃ ˈlʲaŋkɔ]

115. Fitnessstudio

Hantel (f)	štánga (m)	[ˈʃtanga]
Hanteln (pl)	svarmenys (v dgs)	[ˈsvaːrmʲɛnʲiːs]
Trainingsgerät (n)	treniruõklis (v)	[trʲɛnʲɪˈrʊɑklʲɪs]
Fahrradtrainer (m)	dvìratinis treniruõklis (v)	[dvʲɪraˈtʲɪnʲɪs trʲɛnʲɪˈrʊɑklʲɪs]

Laufband (n)	bėgimo takėlis (v)	[bʲeːgʲɪmɔ taˈkʲælʲɪs]
Reck (n)	skersinis (v)	[skʲɛrˈsʲɪnʲɪs]
Barren (m)	lygiāgretės (m dgs)	[lʲiːˈgʲægrʲɛtʲeːs]
Sprungpferd (n)	arklỹs (v)	[arkˈlʲiːs]
Matte (f)	paklȯtas (v)	[pakˈlʲoːtas]

Sprungseil (n)	šokỹklė (m)	[ʃoˈkʲiːklʲeː]
Aerobic (n)	aerobika (m)	[aɛˈrobʲɪka]
Yoga (m)	jogȧ (m)	[jɔˈga]

116. Sport. Verschiedenes

Olympische Spiele (pl)	Olìmpinės žaidỹnės (m dgs)	[oˈlʲɪmpʲɪnʲeːs ʒaɪˈdʲiːnʲeːs]
Sieger (m)	nugalétojas (v)	[nʊgaˈlʲeːtoːjɛs]
siegen (vi)	nugaléti	[nʊgaˈlʲeːtʲɪ]
gewinnen (Sieger sein)	laiméti	[lʲʌɪˈmʲeːtʲɪ]

Tabellenführer (m)	lỹderis (v)	[ˈlʲiːdʲɛrʲɪs]
führen (vi)	bűti lỹderiu	[ˈbuːtʲɪ ˈlʲiːdʲɛrʲʊ]

der erste Platz	pirmȯji vietȧ (m)	[pʲɪrˈmoːjɪ vʲiɛˈta]
der zweite Platz	antrȯji vietȧ (m)	[anˈtroːjɪ vʲiɛˈta]
der dritte Platz	trečiȯji vietȧ (m)	[trʲɛˈtʂoːjɪ vʲiɛˈta]

Medaille (f)	medȧlis (v)	[mʲɛˈdaːlʲɪs]
Trophäe (f)	trofėjus (v)	[troˈfʲeːjʊs]
Pokal (m)	taurė̃ (m)	[taʊˈrʲeː]
Siegerpreis m (m)	prìzas (v)	[ˈprʲɪzas]
Hauptpreis (m)	pagrindìnis prìzas (v)	[pagrʲɪnˈdʲɪnʲɪs ˈprʲɪzas]

Rekord (m)	rekȯrdas (v)	[rʲɛˈkordas]
einen Rekord aufstellen	pasiȩkti rekȯrdą	[paˈsʲiɛktʲɪ rʲɛˈkorda]

Finale (n)	finȧlas (v)	[fʲɪˈnaːlʲas]
Final-	finȧlinis	[fʲɪˈnaːlʲɪnʲɪs]

Meister (m)	čempiȯnas (v)	[tʂɛmˈpʲɪjonas]
Meisterschaft (f)	čempionȧtas (v)	[tʂɛmpʲɪjoˈnaːtas]

Stadion (n)	stadiȯnas (v)	[stadʲɪˈonas]
Tribüne (f)	tribūnȧ (m)	[trʲɪbuːˈna]
Fan (m)	sirgȧlius (v)	[sʲɪrˈgaːlʲʊs]
Gegner (m)	varžȯvas (v)	[varˈʒoːvas]

Start (m)	stȧrtas (v)	[ˈstartas]
Ziel (n), Finish (n)	fìnišas (v)	[ˈfʲɪnʲɪʃas]

Niederlage (f)	pralaiméjimas (v)	[pralʲʌɪˈmʲɛjɪmas]
verlieren (vt)	pralaiméti	[pralʲʌɪˈmʲeːtʲɪ]

Schiedsrichter (m)	teisėjas (v)	[tʲɛɪˈsʲeːjas]
Jury (f)	žiurì (v)	[ʒʲʊˈrʲɪ]
Ergebnis (n)	rezultȧtas (v)	[rʲɛzʊlʲˈtaːtas]
Unentschieden (n)	lỹgiosios (m dgs)	[ˈlʲiːgʲosʲos]

unentschieden spielen	sužaisti lygiomis	[sʊ'ʒʌɪstʲɪ lʲiːgʲoˈmʲɪs]
Punkt (m)	taškas (v)	['taːʃkas]
Ergebnis (n)	rezultatas (v)	[rʲɛzʊlʲˈtaːtas]
Spielabschnitt (m)	kėlinys (v)	[kʲeːlʲɪˈnʲiːs]
Halbzeit (f), Pause (f)	pértrauka (m)	['pʲɛrtrɑʊka]
Doping (n)	dopingas (v)	['dopʲɪngas]
bestrafen (vt)	skirti baudą	['skʲɪrtʲɪ 'baʊdaː]
disqualifizieren (vt)	diskvalifikuoti	[dʲɪskvalʲɪfʲɪˈkʊatʲɪ]
Sportgerät (n)	prietaisas (v)	['prʲiɛtʌɪsas]
Speer (m)	ietis (m)	['rʲɛtʲɪs]
Kugel (im Kugelstoßen)	rutulys (v)	[rʊtʊˈlʲiːs]
Kugel (f), Ball (m)	kamuolys (v)	[kamʊaˈlʲiːs]
Ziel (n)	taikinys (v)	[tʌɪkʲɪˈnʲiːs]
Zielscheibe (f)	taikinys (v)	[tʌɪkʲɪˈnʲiːs]
schießen (vi)	šauti	['ʃaʊtʲɪ]
genau (Adj)	tikslus	[tʲɪksˈlʲʊs]
Trainer (m)	treneris (v)	['trʲɛnʲɛrʲɪs]
trainieren (vt)	treniruoti	[trʲɛnʲɪˈrʊatʲɪ]
trainieren (vi)	treniruotis	[trʲɛnʲɪˈrʊatʲɪs]
Training (n)	treniruotė (m)	[trenʲɪˈrʊatʲeː]
Turnhalle (f)	sporto salė (m)	['sportɔ saːˈlʲeː]
Übung (f)	pratimas (v)	[pra'tʲɪmas]
Aufwärmen (n)	pramankšta (m)	[pramaŋkʃˈta]

Ausbildung

117. Schule

| Schule (f) | mokyklà (m) | [mokʲiːkʼlʲa] |
| Schulleiter (m) | mokỹklos direktorius (v) | [moˈkʲiːklʲos dʲɪˈrʲɛktorʲʊs] |

Schüler (m)	mokinỹs (v)	[mokʲɪˈnʲiːs]
Schülerin (f)	mokinė (m)	[mokʲɪˈnʲe:]
Schuljunge (m)	moksleĩvis (v)	[moksˈlʲɛɪvʲɪs]
Schulmädchen (f)	moksleĩvė (m)	[moksˈlʲɛɪvʲe:]

lehren (vt)	mókyti	[ˈmokʲiːtʲɪ]
lernen (Englisch ~)	mókytis	[ˈmokʲiːtʲɪs]
auswendig lernen	mókytis atmintinaĩ	[ˈmokʲiːtʲɪs atmʲɪntʲɪˈnʌɪ]

lernen (vi)	mókytis	[ˈmokʲiːtʲɪs]
in der Schule sein	mókytis	[ˈmokʲiːtʲɪs]
die Schule besuchen	eĩti į̃ mokỹklą	[ˈɛɪtʲɪ iː moˈkʲɪːklʲaː]

| Alphabet (n) | abėcėlė (m) | [abʲeːˈtsʲeːlʲe:] |
| Fach (n) | dalỹkas (v) | [daˈlʲiːkas] |

Klassenraum (m)	klãsė (m)	[ˈklʲaːsʲe:]
Stunde (f)	pamokà (m)	[pamoˈka]
Pause (f)	pértrauka (m)	[ˈpʲɛrtrɑuka]
Schulglocke (f)	skambùtis (v)	[skamˈbʊtʲɪs]
Schulbank (f)	súolas (v)	[ˈsʊɑlʲas]
Tafel (f)	lentà (m)	[lʲɛnˈta]

Note (f)	pažymỹs (v)	[paʒʲiːˈmʲiːs]
gute Note (f)	gẽras pažymỹs (v)	[ˈɡʲæras paʒʲiːˈmʲiːs]
schlechte Note (f)	prãstas pažymỹs (v)	[ˈpraːstas paʒʲiːˈmʲiːs]
eine Note geben	rašýti pãžymį	[raˈʃʲɪːtʲɪ ˈpaːʒʲɪːmʲɪ]

Fehler (m)	klaidà (m)	[klʲʌɪˈda]
Fehler machen	darýti klaidàs	[daˈrʲɪːtʲɪ klʲʌɪˈdas]
korrigieren (vt)	taisýti	[tʌɪˈsʲɪːtʲɪ]
Spickzettel (m)	paruoštùkas (v)	[parʊɑˈʃtʊkas]

| Hausaufgabe (f) | namų̃ dárbas (v) | [naˈmuː ˈdarbas] |
| Übung (f) | pratìmas (v) | [praˈtʲɪmas] |

anwesend sein	bū́ti	[ˈbuːtʲɪ]
fehlen (in der Schule ~)	nebū́ti	[nʲɛˈbuːtʲɪ]
versäumen (Schule ~)	praléisti pãmokas	[praˈlʲɛɪstʲɪ ˈpaːmokas]

bestrafen (vt)	baũsti	[ˈbɑʊstʲɪ]
Strafe (f)	bausmė̃ (m)	[bɑʊsˈmʲe:]
Benehmen (n)	elgesỹs (v)	[ɛlʲɡʲɛˈsʲiːs]

Zeugnis (n)	dienýnas (v)	[dⁱɛ'nⁱi:nas]
Bleistift (m)	piestùkas (v)	[pⁱiɛʃ'tʊkas]
Radiergummi (m)	trintùkas (v)	[trⁱɪn'tʊkas]
Kreide (f)	kreidà (m)	[krⁱɛɪda]
Federkasten (m)	penãlas (v)	[pⁱɛ'nalⁱas]

Schulranzen (m)	pòrtfelis (v)	['portfⁱɛlⁱɪs]
Kugelschreiber, Stift (m)	tušinùkas (v)	[tʊʃⁱɪ'nʊkas]
Heft (n)	sąsiuvinis (v)	['sa:sⁱʊvⁱɪnⁱɪs]
Lehrbuch (n)	vadovĕlis (v)	[vado'vⁱe:lⁱɪs]
Zirkel (m)	skriestùvas (v)	[skrⁱɛ'stʊvas]

| zeichnen (vt) | braižýti | [brʌɪ'ʒⁱi:tⁱɪ] |
| Zeichnung (f) | brėžinỹs (v) | [brⁱe:ʒⁱɪ'nⁱi:s] |

Gedicht (n)	eilĕraštis (v)	[ɛɪ'lⁱe:raʃtⁱɪs]
auswendig (Adv)	atmintinaĩ	[atmⁱɪntⁱɪ'nʌɪ]
auswendig lernen	mòkytis atmintinaĩ	['mokⁱi:tⁱɪs atmⁱɪntⁱɪ'nʌɪ]

Ferien (pl)	atòstogos (m dgs)	[a'tostogos]
in den Ferien sein	atostogáuti	[atosto'gaʊtⁱɪ]
Ferien verbringen	praleĩsti atòstogas	[pra'lⁱɛɪstⁱɪ a'tostogas]

Test (m), Prüfung (f)	kontròlinis dárbas (v)	[kon'trolⁱɪnⁱɪs 'darbas]
Aufsatz (m)	rašinỹs (v)	[raʃⁱɪ'nⁱi:s]
Diktat (n)	diktántas (v)	[dⁱɪk'tantas]
Prüfung (f)	egzãminas (v)	[ɛg'za:mⁱɪnas]
Prüfungen ablegen	laikýti egzãminus	[lⁱʌɪ'kⁱi:tⁱɪ ɛg'za:mⁱɪnʊs]
Experiment (n)	baňdymas (v)	['bandⁱi:mas]

118. Hochschule. Universität

Akademie (f)	akadèmija (m)	[aka'dⁱɛmⁱɪjɛ]
Universität (f)	universitètas (v)	[ʊnⁱɪvⁱɛrsⁱɪ'tⁱɛtas]
Fakultät (f)	fakultètas (v)	[fakʊlⁱ'tⁱɛtas]

Student (m)	studeňtas (v)	[stʊ'dⁱɛntas]
Studentin (f)	studeňtė (m)	[stʊ'dentⁱe:]
Lehrer (m)	dėstytojas (v)	['dⁱe:stⁱi:to:jɛs]

| Hörsaal (m) | auditòrija (m) | [aʊdⁱɪ'torⁱɪjɛ] |
| Hochschulabsolvent (m) | absolveňtas (v) | [absolⁱ'vⁱɛntas] |

| Diplom (n) | diplòmas (v) | [dⁱɪp'lⁱomas] |
| Dissertation (f) | disertàcija (m) | [dⁱɪsⁱɛr'ta:tsⁱɪjɛ] |

| Forschung (f) | tyrinĕjimas (v) | [tⁱi:rⁱɪ'nⁱɛjɪmas] |
| Labor (n) | laboratòrija (m) | [lⁱabora'torⁱɪjɛ] |

| Vorlesung (f) | paskaità (m) | [paskʌɪ'ta] |
| Kommilitone (m) | bendrakùrsis (v) | [bⁱɛndra'kʊrsⁱɪs] |

| Stipendium (n) | stipeňdija (m) | [stⁱɪ'pⁱɛndⁱɪjɛ] |
| akademischer Grad (m) | mòkslinis láipsnis (v) | ['mokslⁱɪnⁱɪs 'lʌɪpsnⁱɪs] |

119. Naturwissenschaften. Fächer

Mathematik (f)	matemãtika (m)	[matʲɛ'maːtʲɪka]
Algebra (f)	álgebra (m)	['alʲgʲɛbra]
Geometrie (f)	geométrija (m)	[gʲɛo'mʲɛtrʲɪjɛ]

Astronomie (f)	astronòmija (m)	[astro'nomʲɪjɛ]
Biologie (f)	biològija (m)	[bʲɪjɔ'lʲogʲɪjɛ]
Erdkunde (f)	geográfija (m)	[gʲɛo'graːfʲɪjɛ]
Geologie (f)	geològija (m)	[gʲɛo'lʲogʲɪjɛ]
Geschichte (f)	istòrija (m)	[ɪs'torʲɪjɛ]

Medizin (f)	medicinà (m)	[mʲɛdʲɪtsʲɪ'na]
Pädagogik (f)	pedagògika (m)	[pʲɛda'gogʲɪka]
Recht (n)	téisé (m)	['tʲɛisʲeː]

Physik (f)	fìzika (m)	['fʲɪzʲɪka]
Chemie (f)	chèmija (m)	['xʲɛmʲɪjɛ]
Philosophie (f)	filosòfija (m)	[fʲɪlʲo'sofʲɪjɛ]
Psychologie (f)	psichològija (m)	[psʲɪxo'lʲogʲɪjɛ]

120. Schrift Rechtschreibung

Grammatik (f)	gramãtika (m)	[gra'maːtʲɪka]
Lexik (f)	lèksika (m)	['lʲeksʲɪka]
Phonetik (f)	fonètika (m)	[fo'nʲɛtʲɪka]

Substantiv (n)	daiktãvardis (v)	[dʌɪk'taːvardʲɪs]
Adjektiv (n)	bůdvardis (v)	['buːdvardʲɪs]
Verb (n)	veiksmãžodis (v)	[vʲɛɪks'maːʒodʲɪs]
Adverb (n)	príeveiksmis (v)	['prʲiɛvʲɛɪksmʲɪs]

Pronomen (n)	ívardis (v)	['iːvardʲɪs]
Interjektion (f)	jaustùkas (v)	[jɛus'tukas]
Präposition (f)	príelinksnis (v)	['prʲiɛlʲɪŋksnʲɪs]

Wurzel (f)	žõdžio šaknìs (m)	['ʒoːdʒʲɔ ʃak'nʲɪs]
Endung (f)	galůné (v)	[ga'lʲuːnʲeː]
Vorsilbe (f)	príešdélis (v)	['prʲiɛʃdʲeːlʲɪs]
Silbe (f)	skiemuõ (v)	[skʲiɛ'muɑ]
Suffix (n), Nachsilbe (f)	príesaga (m)	['prʲiɛsaga]

Betonung (f)	kírtis (m)	['kʲɪrtʲɪs]
Apostroph (m)	apostròfas (v)	[apos'trofas]

Punkt (m)	tãškas (v)	['taːʃkas]
Komma (n)	kablèlis (v)	[kab'lʲælʲɪs]
Semikolon (n)	kabliãtaškis (v)	[kab'lʲætaʃkʲɪs]
Doppelpunkt (m)	dvìtaškis (v)	['dvʲɪtaʃkʲɪs]
Auslassungspunkte (pl)	daůgtaškis (v)	['dɑuktaʃkʲɪs]

Fragezeichen (n)	klaustùkas (v)	[klʲɑu'stukas]
Ausrufezeichen (n)	šauktùkas (v)	[ʃɑuk'tukas]

Anführungszeichen (pl)	kabùtės (m dgs)	[ka'bʊtˡeːs]
in Anführungszeichen	kabùtėse	[ka'bʊtˡeːse]
runde Klammern (pl)	skliaustēliai (v dgs)	[sklˡɛʊ'stˡælˡɛɪ]
in Klammern	skliaustēliuose	[sklˡɛʊ'stˡælˡʊosˡɛ]

Bindestrich (m)	defisas (v)	[dˡɛ'fɪsas]
Gedankenstrich (m)	brūkšnỹs (v)	[bru:kʃnˡiːs]
Leerzeichen (n)	tárpas (v)	['tarpas]

| Buchstabe (m) | raĩdė (m) | ['rʌɪdˡeː] |
| Großbuchstabe (m) | didžióji raĩdė (m) | [dˡɪ'dʒˡoːjɪ 'rʌɪdˡeː] |

| Vokal (m) | baĺsis (v) | ['balˡsˡɪs] |
| Konsonant (m) | príebalsis (v) | ['prˡiɛbalˡsˡɪs] |

Satz (m)	sakinỹs (v)	[sakˡɪ'nˡiːs]
Subjekt (n)	veiksnỹs (v)	[vˡɛɪks'nˡiːs]
Prädikat (n)	tarinỹs (v)	[tarˡɪ'nˡiːs]

Zeile (f)	eilùtė (m)	[ɛɪ'lˡʊtˡeː]
in einer neuen Zeile	iš naujõs eilùtės	[ɪʃ 'nɑʊjoːs ɛɪ'lˡʊtˡeːs]
Absatz (m)	pastraĩpa (m)	[past'rʌɪpa]

Wort (n)	žõdis (v)	['ʒoːdˡɪs]
Wortverbindung (f)	žõdžių junginỹs (v)	['ʒoːdʒˡu: jʊngˡɪ'nˡiːs]
Redensart (f)	išsireiškìmas (v)	[ɪʃsˡɪrˡɛɪʃkˡɪmas]
Synonym (n)	sinonìmas (v)	[sˡɪno'nˡɪmas]
Antonym (n)	antonìmas (v)	[anto'nˡɪmas]

Regel (f)	taisỹklė (m)	[tʌɪ'sˡiːklˡeː]
Ausnahme (f)	išimtìs (m)	[ɪʃɪm'tˡɪs]
richtig (Adj)	teisìngas	[tˡɛɪ'sˡɪngas]

Konjugation (f)	asmenuõtė (m)	[asme'nʊɑtˡeː]
Deklination (f)	linksniuõtė (m)	[lˡɪŋks'nˡʊo:tˡeː]
Kasus (m)	liñksnis (v)	['lˡɪŋksnˡɪs]
Frage (f)	kláusimas (v)	['klˡɑʊsˡɪmas]
unterstreichen (vt)	pabraũkti	[pa'brɑʊktˡɪ]
punktierte Linie (f)	punktỹras (v)	[pʊŋk'tˡiːras]

121. Fremdsprachen

Sprache (f)	kalbà (m)	[kalˡba]
Fremd-	ùžsienio	['ʊʒsˡiɛnˡɔ]
Fremdsprache (f)	ùžsienio kalbà (m)	['ʊʒsˡiɛnˡɔ kalˡba]
studieren (z.B. Jura ~)	studijúoti	[stʊdˡɪ'jʊɑtˡɪ]
lernen (Englisch ~)	mókytis	['mokˡiːtˡɪs]

lesen (vi, vt)	skaitýti	[skʌɪ'tˡiːtˡɪ]
sprechen (vi, vt)	kalbéti	[kalˡ'bˡeːtˡɪ]
verstehen (vt)	supràsti	[sʊp'rastˡɪ]
schreiben (vi, vt)	rašýti	[ra'ʃɪːtˡɪ]
schnell (Adv)	greĩtai	['grˡɛɪtʌɪ]
langsam (Adv)	lėtaĩ	[lˡe:'tʌɪ]

fließend (Adv)	laisvaì	[lʲʌɪsˈvʌɪ]
Regeln (pl)	taisỹklės (m dgs)	[tʌɪˈsʲiːklʲeːs]
Grammatik (f)	gramãtika (m)	[graˈmaːtʲɪka]
Vokabular (n)	lèksika (m)	[ˈlʲɛksʲɪka]
Phonetik (f)	fonètika (m)	[foˈnʲɛtʲɪka]

Lehrbuch (n)	vadovėlis (v)	[vadoˈvʲeːlʲɪs]
Wörterbuch (n)	žodýnas (v)	[ʒoˈdʲiːnas]
Selbstlernbuch (n)	savìmokos vadovėlis (v)	[saˈvʲɪmokos vadoˈvʲeːlʲɪs]
Sprachführer (m)	pasikalbėjimų knygėlė (m)	[pasʲɪkalʲbʲɛjɪmu: knʲuiːˈgʲæɫe:]

Kassette (f)	kasètė (m)	[kaˈsʲɛtʲe:]
Videokassette (f)	vaizdãjuostė (m)	[vʌɪzˈda:juɑstʲe:]
CD (f)	kompãktinis dìskas (v)	[komˈpaːktʲɪnʲɪs ˈdʲɪskas]
DVD (f)	DVD diskàs (v)	[dʲɪvʲɪˈdʲɪ dʲɪsˈkas]

Alphabet (n)	abėcėlė (m)	[abʲeːˈtsʲelʲe:]
buchstabieren (vt)	sakýti paraidžiuì	[saˈkʲiːtʲɪ parʌɪˈdʒʲui]
Aussprache (f)	tarìmas (v)	[taˈrʲɪmas]

Akzent (m)	akceñtas (v)	[akˈtsʲɛntas]
mit Akzent	sù akcentù	[ˈsu aktsʲɛnˈtu]
ohne Akzent	bè akceñto	[ˈbʲɛ akˈtsʲɛntɔ]

| Wort (n) | žõdis (v) | [ˈʒoːdʲɪs] |
| Bedeutung (f) | prasmė̃ (m) | [prasˈmʲe:] |

Kurse (pl)	kùrsai (v dgs)	[ˈkursʌɪ]
sich einschreiben	užsirašýti	[uʒsʲɪraˈʃʲɪːtʲɪ]
Lehrer (m)	dėstytojas (v)	[ˈdʲeːstʲiːtoːjɛs]

Übertragung (f)	vertìmas (v)	[vʲɛrˈtʲɪmas]
Übersetzung (f)	vertìmas (v)	[vʲɛrˈtʲɪmas]
Übersetzer (m)	vertėjas (v)	[vʲɛrˈtʲeːjas]
Dolmetscher (m)	vertėjas (v)	[vʲɛrˈtʲeːjas]

| Polyglott (m, f) | poliglòtas (v) | [polʲɪˈglotas] |
| Gedächtnis (n) | atmintìs (m) | [atmʲɪnˈtʲɪs] |

122. Märchenfiguren

Weihnachtsmann (m)	Kalė̃dų Sènis (v)	[kaˈlʲeːdu: ˈsenʲɪs]
Aschenputtel (n)	Pelẽnė (m)	[pʲɛˈlʲænʲe:]
Nixe (f)	undìnė (m)	[unˈdʲɪnʲe:]
Neptun (m)	Neptū̃nas (v)	[nʲɛpˈtuːnas]

Zauberer (m)	bùrtininkas (v)	[ˈburtʲɪnʲɪŋkas]
Zauberin (f)	bùrtininkė (m)	[ˈburtʲɪnʲɪŋkʲe:]
magisch, Zauber-	stebuklìngas	[stʲɛbuˈklʲɪngas]
Zauberstab (m)	bùrtų lazdė̃lė (m)	[ˈburtu: lazˈdʲæɫe:]

Märchen (n)	pãsaka (m)	[ˈpa:saka]
Wunder (n)	stebùklas (v)	[stʲɛˈbuklʲas]
Zwerg (m)	gnòmas (v)	[ˈgnomas]

sich verwandeln in …	pavírsti į …	[pa'vʲɪrstʲɪ iː ..]
Geist (m)	vaiduõklis (v)	[vʌɪ'duɑkⁱˡɪs]
Gespenst (n)	šmékla (m)	['ʃmʲeːklʲa]
Ungeheuer (n)	pabáisa (m)	[pa'bʌɪsa]
Drache (m)	drakõnas (v)	[dra'konas]
Riese (m)	mílžinas (v)	['mʲɪlʲʒʲɪnas]

123. Sternzeichen

Widder (m)	ãvinas (v)	['aːvʲɪnas]
Stier (m)	Jáutis (v)	['jɑʊtʲɪs]
Zwillinge (pl)	Dvyniaĩ (v dgs)	[dvʲiː'nʲɛɪ]
Krebs (m)	Vėžỹs (v)	[vʲeː'ʒʲiːs]
Löwe (m)	Liũtas (v)	['lʲuːtas]
Jungfrau (f)	Mergẽlė (m)	[mʲɛr'gʲælʲeː]

Waage (f)	Svarstýklės (m dgs)	[svar'stʲiːklʲeːs]
Skorpion (m)	Skorpiõnas (v)	[skorpʲɪ'ɔnas]
Schütze (m)	Šaulỹs (v)	[ʃɑʊ'lʲiːs]
Steinbock (m)	Ožiarãgis (v)	[oʒʲæ'ra:gʲɪs]
Wassermann (m)	Vandẽnis (v)	[van'dʲænʲɪs]
Fische (pl)	Žùvys (m dgs)	['ʒʊvʲiːs]

Charakter (m)	charãkteris (v)	[xa'ra:ktʲɛrʲɪs]
Charakterzüge (pl)	charãkterio bruõžai (v dgs)	[xa'ra:ktʲɛrʲɔ 'brʊɑʒʌɪ]
Benehmen (n)	elgesỹs (v)	[ɛlʲgʲɛ'sʲiːs]
wahrsagen (vt)	bùrti	['bʊrtʲɪ]
Wahrsagerin (f)	burėja (m)	[bʊ'rʲeːja]
Horoskop (n)	horoskõpas (v)	[ɣoro'skopas]

Kunst

124. Theater

Theater (n)	teãtras (v)	[tʲɛ'a:tras]
Oper (f)	òpera (m)	['opʲɛra]
Operette (f)	operetè (m)	[opʲɛ'rʲɛtʲe:]
Ballett (n)	balètas (v)	[ba'lʲɛtas]

Theaterplakat (n)	afišà (m)	[afʲɪ'ʃa]
Truppe (f)	trùpè (m)	['trʊpʲe:]
Tournee (f)	gastròlès (m dgs)	[gas'trolʲe:s]
auf Tournee sein	gastroliùoti	[gastro'lʲʊatʲɪ]
proben (vt)	repetùoti	[rʲɛpʲɛ'tʊatʲɪ]
Probe (f)	repetìcija (m)	[rʲɛpʲɛ'tʲɪtsʲɪjɛ]
Spielplan (m)	repertuãras (v)	[rʲɛpʲɛrtʊ'a:ras]

Aufführung (f)	vaidìnimas (v)	[vʌɪ'dʲɪnʲɪmas]
Vorstellung (f)	spektãklis (v)	[spʲɛk'ta:klʲɪs]
Theaterstück (n)	pjèsè (m)	['pjæsʲe:]

Karte (f)	bìlietas (v)	['bʲɪlʲiɛtas]
Theaterkasse (f)	bìlietų kasà (m)	['bʲɪlʲiɛtu: ka'sa]
Halle (f)	hòlas (v)	['ɣolʲas]
Garderobe (f)	rũbinè (m)	['ru:bʲɪnʲe:]
Garderobennummer (f)	numeriùkas (v)	[nʊmʲɛ'rʲʊkas]
Opernglas (n)	žiūrõnas (v)	[ʒʲu:'ro:nas]
Platzanweiser (m)	kontroliẽrius (v)	[kɔntro'lʲɛrʲʊs]

Parkett (n)	pàrteris (v)	['partʲɛrʲɪs]
Balkon (m)	balkònas (v)	[balʲ'konas]
der erste Rang	beletãžas (v)	[bʲɛlʲɛ'ta:ʒas]
Loge (f)	lòžè (m)	['lʲoʒʲe:]
Reihe (f)	eilẽ (m)	[ɛɪ'lʲe:]
Platz (m)	vietà (m)	[vʲiɛ'ta]

Publikum (n)	pùblika (m)	['pʊblʲɪka]
Zuschauer (m)	žiūrõvas (v)	[ʒʲu:'ro:vas]
klatschen (vi)	plòti	['plʲo:tʲɪ]
Applaus (m)	plojìmai (v dgs)	[plʲo'jɪmʌɪ]
Ovation (f)	ovãcijos (m dgs)	[o'va:tsʲɪjɔs]

Bühne (f)	scenà (m)	[stsʲɛ'na]
Vorhang (m)	ùždanga (m)	['ʊʒdanga]
Dekoration (f)	dekorãcija (m)	[dʲɛko'ra:tsʲɪjɛ]
Kulissen (pl)	kulìsai (v dgs)	[kʊ'lʲɪsʌɪ]

Szene (f)	scenà (m)	[stsʲɛ'na]
Akt (m)	ãktas (v), veìksmas (v)	['a:ktas], ['vʲɛɪksmas]
Pause (f)	antrãktas (v)	[an'tra:ktas]

125. Kino

| Schauspieler (m) | aktorius (v) | ['a:ktor'us] |
| Schauspielerin (f) | aktorė (m) | ['a:ktor'e:] |

| Kino (n) | kinas (v) | ['k'ɪnas] |
| Folge (f) | serija (m) | ['s'ɛr'ɪjɛ] |

Krimi (m)	detektyvas (v)	[d'ɛt'ɛk't'i:vas]
Actionfilm (m)	veiksmo filmas (v)	['v'ɛɪksmɔ 'fɪl'mas]
Abenteuerfilm (m)	nuotykių filmas (v)	['nuat'i:k'u: 'fɪl'mas]
Science-Fiction-Film (m)	fantastinis filmas (v)	[fan'ta:st'ɪn'ɪs 'fɪl'mas]
Horrorfilm (m)	siaubo filmas (v)	['s'ɛubɔ 'fɪl'mas]

Komödie (f)	kino komedija (m)	['k'ɪnɔ kɔ'm'ɛd'ɪjɛ]
Melodrama (n)	melodrama (m)	[m'ɛl'odra'ma]
Drama (n)	drama (m)	[dra'ma]

Spielfilm (m)	meninis filmas (v)	['m'æn'ɪn'ɪs 'fɪl'mas]
Dokumentarfilm (m)	dokumentinis filmas (v)	[doku'm'ɛnt'ɪn'ɪs 'fɪl'mas]
Zeichentrickfilm (m)	animacinis filmas (v)	[an'ɪ'ma:ts'ɪn'ɪs 'fɪl'mas]
Stummfilm (m)	nebylusis filmas (v)	[n'ɛb'i:'lus'ɪs 'fɪl'mas]
Rolle (f)	vaidmuo (v)	[vʌɪd'muɐ]
Hauptrolle (f)	pagrindinis vaidmuo (v)	[pagr'ɪn'd'ɪn'ɪs vʌɪd'muɐ]
spielen (Schauspieler)	vaidinti	[vʌɪ'd'ɪnt'ɪ]

Filmstar (m)	kino žvaigždė (m)	['k'ɪnɔ ʒvʌɪgʒ'd'e:]
bekannt	žinomas	['ʒ'ɪnomas]
berühmt	garsus	[gar'sus]
populär	populiarus	[popul'æ'rus]

Drehbuch (n)	scenarijus (v)	[sts'ɛ'na:r'ɪjus]
Drehbuchautor (m)	scenaristas (v)	[sts'ɛna'r'ɪstas]
Regisseur (m)	režisierius (v)	[r'ɛʒ'ɪ's'ɛr'us]
Produzent (m)	prodiuseris (v)	[pro'd'us'ɛr'ɪs]
Assistent (m)	asistentas (v)	[as'ɪs't'ɛntas]
Kameramann (m)	operatorius (v)	[op'ɛ'ra:tor'us]
Stuntman (m)	kaskadininkas (v)	[kas'ka:d'ɪn'ɪŋkas]

einen Film drehen	filmuoti	[fɪl'muat'ɪ]
Probe (f)	bandymai (v dgs)	['band'i:mʌɪ]
Dreharbeiten (pl)	filmavimas (v)	[fɪl'ma:v'ɪmas]
Filmteam (n)	filmavimo grupė (m)	[fɪl'ma:v'ɪmɔ 'grup'e:]
Filmset (m)	filmavimo aikštelė (m)	[fɪl'ma:v'ɪmɔ ʌɪkʃ't'æl'e:]
Filmkamera (f)	filmavimo kamera (m)	[fɪl'ma:v'ɪmɔ 'ka:m'ɛra]

Kino (n)	kino teatras (v)	['k'ɪnɔ t'ɛ'a:tras]
Leinwand (f)	ekranas (v)	[ɛk'ra:nas]
einen Film zeigen	rodyti filmą	['rod'i:t'ɪ fɪl'ma:]

Tonspur (f)	garso takelis (v)	['garsɔ ta'k'æl'ɪs]
Spezialeffekte (pl)	specialieji efektai (v dgs)	[sp'ɛts'ɪja'l'iɛjɪ ɛ'f'ɛktʌɪ]
Untertitel (pl)	subtitrai (v dgs)	[sup't'ɪtrʌɪ]
Abspann (m)	titrai (v)	['t'ɪtrʌɪ]
Übersetzung (f)	vertimas (v)	[v'ɛr't'ɪmas]

126. Gemälde

Kunst (f)	mēnas (v)	['mʲænas]
schönen Künste (pl)	dailíeji menaĩ (v dgs)	[dʌɪ'lʲiɛjɪ mʲɛ'nʌɪ]
Kunstgalerie (f)	galèrija (m)	[ga'lʲɛrʲɪjɛ]
Kunstausstellung (f)	pavéikslų parodà (m)	[pa'vʲɛɪkslʲu: paro'da]

Malerei (f)	tapýba (m)	[ta'pʲi:ba]
Graphik (f)	grãfika (m)	['gra:fʲɪka]
abstrakte Kunst (f)	abstrakcionìzmas (v)	[abstrakts'ɪjɔ'nʲɪzmas]
Impressionismus (m)	impresionìzmas (v)	[ɪmprʲɛs'ɪjɔ'nʲɪzmas]

Bild (n)	pavéikslas (v)	[pa'vʲɛɪkslʲas]
Zeichnung (Kohle- usw.)	piešinỹs (v)	[pʲiɛʃɪ'nʲi:s]
Plakat (n)	plakãtas (v)	[plʲa'ka:tas]

Illustration (f)	iliustrãcija (m)	[ɪlʲʊs'tra:ts'ɪjɛ]
Miniatur (f)	miniatiūrà (m)	[mʲɪn'ɪja'tʲu:'ra]
Kopie (f)	kòpija (m)	['kopʲɪjɛ]
Reproduktion (f)	reprodùkcija (m)	[rʲɛpro'dʊkts'ɪjɛ]

Mosaik (n)	mozãika (m)	[mo'za:ika]
Glasmalerei (f)	vitrãžas (v)	[vʲɪt'ra:ʒas]
Fresko (n)	freskà (m)	[frʲɛs'ka]
Gravüre (f)	graviūrà (m)	[gravʲu:'ra]

Büste (f)	biùstas (v)	['bʲʊstas]
Skulptur (f)	skulptūrà (m)	[skʊlʲptu:'ra]
Statue (f)	statulà (m)	[statʊ'lʲa]
Gips (m)	gìpsas (v)	['gʲɪpsas]
aus Gips	ìš gìpso	[ɪʃ 'gʲɪpsɔ]

Porträt (n)	portrètas (v)	[por'trʲɛtas]
Selbstporträt (n)	autoportrètas (v)	[ɑutopor'trʲɛtas]
Landschaftsbild (n)	vietóvaizdis (v)	[vʲiɛ'tovʌɪzdʲɪs]
Stillleben (n)	natiurmòrtas (v)	[natʲʊr'mortas]
Karikatur (f)	karikatūrà (m)	[karʲɪkatu:'ra]

Farbe (f)	dažaĩ (v dgs)	[da'ʒʌɪ]
Aquarellfarbe (f)	akvarèlė (m)	[akva'rʲɛlʲe:]
Öl (n)	alíejus (v)	[a'lʲiɛjʊs]
Bleistift (m)	pieštùkas (v)	[pʲiɛʃ'tʊkas]
Tusche (f)	tùšas (v)	['tʊʃas]
Kohle (f)	añglys (m dgs)	[aŋ'glʲi:s]

zeichnen (vt)	piẽšti	['pʲɛʃtʲɪ]
malen (vi, vt)	piẽšti	['pʲɛʃtʲɪ]
Modell stehen	pozúoti	[po'zuatʲɪ]
Modell (Mask.)	pozúotojas (v)	[po'zuato:jɛs]
Modell (Fem.)	pozúotoja (m)	[po'zuato:jɛ]

Maler (m)	daĩlininkas (v)	['dʌɪlʲɪnʲɪŋkas]
Kunstwerk (n)	kūrinỹs (v)	[ku:rʲɪ'nʲi:s]
Meisterwerk (n)	šedèvras (v)	[ʃɛ'dʲɛvras]
Atelier (n), Werkstatt (f)	dirbtùvė (m)	[dʲɪrp'tʊvʲe:]

Leinwand (f)	drobė (m)	['drobʲe:]
Staffelei (f)	molbertas (v)	[molʲʲbʲɛrtas]
Palette (f)	paletė (m)	[paˈlʲɛtʲe:]

Rahmen (m)	rėmai (v)	[ˈrʲe:mʌɪ]
Restauration (f)	restauravimas (v)	[rʲɛstɑʊˈraːvʲɪmas]
restaurieren (vt)	restauruoti	[rʲɛstɑʊˈrʊɑtʲɪ]

127. Literatur und Dichtkunst

Literatur (f)	literatūra (m)	[lʲɪtʲɛratuː'ra]
Autor (m)	autorius (v)	['ɑʊtorʲʊs]
Pseudonym (n)	slapyvardis (v)	[slʲaˈpʲiːvardʲɪs]

Buch (n)	knyga (m)	[knʲiːˈga]
Band (m)	tomas (v)	['tomas]
Inhaltsverzeichnis (n)	turinys (v)	[tʊrʲɪˈnʲiːs]
Seite (f)	puslapis (v)	['pʊslʲapʲɪs]
Hauptperson (f)	pagrindinis veikėjas (v)	[pagrʲɪn'dʲɪnʲɪs vʲɛrˈkʲe:jas]
Autogramm (n)	autografas (v)	[ɑʊto'gra:fas]

Kurzgeschichte (f)	apsakymas (v)	[ap'sa:kʲi:mas]
Erzählung (f)	apysaka (m)	[a'pʲiːsaka]
Roman (m)	romanas (v)	[ro'ma:nas]
Werk (Buch usw.)	raštai (v)	['ra:ʃtʌɪ]
Fabel (f)	pasakėčia (m)	[pasa'kʲeːtʃʲæ]
Krimi (m)	detektyvas (v)	[dʲɛtʲɛk'tʲi:vas]

Gedicht (n)	eilėraštis (v)	[ɛrˈlʲeːraʃtʲɪs]
Dichtung (f), Poesie (f)	poezija (m)	[po'ɛzʲɪjɛ]
Gedicht (n)	poema (m)	[poɛ'ma]
Dichter (m)	poetas (v)	[po'ɛtas]

schöne Literatur (f)	beletristika (m)	[bʲɛlʲɛ'trʲɪstʲɪka]
Science-Fiction (f)	mokslinė fantastika (m)	['mokslʲɪnʲe: fan'ta:stʲɪka]
Abenteuer (n)	nuotykiai (v)	['nʊɑtʲi:kʲɛɪ]
Schülerliteratur (pl)	mokslinė literatūra (m)	['mokslʲɪnʲe: lʲɪteratuː'ra]
Kinderliteratur (f)	vaikų literatūra (m)	[vʌɪ'ku: lʲɪtʲɛratuː'ra]

128. Zirkus

Zirkus (m)	cirkas (v)	['tsʲɪrkas]
Wanderzirkus (m)	kilnojamasis cirkas (v)	[kʲɪlʲ'nojamasʲɪs 'tsʲɪrkas]
Programm (n)	programa (m)	[progra'ma]
Vorstellung (f)	vaidinimas (v)	[vʌɪ'dʲɪnʲɪmas]

| Nummer (f) | numeris (v) | ['nʊmʲɛrʲɪs] |
| Manege (f) | arena (m) | [arʲɛ'na] |

Pantomime (f)	pantomima (m)	[pantomʲɪ'ma]
Clown (m)	klounas (v)	['klʲɔʊnas]
Akrobat (m)	akrobatas (v)	[akro'ba:tas]

Akrobatik (f)	akrobãtika (m)	[akro'ba:t'ɪka]
Turner (m)	gimnãstas (v)	[g'ɪm'na:stas]
Turnen (n)	gimnãstika (m)	[g'ɪm'na:st'ɪka]
Salto (m)	sálto (v)	['sal'tɔ]

Kraftmensch (m)	atlètas (v)	[at'l'ɛtas]
Bändiger, Dompteur (m)	trámdytojas (v)	['tramd'i:to:jɛs]
Reiter (m)	jojìkas (v)	[jo'jɪkas]
Assistent (m)	asisteñtas (v)	[as'ɪs't'ɛntas]

Trick (m)	triùkas (v)	['tr'ukas]
Zaubertrick (m)	fòkusas (v)	['fokusas]
Zauberkünstler (m)	fòkusininkas (v)	['fokus'ɪn'ɪŋkas]

Jongleur (m)	žongliẽrius (v)	[ʒon'gl'ɛr'us]
jonglieren (vi)	žonglirúoti	[ʒongl'ɪ'rʊat'ɪ]
Dresseur (m)	dresúotojas (v)	[dr'ɛ'sʊato:jɛs]
Dressur (f)	dresãvimas (v)	[dr'ɛ'sa:v'ɪmas]
dressieren (vt)	dresúoti	[dr'ɛ'sʊat'ɪ]

129. Musik. Popmusik

Musik (f)	mùzika (m)	['muz'ɪka]
Musiker (m)	muzikántas (v)	[muz'ɪ'kantas]
Musikinstrument (n)	mùzikos instrumeñtas (v)	['muz'ɪkos instrʊ'm'ɛntas]
spielen (auf der Gitarre ~)	gróti ...	['grot'ɪ ...]

Gitarre (f)	gitarà (m)	[g'ɪta'ra]
Geige (f)	smuĩkas (v)	['smʊɪkas]
Cello (n)	violončèlė (m)	[v'ɪjolon'tʂ'ɛl'e:]
Kontrabass (m)	kontrabòsas (v)	[kontra'bo:sas]
Harfe (f)	árfa (m)	['arfa]

Klavier (n)	pianìnas (v)	[p'ɪja'n'ɪnas]
Flügel (m)	fortepijõnas (v)	[fort'ɛp'ɪ'jo:nas]
Orgel (f)	vargõnai (v)	[var'go:nʌɪ]

Blasinstrumente (pl)	pučiamíeji (v dgs)	[pʊtʂ'æ'm'iɛjɪ]
Oboe (f)	obòjus (v)	[o'bojus]
Saxophon (n)	saksofònas (v)	[sakso'fonas]
Klarinette (f)	klarnètas (v)	[kl'ar'n'ɛtas]
Flöte (f)	fleità (m)	[fl'ɛɪ'ta]
Trompete (f)	dūdà (m)	[du:'da]

Akkordeon (n)	akordeònas (v)	[akord'ɛ'onas]
Trommel (f)	bũgnas (v)	['bu:gnas]

Duo (n)	duètas (v)	[dʊ't'ɛtas]
Trio (n)	trìo (v)	['tr'ɪo]
Quartett (n)	kvartètas (v)	[kvar't'ɛtas]
Chor (m)	chòras (v)	['xoras]
Orchester (n)	orkèstras (v)	[or'k'ɛstras]
Popmusik (f)	popmùzika (m)	[pop'muz'ɪka]
Rockmusik (f)	ròko mùzika (m)	['rokɔ 'muz'ɪka]

Rockgruppe (f)	roko grupė (m)	['rokɔ 'grʊpʲeː]
Jazz (m)	džiāzas (v)	['dʒʲæzas]
Idol (n)	stābas (v)	['staːbas]
Verehrer (m)	gerbéjas (v)	[gʲɛr'bʲeːjas]
Konzert (n)	koncèrtas (v)	[kɔn'tsʲɛrtas]
Sinfonie (f)	simfònija (m)	[sʲɪm'fonʲɪjɛ]
Komposition (f)	kūrinỹs (v)	[kuːrʲɪ'nʲiːs]
komponieren (vt)	sukùrti	[sʊ'kʊrtʲɪ]
Gesang (m)	dainãvimas (v)	[dʌɪ'naːvʲɪmas]
Lied (n)	dainà (m)	[dʌɪ'na]
Melodie (f)	melòdija (m)	[mʲɛ'lʲodʲɪjɛ]
Rhythmus (m)	rìtmas (v)	['rʲɪtmas]
Blues (m)	bliùzas (v)	['blʲʊzas]
Noten (pl)	nãtos (m dgs)	['naːtos]
Taktstock (m)	dirigènto batutà (m)	[dʲɪrʲɪ'gʲɛntɔ batʊ'ta]
Bogen (m)	strỹkas (v)	['strʲiːkas]
Saite (f)	stygà (m)	[stʲiː'ga]
Koffer (Violinen-)	dēklas (v)	['dʲeːklʲas]

Erholung. Unterhaltung. Reisen

130. Ausflug. Reisen

Tourismus (m)	turizmas (v)	[tʊ'rʲɪzmas]
Tourist (m)	turistas (v)	[tʊ'rʲɪstas]
Reise (f)	kelionė (m)	[kʲɛ'lʲoːnʲeː]
Abenteuer (n)	núotykis (v)	['nʊatʲiːkʲɪs]
Fahrt (f)	ìšvyka (m)	['ɪʃvʲiːka]

Urlaub (m)	atóstogos (m dgs)	[a'tostogos]
auf Urlaub sein	atostogáuti	[atosto'gautʲɪ]
Erholung (f)	póilsis (v)	['poɪlʲsʲɪs]

Zug (m)	traukinỹs (v)	[traʊkʲɪ'nʲiːs]
mit dem Zug	tráukiniu	['traʊkʲɪnʲʊ]
Flugzeug (n)	lėktùvas (v)	[lʲeːk'tʊvas]
mit dem Flugzeug	lėktuvù	[lʲeːktʊ'vʊ]
mit dem Auto	automobiliù	[aʊtomobʲɪ'lʲʊ]
mit dem Schiff	laivù	[lʲaɪ'vʊ]

Gepäck (n)	bagãžas (v)	[ba'gaːʒas]
Koffer (m)	lagamìnas (v)	[lʲaga'mʲɪnas]
Gepäckwagen (m)	bagãžo vežimēlis (v)	[ba'gaːʒɔ veʒʲɪ'mʲeːlʲɪs]

Pass (m)	pãsas (v)	['pa:sas]
Visum (n)	vizà (m)	[vʲɪ'za]
Fahrkarte (f)	bìlietas (v)	['bʲɪlʲiɛtas]
Flugticket (n)	lėktùvo bìlietas (v)	[lʲeːk'tʊvɔ 'bʲɪlʲiɛtas]

Reiseführer (m)	vadóvas (v)	[va'do:vas]
Landkarte (f)	žemēlapis (v)	[ʒe'mʲeːlʲapʲɪs]
Gegend (f)	vietóvė (m)	[vʲiɛ'tovʲeː]
Ort (wunderbarer ~)	vietà (m)	[vʲiɛ'ta]

Exotika (pl)	egzòtika (m)	[ɛg'zotʲɪka]
exotisch	egzótinis (v)	[ɛg'zotʲɪnʲɪs]
erstaunlich (Adj)	nuostabùs	[nʊasta'bʊs]

Gruppe (f)	grùpė (m)	['grʊpʲeː]
Ausflug (m)	ekskùrsija (m)	[ɛks'kʊrsʲɪjɛ]
Reiseleiter (m)	ekskùrsijos vadõvas (v)	[ɛks'kʊrsʲɪjɔs va'do:vas]

131. Hotel

Hotel (n), Gasthaus (n)	viēšbutis (v)	['vʲeːʃbutʲɪs]
Motel (n)	motèlis (v)	[mo'tʲɛlʲɪs]
drei Sterne	3 žvaigždùtės	['trʲɪs ʒvʌɪgʒ'dutʲeːs]

fünf Sterne	5 žvaigždutės	['penᵏᵢos ʒvʌɪgʒ'dutᵉe:s]
absteigen (vi)	apsistoti	[apsᵢɪs'totᵢɪ]
Hotelzimmer (n)	kambarỹs (v)	[kamba'rᵢi:s]
Einzelzimmer (n)	vienvietis kambarỹs (v)	['vᵢiɛn'vᵢɛtᵢɪs kamba'rᵢi:s]
Zweibettzimmer (n)	dvivietis kambarỹs (v)	[dvᵢɪ'vᵢɛtᵢɪs kamba'rᵢi:s]
reservieren (vt)	rezervuoti kambarį	[rᵢɛzᵢɛr'vuatᵢɪ 'kambarᵢɪ:]
Halbpension (f)	pusiáu pensiónas (v)	[pusᵢæu pᵢɛnsᵢɪ'jɔnas]
Vollpension (f)	pensiónas (v)	[pᵢɛnsᵢɪ'jɔnas]
mit Bad	su vonia	['su vo'nᵢæ]
mit Dusche	su dušu	['su du'ʃu]
Satellitenfernsehen (n)	palydõvinė televizija (m)	[palᵢi:'do:vᵢɪnᵢe: tᵉɛlᵢɛ'vᵢɪzᵢɪjɛ]
Klimaanlage (f)	kondicionierius (v)	[kondᵢɪtsᵢɪjo'nᵢɛrᵢus]
Handtuch (n)	ránkšluostis (v)	['raŋkʃlᵢuastᵢs]
Schlüssel (m)	ráktas (v)	['ra:ktas]
Verwalter (m)	administrãtorius (v)	[admᵢɪnᵢɪs'tra:torᵢus]
Zimmermädchen (n)	kambarinė (m)	[kamba'rᵢɪnᵢe:]
Träger (m)	nešikas (v)	[nᵢɛ'ʃɪkas]
Portier (m)	registrãtorius (v)	[rᵢɛgᵢɪs'tra:torᵢus]
Restaurant (n)	restorãnas (v)	[rᵢɛsto'ra:nas]
Bar (f)	bãras (v)	['ba:ras]
Frühstück (n)	pusryčiai (v dgs)	['pusrᵢi:tʂᵢɛɪ]
Abendessen (n)	vakarienė (m)	[vaka'rᵢɛnᵢe:]
Buffet (n)	švediškas stãlas (v)	['ʃvᵢɛdᵢɪʃkas 'sta:lᵢas]
Foyer (n)	vestibiulis (v)	[vᵢɛstᵢɪ'bᵢulᵢɪs]
Aufzug (m), Fahrstuhl (m)	liftas (v)	['lᵢɪftas]
BITTE NICHT STÖREN!	NETRUKDÝTI	[nᵢɛtrʊk'dᵢi:tᵢɪ]
RAUCHEN VERBOTEN!	NERŪKÝTI!	[nᵢɛru:'kᵢi:tᵢɪ]

132. Bücher. Lesen

Buch (n)	knygà (m)	[knᵢi:'ga]
Autor (m)	áutorius (v)	['autorᵢus]
Schriftsteller (m)	rašýtojas (v)	[ra'ʃᵢi:to:jɛs]
verfassen (vt)	parašýti	[para'ʃᵢɪ:tᵢɪ]
Leser (m)	skaitýtojas (v)	[skʌɪ'tᵢi:to:jɛs]
lesen (vi, vt)	skaitýti	[skʌɪ'tᵢi:tᵢɪ]
Lesen (n)	skaitymas (v)	['skʌɪtᵢi:mas]
still (~ lesen)	týliai	['tᵢi:lᵢɛɪ]
laut (Adv)	garsiai	['garsᵢɛɪ]
verlegen (vt)	leisti	['lᵢɛɪstᵢɪ]
Ausgabe (f)	leidýba (m)	[lᵢɛɪ'dᵢɪba]
Herausgeber (m)	leidéjas (v)	[lᵢɛɪ'dᵉe:jas]
Verlag (m)	leidyklà (m)	[lᵢɛɪdᵢi:k'la]
erscheinen (Buch)	išeiti	[ɪ'ʃɛɪtᵢɪ]

Erscheinen (n)	išėjimas (v)	[ɪʃʲe:ˈjɪmas]
Auflage (f)	tiražas (v)	[tʲɪˈra:ʒas]
Buchhandlung (f)	knygynas (v)	[knʲiːˈgʲi:nas]
Bibliothek (f)	biblioteka (m)	[bʲɪblʲɪjɔtʲɛˈka]
Erzählung (f)	apysaka (m)	[aˈpʲiːsaka]
Kurzgeschichte (f)	apsakymas (v)	[apˈsa:kʲiːmas]
Roman (m)	romanas (v)	[roˈma:nas]
Krimi (m)	detektyvas (v)	[dʲɛtʲɛkˈtʲiːvas]
Memoiren (pl)	memuarai (v dgs)	[mʲɛmʊˈa:rʌɪ]
Legende (f)	legenda (m)	[lʲɛgʲɛnˈda]
Mythos (m)	mitas (v)	[ˈmʲɪtas]
Gedichte (pl)	eilėraščiai (v dgs)	[ɛɪˈlʲe:raʃʦʲɛɪ]
Autobiographie (f)	autobiografija (m)	[ɑʊtobʲɪjoˈgra:fɪjɛ]
ausgewählte Werke (pl)	rinktiniai raštai (v dgs)	[rʲɪŋkˈtʲɪnʲɛɪ ra:ʃtʌɪ]
Science-Fiction (f)	fantastika (m)	[fanˈta:stʲɪka]
Titel (m)	pavadinimas (v)	[pavaˈdʲɪnʲɪmas]
Einleitung (f)	įvadas (v)	[ˈi:vadas]
Titelseite (f)	titulinis lapas (v)	[tʲɪtʊˈlʲɪnʲɪs ˈla:pas]
Kapitel (n)	skyrius (v)	[ˈskʲiːrʲʊs]
Auszug (m)	ištrauka (m)	[ˈɪʃtrɑʊka]
Episode (f)	epizodas (v)	[ɛpʲɪˈzodas]
Sujet (n)	siužetas (v)	[sʲʊˈʒʲɛtas]
Inhalt (m)	turinys (v)	[tʊrʲɪˈnʲiːs]
Inhaltsverzeichnis (n)	turinys (v)	[tʊrʲɪˈnʲiːs]
Hauptperson (f)	pagrindinis veikėjas (v)	[pagrʲɪnˈdʲɪnʲɪs vʲɛɪˈkʲe:jas]
Band (m)	tomas (v)	[ˈtomas]
Buchdecke (f)	viršelis (v)	[vʲɪrˈʃʲælʲɪs]
Einband (m)	apdarai (v dgs)	[apdaˈrʌɪ]
Lesezeichen (n)	žymėlė (m)	[ʒʲiːˈmʲælʲe:]
Seite (f)	puslapis (v)	[ˈpʊslʲapʲɪs]
blättern (vi)	vartyti	[varˈtʲiːtʲɪ]
Ränder (pl)	paraštės (m dgs)	[ˈpa:raʃtʲe:s]
Notiz (f)	žymė (m)	[ʒʲiːˈmʲe:]
Anmerkung (f)	pastaba (m)	[pastaˈba]
Text (m)	tekstas (v)	[ˈtʲɛkstas]
Schrift (f)	šriftas (v)	[ˈʃrʲɪftas]
Druckfehler (m)	spaudos klaida (m)	[spɑʊˈdo:s klʲʌɪˈda]
Übersetzung (f)	vertimas (v)	[vʲɛrˈtʲɪmas]
übersetzen (vt)	versti	[ˈvʲɛrstʲɪ]
Original (n)	originalas (v)	[orʲɪgʲɪˈna:lʲas]
berühmt	žinomas	[ˈʒʲɪnomas]
unbekannt	nežinomas	[nʲɛˈʒʲɪnomas]
interessant	įdomus	[i:doˈmʊs]
Bestseller (m)	perkamiausia knyga (m)	[pʲɛrkaˈmʲæʊsʲɛ knʲiːˈga]

Wörterbuch (n)	žodýnas (v)	[ʒo'dʲi:nas]
Lehrbuch (n)	vadovėlis (v)	[vado'vʲe:lʲɪs]
Enzyklopädie (f)	enciklopėdija (m)	[ɛntsʲɪklʲo'pʲɛdʲɪjɛ]

133. Jagen. Fischen

Jagd (f)	medžiõklė (m)	[mʲɛ'dʒʲo:klʲe:]
jagen (vi)	medžióti	[mʲɛ'dʒʲotʲɪ]
Jäger (m)	medžiótojas (v)	[mʲɛ'dʒʲoto:jɛs]
schießen (vi)	šáudyti	['ʃaʊdʲi:tʲɪ]
Gewehr (n)	šáutuvas (v)	['ʃaʊtʊvas]
Patrone (f)	šovinỹs (v)	[ʃovʲɪ'nʲi:s]
Schrot (n)	šrataĩ (v dgs)	[ʃra'tʌɪ]
Falle (f)	spástai (v dgs)	['spa:stʌɪ]
Schlinge (f)	slãstai (v dgs)	['slʲa:stʌɪ]
in die Falle gehen	pakliúti į spástus	[pak'lʲu:tʲɪ i: 'spa:stʊs]
eine Falle stellen	spėsti spástus	['spʲe:stʲɪ 'spa:stʊs]
Wilddieb (m)	brakoniẽrius (v)	[brako'nʲɛrʲʊs]
Wild (n)	žvėríena (v)	[ʒvʲe:'rʲɛna]
Jagdhund (m)	medžiõklinis šuõ (v)	[mʲɛ'dʒʲo:klʲɪnʲɪs 'ʃʊɑ]
Safari (f)	safãris (v)	[sa'farʲɪs]
ausgestopftes Tier (n)	baidýklė (m)	[bʌɪ'dʲi:klʲe:]
Fischer (m)	žvejỹs (v)	[ʒvʲɛ'jɪ:s]
Fischen (n)	žvejójimas (v)	[ʒvʲɛ'jo:jɪmas]
angeln, fischen (vt)	žvejóti, žuváuti	[ʒvʲɛ'jotʲɪ], [ʒʊ'vaʊtʲɪ]
Angel (f)	meškerė̃ (m)	[mʲɛʃke'rʲe:]
Angelschnur (f)	vãlas (v)	['va:lʲas]
Haken (m)	kabliùkas (v)	[kab'lʲʊkas]
Schwimmer (m)	plūdė (m)	['plʲu:dʲe:]
Köder (m)	jaũkas (v)	['jɛʊkas]
die Angel auswerfen	užmèsti mèškerę	[ʊʒ'mʲɛstʲɪ 'mʲæʃkʲɛrʲɛ:]
anbeißen (vi)	kìbti	['kʲɪptʲɪ]
Fang (m)	žvejõklės laimìkis (v)	[ʒvʲɛ'jo:klʲe:s lʌɪ'mʲɪkʲɪs]
Eisloch (n)	eketė̃ (m)	[eke'tʲe:]
Netz (n)	tiñklas (v)	['tʲɪŋklʲas]
Boot (n)	váltis (m)	['valʲtʲɪs]
mit dem Netz fangen	žvejóti tinklaĩs	[ʒvʲɛ'jotʲɪ tʲɪŋk'lʲʌɪs]
das Netz hineinwerfen	užmèsti tinklùs	[ʊʒ'mʲɛstʲɪ tʲɪŋk'lʲʊs]
das Netz einholen	ištráukti tinklùs	[ɪʃ'traʊktʲɪ tʲɪŋk'lʲʊs]
ins Netz gehen	pakliúti į tinklùs	[pak'lʲu:tʲɪ i: tʲɪŋk'lʲʊs]
Walfänger (m)	bangìnių medžiótojas (v)	[ban'gʲɪnʲu: mʲɛ'dʒʲoto:jɛs]
Walfangschiff (n)	bangìnių medžiótojų laĩvas (v)	[ban'gʲɪnʲu: mʲɛ'dʒʲoto:ju: 'lʲʌɪvas]
Harpune (f)	žebérklas (v)	[ʒʲɛ'bʲɛrklʲas]

134. Spiele. Billard

Billard (n)	biliárdas (v)	[bʲɪlʲɪˈjardas]
Billardzimmer (n)	biliárdinė (m)	[bʲɪlʲɪˈjardʲɪnʲeː]
Billardkugel (f)	biliárdo kamuolỹs (v)	[bʲɪlʲɪˈjardɔ kamʊɑˈlʲiːs]

eine Kugel einlochen	įmùšti kãmuolį	[iːˈmʊʃtʲɪ ˈkaːmʊɑlʲɪː]
Queue (n)	biliárdo lazdà (m)	[bʲɪlʲɪˈjardɔ lazˈda]
Tasche (f), Loch (n)	kišėnė (m)	[kʲɪˈʃænʲeː]

135. Spiele. Kartenspiele

Karo (n)	bũgnai (v dgs)	[ˈbuːgnʌɪ]
Pik (n)	vỹnai (v dgs)	[ˈvʲiːnʌɪ]
Herz (n)	šìrdys (m dgs)	[ˈʃɪrdʲiːs]
Kreuz (n)	krỹžiai (v dgs)	[ˈkrʲiːʒʲɛɪ]

As (n)	tũzas (v)	[ˈtuːzas]
König (m)	karãlius (v)	[kaˈraːlʲʊs]
Dame (f)	damà (m)	[daˈma]
Bube (m)	valètas (v)	[vaˈlʲɛtas]

Spielkarte (f)	kortà (m)	[kɔrˈta]
Karten (pl)	kòrtos (m dgs)	[ˈkɔrtos]
Trumpf (m)	kõziris (v)	[ˈkɔːzʲɪrʲɪs]
Kartenspiel (abgenutztes ~)	málka (m)	[ˈmalʲka]

Punkt (m)	akìs (m)	[aˈkʲɪs]
ausgeben (vt)	dalìnti	[daˈlʲɪntʲɪ]
mischen (vt)	maišýti	[mʌɪˈʃɪːtʲɪ]
Zug (m)	ėjìmas (v)	[ɛːˈjɪmas]
Falschspieler (m)	sukčiáutojas (v)	[sʊkˈtʃʲæʊtoːjɛs]

136. Erholung. Spiele. Verschiedenes

spazieren gehen (vi)	váikščioti	[ˈvʌɪkʃʧʲotʲɪ]
Spaziergang (m)	pasiváikščiojimas (v)	[pasʲɪˈvʌɪkʃʧʲojɪmas]
Fahrt (im Wagen)	pasivažinéjimas (v)	[pasʲɪvaʒʲɪˈnʲɛjɪmas]
Abenteuer (n)	núotykis (v)	[ˈnʊɑtʲiːkʲɪs]
Picknick (n)	ìškyla (m)	[ˈɪʃkʲiːlʲa]

Spiel (n)	žaidìmas (v)	[ʒʌɪˈdʲɪmas]
Spieler (m)	žaidéjas (v)	[ʒʌɪˈdʲeːjas]
Partie (f)	pártija (m)	[ˈpartʲɪjɛ]

Sammler (m)	kolekcioniẽrius (v)	[kɔlʲɛktsʲɪjoˈnʲɛrʲʊs]
sammeln (vt)	kolekcionúoti	[kɔlʲɛktsʲɪjoˈnʊɑtʲɪ]
Sammlung (f)	kolèkcija (m)	[kɔˈlʲɛktsʲɪjɛ]

Kreuzworträtsel (n)	kryžiãžodis (v)	[krʲiːˈʒʲæʒodʲɪs]
Rennbahn (f)	hipodròmas (v)	[ɣʲɪpoˈdromas]

Diskothek (f)	diskoteka (m)	[dʲɪskotʲɛ'ka]
Sauna (f)	sauna (m)	['sɑʊna]
Lotterie (f)	loterija (m)	[lʲo'tʲɛrʲɪjɛ]

Wanderung (f)	žygis (v)	['ʒʲiːgʲɪs]
Lager (n)	stovykla (m)	[stovʲiːk'lʲa]
Zelt (n)	palapinė (m)	[palʲa'pʲɪnʲeː]
Kompass (m)	kompasas (v)	['kompasas]
Tourist (m)	turistas (v)	[tʊ'rʲɪstas]

fernsehen (vi)	žiūréti	[ʒʲuː'rʲeːtʲɪ]
Fernsehzuschauer (m)	televizijos žiūrōvas (v)	[tʲɛlʲɛ'vʲɪzʲɪjos 'ʒʲuːroːvas]
Fernsehsendung (f)	televizijos laida (m)	[tʲɛlʲɛ'vʲɪzʲɪjos lʌɪ'da]

137. Fotografie

| Kamera (f) | fotoaparatas (v) | [fotoapa'raːtas] |
| Foto (n) | foto (v) | ['foto] |

Fotograf (m)	fotografas (v)	[foto'graːfas]
Fotostudio (n)	fotografijos studija (m)	[foto'graːfʲɪjos 'stʊdʲɪjɛ]
Fotoalbum (n)	fotoalbumas (v)	[fotoalʲ'bʊmas]

Objektiv (n)	objektyvas (v)	[objɛktʲiːvas]
Teleobjektiv (n)	teleobjektyvas (v)	[tʲɛlʲɛobjɛk'tʲiːvas]
Filter (n)	filtras (v)	['fʲɪlʲtras]
Linse (f)	lęšis (v)	['lʲɛːʃɪs]

Optik (f)	optika (m)	['optʲɪka]
Blende (f)	diafragma (m)	[dʲɪjafrag'ma]
Belichtungszeit (f)	išlaikymas (v)	[ɪʃʲlʲʌɪkʲiːmas]
Sucher (m)	ieškiklis (v)	[ɪɛʃ'kʲɪklʲɪs]

Digitalkamera (f)	skaitmeninė kamera (m)	[skʌɪtme'nʲɪnʲeː 'kaːmera]
Stativ (n)	stovas (v)	['stoːvas]
Blitzgerät (n)	blykstė (m)	['blʲiːkstʲeː]

fotografieren (vt)	fotografuoti	[fotogra'fʊatʲɪ]
aufnehmen (vt)	fotografuoti	[fotogra'fʊatʲɪ]
sich fotografieren lassen	fotografuotis	[fotogra'fʊatʲɪs]

Fokus (m)	ryškumas (v)	[rʲiːʃʲkʊmas]
den Fokus einstellen	nustatýti ryškumą	[nʊsta'tʲiːtʲɪ rʲiːʃʲkʊma:]
scharf (~ abgebildet)	ryškus	[rʲiːʃʲkʊs]
Schärfe (f)	ryškumas (v)	[rʲiːʃʲkʊmas]

| Kontrast (m) | kontrastas (v) | [kon'traːstas] |
| kontrastreich | kontrastingas | [kontras'tʲɪŋgas] |

Aufnahme (f)	nuotrauka (m)	['nʊatrɑʊka]
Negativ (n)	negatyvas (v)	[nʲɛga'tʲiːvas]
Rollfilm (m)	fotojuosta (m)	[foto:'jʊasta]
Einzelbild (n)	kadras (v)	['kaːdras]
drucken (vt)	spausdinti	['spɑʊsdʲɪntʲɪ]

138. Strand. Schwimmen

Strand (m)	paplūdimỹs (v)	[pa'plʲu:dʲɪmʲi:s]
Sand (m)	smė̃lis (v)	['smʲe:lʲɪs]
menschenleer	dykumìnis	[dʲi:kʊ'mʲɪnʲɪs]

Bräune (f)	į̃degis (v)	['i:dʲɛgʲɪs]
sich bräunen	įdègti	[i:'dʲɛktʲɪ]
gebräunt	įdẽgęs	[i:'dʲægʲɛ:s]
Sonnencreme (f)	į̃degio krèmas (v)	['i:dʲɛgʲɔ 'krʲɛmas]

Bikini (m)	bikìnis (v)	[bʲɪ'kʲɪnʲɪs]
Badeanzug (m)	máudymosi kostiumẽlis (v)	['mɑʊdʲi:mosʲɪ kostʲʊ'mʲe:lʲɪs]
Badehose (f)	glaũdės (m dgs)	['glʲɑʊdʲe:s]

Schwimmbad (n)	baseĩnas (v)	[ba'sʲɛɪnas]
schwimmen (vi)	pláukioti	['plʲɑʊkʲotʲɪ]
Dusche (f)	dùšas (v)	['dʊʃas]
sich umkleiden	pérsirengti	['pʲɛrsʲɪrʲɛŋktʲɪ]
Handtuch (n)	rañkšluostis (v)	['raŋkʃlʲʊɑstʲɪs]

Boot (n)	váltis (m)	['valʲtʲɪs]
Motorboot (n)	kãteris (v)	['ka:tʲɛrʲɪs]
Wasserski (m)	vandeñs slìdės (m dgs)	[van'dʲɛns 'slʲɪdʲe:s]
Tretboot (n)	vandeñs dvìratis (v)	[van'dʲɛns 'dvʲɪratʲɪs]
Surfen (n)	bañglenčių spòrtas (v)	['baŋglʲɛntʂʲu: 'sportas]
Surfer (m)	bañglentininkas (v)	['baŋglʲɛntʲɪnʲɪŋkas]

Tauchgerät (n)	akvalángas (v)	[akva'lʲangas]
Schwimmflossen (pl)	plaũkmenys (v dgs)	['plʲɑʊkmʲɛnʲi:s]
Maske (f)	kaũkė (m)	['kɑʊkʲe:]
Taucher (m)	nãras (v)	['na:ras]
tauchen (vi)	nárdyti	['nardʲi:tʲɪ]
unter Wasser	põ vándeniu	['po: 'vandʲɛnʲʊ]

Sonnenschirm (m)	skė̃tis (v)	['skʲe:tʲɪs]
Liege (f)	šezlòngas (v)	[ʃɛz'lʲongas]
Sonnenbrille (f)	akiniaĩ (dgs)	[akʲɪ'nʲɛɪ]
Schwimmmatratze (f)	plaukìmo čiužinỹs (v)	[plʲɑʊ'kʲɪmɔ tʂʲʊʒʲɪ'nʲi:s]

spielen (vi, vt)	žaĩsti	['ʒʌɪstʲɪ]
schwimmen gehen	máudytis	['mɑʊdʲi:tʲɪs]

Ball (m)	kamuolỹs (v)	[kamʊɑ'lʲi:s]
aufblasen (vt)	pripū̃sti	[prʲɪ'pu:stʲɪ]
aufblasbar	prìpučiamas	['prʲɪpʊtʂʲæmas]

Welle (f)	bangà (m)	[ban'ga]
Boje (f)	plū̃duras (v)	['plʲu:dʊras]
ertrinken (vi)	skę̃sti	['skʲɛ:stʲɪ]

retten (vt)	gélbėti	['gʲælʲbʲe:tʲɪ]
Schwimmweste (f)	gélbėjimosi liemẽnė (m)	['gʲælʲbʲe:jimosʲɪ lʲiɛ'mʲænʲe:]
beobachten (vt)	stebė́ti	[ste'bʲe:tʲɪ]
Bademeister (m)	gélbėtojas (v)	['gʲælʲbʲe:to:jɛs]

TECHNISCHES ZUBEHÖR. TRANSPORT

Technisches Zubehör

139. Computer

Computer (m)	kompiùteris (v)	[kɔm'pʲʊtʲɛrʲɪs]
Laptop (m), Notebook (n)	nešiòjamasis	[nʲɛ'ʃojamasʲɪs
	kompiùteris (v)	kom'pʲʊtʲɛrʲɪs]
einschalten (vt)	įjùngti	[i:'junktʲɪ]
abstellen (vt)	išjùngti	[ɪ'ʃjunktʲɪ]
Tastatur (f)	klaviatūrà (m)	[klʲavʲætu:'ra]
Taste (f)	klavìšas (v)	[klʲa'vʲɪʃas]
Maus (f)	pelė̃ (m)	[pʲɛ'lʲe:]
Mousepad (n)	kilimė̃lis (v)	[kʲɪlʲɪ'mʲe:lʲɪs]
Knopf (m)	mygtùkas (v)	[mʲi:k'tʊkas]
Cursor (m)	žymẽklis (v)	[ʒʲi:'mʲæklʲɪs]
Monitor (m)	monìtorius (v)	[mo'nʲɪtorʲʊs]
Schirm (m)	ekrãnas (v)	[ɛk'ra:nas]
Festplatte (f)	kietàsis dìskas (v)	[kʲiɛ'tasʲɪs 'dʲɪskas]
Festplattengröße (f)	kíetojo dìsko talpà (m)	['kʲiɛtojo 'dʲɪsko talʲ'pa]
Speicher (m)	atmintìs (m)	[atmʲɪn'tʲɪs]
Arbeitsspeicher (m)	operatyviòji atmintìs (m)	[opʲɛratʲi:'vʲo:jɪ atmʲɪn'tʲɪs]
Datei (f)	fàilas (v)	['fʌɪlʲas]
Ordner (m)	ãplankas (v)	['a:plʲaŋkas]
öffnen (vt)	atidarýti	[atʲɪda'rʲi:tʲɪ]
schließen (vt)	uždarýti	[ʊʒda'rʲi:tʲɪ]
speichern (vt)	išsáugoti	[ɪʃ'saʊgotʲɪ]
löschen (vt)	ištrìnti	[ɪʃ'trʲɪntʲɪ]
kopieren (vt)	nukopijúoti	[nʊkopʲɪ'juatʲɪ]
sortieren (vt)	rūšiúoti	[ru:'ʃuatʲɪ]
transferieren (vt)	pérrašyti	['pʲɛrraʃʲi:tʲɪ]
Programm (n)	programà (m)	[progra'ma]
Software (f)	prográminė įranga (m)	[pro'gra:mʲɪnʲe: 'i:ranga]
Programmierer (m)	programúotojas (v)	[progra'mʊato:jɛs]
programmieren (vt)	programúoti	[progra'mʊatʲɪ]
Hacker (m)	programìšius (v)	[progra'mʲɪʃʊs]
Kennwort (n)	slaptãžodis (v)	[slʲap'ta:ʒodʲɪs]
Virus (m, n)	vìrusas (v)	['vʲɪrusas]
entdecken (vt)	aptìkti	[ap'tʲɪktʲɪ]

| Byte (n) | báitas (v) | ['bʌɪtas] |
| Megabyte (n) | megabáitas (v) | [mʲɛga'bʌɪtas] |

| Daten (pl) | dúomenys (v dgs) | ['dʊamʲɛnʲiːs] |
| Datenbank (f) | duomenų̃ bãzė (m) | [dʊame'nu: 'ba:zʲe:] |

Kabel (n)	laĩdas (v)	['lʲʌɪdas]
trennen (vt)	prijùngti	[prʲɪ'jʊŋktʲɪ]
anschließen (vt)	atjùngti	[a'tjʊŋktʲɪ]

140. Internet. E-Mail

Internet (n)	internètas (v)	[ɪntʲɛr'nʲɛtas]
Browser (m)	naršýklė (m)	[narʲʃɪːklʲe:]
Suchmaschine (f)	paieškõs sistemà (m)	[paʲiɛʃ'ko:s sʲɪstʲɛ'ma]
Provider (m)	tiekėjas (v)	[tʲiɛ'kʲe:jas]

Webmaster (m)	svetaĩnių kūrėjas (v)	[sve'tʌɪnʲu: ku:'rʲe:jas]
Website (f)	svetaĩnė (v)	[sve'tʌɪnʲe:]
Webseite (f)	tinklãlapis (v)	[tʲɪŋk'lʲa:lʲapʲɪs]

| Adresse (f) | ãdresas (v) | ['a:drʲɛsas] |
| Adressbuch (n) | adresų̃ knygà (m) | [adrʲɛ'su: knʲiː'ga] |

Mailbox (f)	pãšto dėžùtė (m)	['pa:ʃtʊ dʲe:'ʒʊtʲe:]
Post (f)	korespondeñcija (m)	[kɔrʲɛspon'dʲɛntsʲɪjɛ]
überfüllt (-er Briefkasten)	pérpildytas	['pʲɛrpʲɪlʲdʲiː:tas]

Mitteilung (f)	pranešìmas (v)	[pranʲɛ'ʃɪmas]
eingehenden Nachrichten	įeĩnantys pranešìmai (v dgs)	[i:'ɛɪnantʲɪ:s pranʲɛ'ʃɪ:mʌɪ]
ausgehenden Nachrichten	išeĩnantys pranešìmai (v dgs)	[ɪ'ʃɛɪnantʲiː:s pranʲɛ'ʃɪmʌɪ]

Absender (m)	siuntėjas (v)	[sʲʊn'tʲe:jas]
senden (vt)	išsių̃sti	[ɪʃ'sʲu:stʲɪ]
Absendung (f)	išsiuntìmas (v)	[ɪʃsʲʊn'tʲɪmas]

| Empfänger (m) | gavėjas (v) | [ga'vʲe:jas] |
| empfangen (vt) | gáuti | ['gaʊtʲɪ] |

| Briefwechsel (m) | susirašinėjimas (v) | [sʊsʲɪraʃɪ'nʲɛjɪmas] |
| im Briefwechsel stehen | susirašinėti | [sʊsʲɪraʃɪ'nʲe:tʲɪ] |

Datei (f)	fáilas (v)	['fʌɪlʲas]
herunterladen (vt)	parsisių̃sti	[parsʲɪ'sʲu:stʲɪ]
schaffen (vt)	sukùrti	[sʊ'kʊrtʲɪ]
löschen (vt)	ištrìnti	[ɪʃ'trʲɪntʲɪ]
gelöscht (Datei)	ištrìntas	[ɪʃ'trʲɪntas]

Verbindung (f)	ryšỹs (v)	[rʲiː'ʃɪːs]
Geschwindigkeit (f)	greĩtis (v)	['grʲɛɪtʲɪs]
Modem (n)	modèmas (v)	[mo'dʲɛmas]
Zugang (m)	prìeiga (m)	['prʲɪʲɛɪga]
Port (m)	príevadas (v)	['prʲiʲɛvadas]
Anschluss (m)	pajungìmas (v)	[pajʊn'gʲɪmas]

sich anschließen	**prisijùngti**	[prʲɪsʲɪˈjʊŋktʲɪ]
auswählen (vt)	**pasiriñkti**	[pasʲɪˈrʲɪŋktʲɪ]
suchen (vt)	**ieškóti**	[ɪɛʃˈkotʲɪ]

Transport

141. Flugzeug

Flugzeug (n)	lėktùvas (v)	[lʲe:k'tʊvas]
Flugticket (n)	lėktùvo bìlietas (v)	[lʲe:k'tʊvɔ 'bʲɪlʲiɛtas]
Fluggesellschaft (f)	aviakompãnija (m)	[avʲækom'pa:nʲɪjɛ]
Flughafen (m)	óro úostas (v)	['orɔ 'ʊostas]
Überschall-	viršgarsìnis	[vʲɪrʃgar'sʲɪnʲɪs]

Flugkapitän (m)	órlaivio kapitõnas (v)	['orlʲʌɪvʲɔ kapʲɪ'to:nas]
Besatzung (f)	ekipãžas (v)	[ɛkʲɪ'pa:ʒas]
Pilot (m)	pilótas (v)	[pʲɪ'lʲotas]
Flugbegleiterin (f)	stiuardėsė (m)	[stʲuar'dʲɛsʲe:]
Steuermann (m)	štùrmanas (v)	['ʃtʊrmanas]

Flügel (pl)	sparnaì (v dgs)	[spar'nʌɪ]
Schwanz (m)	gãlas (v)	['ga:lʲas]
Kabine (f)	kabinà (m)	[kabʲɪ'na]
Motor (m)	varìklis (v)	[va'rʲɪklʲɪs]
Fahrgestell (n)	važiuõklė (m)	[vaʒʲʊ'o:klʲe:]
Turbine (f)	turbinà (m)	[tʊrbʲɪ'na]

Propeller (m)	propèleris (v)	[pro'pʲɛlʲɛrʲɪs]
Flugschreiber (m)	juodà dėžė̃ (m)	[jʊɑ'da dʲe:ʒʲe:]
Steuerrad (n)	vairãratis (v)	[vʌɪ'ra:ratʲɪs]
Treibstoff (m)	degalaì (v dgs)	[dʲɛga'lʲʌɪ]

Sicherheitskarte (f)	instrùkcija (m)	[ɪns'trʊktsʲɪjɛ]
Sauerstoffmaske (f)	deguõnies káukė (m)	[dʲɛgʊɑ'nʲiɛs 'kɑukʲe:]
Uniform (f)	unifórma (m)	[ʊnʲɪ'forma]

Rettungsweste (f)	gélbėjimosi liemẽnė (m)	['gʲælʲbʲe:jimosʲɪ lʲiɛ'mʲænʲe:]
Fallschirm (m)	parašiùtas (v)	[para'ʃʊtas]

Abflug, Start (m)	kilìmas (v)	[kʲɪ'lʲɪmas]
starten (vi)	kìlti	['kʲɪlʲtʲɪ]
Startbahn (f)	kilìmo tãkas (v)	[kʲɪ'lʲɪmɔ 'ta:kas]

Sicht (f)	matomùmas (v)	[mato'mʊmas]
Flug (m)	skrỹdis (v)	['skrʲi:dʲɪs]

Höhe (f)	aũkštis (v)	['ɑukʃtʲɪs]
Luftloch (n)	óro duobė̃ (m)	['orɔ dʊɑ'bʲe:]

Platz (m)	vietà (m)	[vʲiɛ'ta]
Kopfhörer (m)	ausìnės (m dgs)	[ɑu'sʲɪnʲe:s]
Klapptisch (m)	atverčiamàsis staliùkas (v)	[atvʲɛrtʂʲæ'masʲɪs sta'lʲʊkas]
Bullauge (n)	iliuminãtorius (v)	[ɪlʲʊmʲɪ'na:torʲʊs]
Durchgang (m)	praėjìmas (v)	[prae:'jɪmas]

142. Zug

Zug (m)	traukinỹs (v)	[trɑʊkʲɪ'nʲi:s]
elektrischer Zug (m)	elektrinis traukinỹs (v)	[ɛlʲɛkʲtrʲɪnʲɪs trɑʊkʲɪ'nʲi:s]
Schnellzug (m)	greitàsis traukinỹs (v)	[grʲɛɪ'tasʲɪs trɑʊkʲɪ'nʲi:s]
Diesellok (f)	motòrvežis (v)	[mo'tɔrvʲɛʒʲɪs]
Dampflok (f)	garvežỹs (v)	[garvʲɛ'ʒʲi:s]

| Personenwagen (m) | vagònas (v) | [va'gonas] |
| Speisewagen (m) | vagònas restorãnas (v) | [va'gonas rʲɛsto'ra:nas] |

Schienen (pl)	bė̃giai (v dgs)	['bʲe:gʲɛɪ]
Eisenbahn (f)	geležìnkelis (v)	[gʲɛlʲɛ'ʒʲɪŋkʲɛlʲɪs]
Bahnschwelle (f)	pã̄bėgis (v)	['pa:bʲe:gʲɪs]

Bahnsteig (m)	platfòrma (m)	[plʲat'forma]
Gleis (n)	kẽlias (v)	['kʲælʲæs]
Eisenbahnsignal (n)	semafòras (v)	[sʲɛma'foras]
Station (f)	stotìs (m)	[sto'tʲɪs]

Lokomotivführer (m)	mašinìstas (v)	[maʃɪ'nʲɪstas]
Träger (m)	nešìkas (v)	[nʲɛ'ʃʲɪkas]
Schaffner (m)	kondùktorius (v)	[kɔn'dʊktorʲʊs]
Fahrgast (m)	kelei̇̀vis (v)	[kʲɛ'lʲɛɪvʲɪs]
Fahrkartenkontrolleur (m)	kontroliẽrius (v)	[kɔntro'lʲɛrʲʊs]

| Flur (m) | korìdorius (v) | [ko'rʲɪdorʲʊs] |
| Notbremse (f) | stã̄bdymo krã̄nas (v) | ['sta:bdʲi:mɔ 'kra:nas] |

Abteil (n)	kupė̃ (m)	[kʊ'pʲe:]
Liegeplatz (m), Schlafkoje (f)	lentýna (m)	[lʲɛn'tʲi:na]
oberer Liegeplatz (m)	viršutìnė lentýna (m)	[vʲɪrʃʊ'tʲɪnʲe: lʲɛn'tʲi:na]
unterer Liegeplatz (m)	apatìnė lentýna (m)	[apa'tʲɪnʲe: lʲɛn'tʲi:na]
Bettwäsche (f)	pã̄talynė (m)	['pa:talʲi:nʲe:]

Fahrkarte (f)	bìlietas (v)	['bʲɪlʲiɛtas]
Fahrplan (m)	tvarkã̄raštis (v)	[tvarʲka:raʃtʲɪs]
Anzeigetafel (f)	šviẽslentė (m)	['ʃvʲɛslʲɛntʲe:]

abfahren (der Zug)	išvỹkti	[ɪʃ'vʲi:ktʲɪ]
Abfahrt (f)	išvykìmas (v)	[ɪʃvʲi:'kʲɪmas]
ankommen (der Zug)	atvỹkti	[at'vʲi:ktʲɪ]
Ankunft (f)	atvykìmas (v)	[atvʲi:'kʲɪmas]

mit dem Zug kommen	atvažiuóti tráukiniu	[atva'ʒʲʊatʲɪ 'trɑʊkʲɪnʲʊ]
in den Zug einsteigen	įlìpti į̃ tráukinį	[i:lʲɪ:ptʲɪ i: 'trɑʊkʲɪnʲɪ:]
aus dem Zug aussteigen	išlìpti ìš tráukinio	[ɪʃlʲɪptʲɪ ɪʃ 'trɑʊkʲɪnʲɔ]

| Zugunglück (n) | katastrofà (m) | [katastro'fa] |
| entgleisen (vi) | nulė̃kti nuõ bė̃gių | [nʊ'lʲe:ktʲɪ 'nʊɑ 'bʲe:gʲʊ:] |

Dampflok (f)	garvežỹs (v)	[garvʲɛ'ʒʲi:s]
Heizer (m)	kūrìkas (v)	[ku:'rʲɪkas]
Feuerbüchse (f)	kūryklà (m)	[ku:rʲi:k'lʲa]
Kohle (f)	anglìs (m)	[ang'lʲɪs]

143. Schiff

Schiff (n)	laivas (v)	['lʲʌɪvas]
Fahrzeug (n)	laivas (v)	['lʲʌɪvas]

Dampfer (m)	garlaivis (v)	['garlʲʌɪvʲɪs]
Motorschiff (n)	motorlaivis (v)	[mo'torlʲʌɪvʲɪs]
Kreuzfahrtschiff (n)	laineris (v)	['lʲʌɪnʲɛrʲɪs]
Kreuzer (m)	kreiseris (v)	['krʲɛɪsʲɛrʲɪs]

Jacht (f)	jachta (m)	[jax'ta]
Schlepper (m)	vilkikas (v)	[vʲɪlʲkʲɪkas]
Lastkahn (m)	barža (m)	['barʒa]
Fähre (f)	keltas (v)	['kʲɛlʲtas]

Segelschiff (n)	burinis laivas (v)	['burʲɪnʲɪs 'lʲʌɪvas]
Brigantine (f)	brigantina (m)	[brʲɪgantʲɪ'na]

Eisbrecher (m)	ledlaužis (v)	['lʲædlɑʊʒʲɪs]
U-Boot (n)	povandeninis laivas (v)	[povandʲɛ'nʲɪnʲɪs 'lʲʌɪvas]

Boot (n)	valtis (m)	['valʲtʲɪs]
Dingi (n), Beiboot (n)	valtis (m)	['valʲtʲɪs]
Rettungsboot (n)	gelbėjimo valtis (m)	['gʲælʲbʲeːjɪmɔ 'valʲtʲɪs]
Motorboot (n)	kateris (v)	['ka:tʲɛrʲɪs]

Kapitän (m)	kapitonas (v)	[kapʲɪ'to:nas]
Matrose (m)	jureivis (v)	[ju:'rʲɛɪvʲɪs]
Seemann (m)	jurininkas (v)	['ju:rʲɪnʲɪŋkas]
Besatzung (f)	ekipažas (v)	[ɛkʲɪ'pa:ʒas]

Bootsmann (m)	bocmanas (v)	['botsmanas]
Schiffsjunge (m)	junga (m)	['junga]
Schiffskoch (m)	virėjas (v)	[vʲɪ'rʲeːjas]
Schiffsarzt (m)	laivo gydytojas (v)	['lʲʌɪvɔ 'gʲiːdʲiːto:jɛs]

Deck (n)	denis (v)	['dʲænʲɪs]
Mast (m)	stiebas (v)	['stʲiɛbas]
Segel (n)	burė (m)	['burʲeː]

Schiffsraum (m)	triumas (v)	['trʲumas]
Bug (m)	laivo priekis (v)	['lʲʌɪvɔ 'prʲiɛkʲɪs]
Heck (n)	laivagalis (v)	[lʌɪ'va:galʲɪs]
Ruder (n)	irklas (v)	['ɪrklʲas]
Schraube (f)	sraigtas (v)	['srʌɪktas]

Kajüte (f)	kajutė (m)	[ka'jutʲeː]
Messe (f)	kajutkompanija (m)	[kajutkom'pa:nʲɪjɛ]
Maschinenraum (m)	mašinų skyrius (v)	[ma'ʃɪnu: 'skʲiːrʲus]
Kommandobrücke (f)	kapitono tiltelis (v)	[kapʲɪ'to:nɔ tʲɪlʲtʲælʲɪs]
Funkraum (m)	radijo kabina (m)	['ra:dʲɪjɔ kabʲɪ'na]
Radiowelle (f)	banga (m)	[ban'ga]
Schiffstagebuch (n)	laivo žurnalas (v)	['lʲʌɪvɔ ʒʊr'na:lʲas]
Fernrohr (n)	žiūronas (v)	[ʒʲu:'ro:nas]
Glocke (f)	laivo skambalas (v)	['lʲʌɪvɔ 'skambalʲas]

Fahne (f)	vėliava (m)	['vʲeːlʲæva]
Seil (n)	lynas (v)	['lʲiːnas]
Knoten (m)	mãzgas (v)	['maːzgas]

| Geländer (n) | turėklai (v dgs) | [tʊ'rʲeːklʲʌɪ] |
| Treppe (f) | trãpas (v) | ['traːpas] |

Anker (m)	iñkaras (v)	['ɪŋkaras]
den Anker lichten	pakelti iñkarą	[pa'kʲɛlʲtʲɪ 'ɪŋkaraː]
Anker werfen	nuleisti iñkarą	[nʊ'lʲɛɪstʲɪ 'ɪŋkaraː]
Ankerkette (f)	iñkaro grandinė (m)	['ɪŋkarɔ gran'dʲɪnʲeː]

Hafen (m)	uostas (v)	['ʊastas]
Anlegestelle (f)	prieplauka (m)	['prʲɪɛplʲaʊka]
anlegen (vi)	prisišvartuoti	[prʲɪsʲɪʃvar'tʊatʲɪ]
abstoßen (vt)	išplaukti	[ɪʃplʲaʊktʲɪ]

Reise (f)	kelionė (m)	[kʲɛ'lʲoːnʲeː]
Kreuzfahrt (f)	kruizas (v)	[krʊ'ɪzas]
Kurs (m), Richtung (f)	kursas (v)	['kʊrsas]
Reiseroute (f)	maršrutas (v)	[marʃrʊtas]

Fahrwasser (n)	farvãteris (v)	[far'vaːtʲɛrʲɪs]
Untiefe (f)	sekluma (m)	[sʲɛklʲʊ'ma]
stranden (vi)	užplaukti añt seklumõs	[ʊʒ'plʲaʊktʲɪ ant sʲɛklʲʊ'moːs]

Sturm (m)	audra (m)	[aʊd'ra]
Signal (n)	signãlas (v)	[sʲɪg'naːlʲas]
untergehen (vi)	skęsti	['skʲɛːstʲɪ]
Mann über Bord!	Žmogùs vandenyjè!	[ʒmo'gʊs vandʲɛnʲiː'jæ!]
SOS	SOS	[ɛs ɔ ɛs]
Rettungsring (m)	gelbėjimosi rãtas (v)	[gʲɛlʲbʲeːjimosʲɪ 'raːtas]

144. Flughafen

Flughafen (m)	oro uostas (v)	['orɔ 'ʊastas]
Flugzeug (n)	lėktuvas (v)	[lʲeːk'tʊvas]
Fluggesellschaft (f)	aviakompãnija (m)	[avʲækom'paːnʲɪjɛ]
Fluglotse (m)	dispečeris (v)	[dʲɪs'pʲɛtsʲɛrʲɪs]

Abflug (m)	išskridìmas (v)	[ɪʃskrʲɪ'dʲɪmas]
Ankunft (f)	atskridìmas (v)	[atskrʲɪ'dʲɪmas]
anfliegen (vi)	atskristi	[ats'krʲɪstʲɪ]

| Abflugzeit (f) | išvykimo laìkas (v) | [ɪʃvʲiː'kʲɪmɔ 'lʲʌɪkas] |
| Ankunftszeit (f) | atvykimo laìkas (v) | [atvʲiː'kʲɪmɔ 'lʲʌɪkas] |

| sich verspäten | vėluoti | [vʲeː'lʲʊatʲɪ] |
| Abflugverspätung (f) | skrydžio atidėjimas (v) | ['skrʲiːdʒʲɔ atʲɪdʲeː'jɪmas] |

Anzeigetafel (f)	informãcinė šviẽslentė (m)	[ɪnfor'maːtsʲɪnʲeː 'ʃvʲɛslʲɛntʲeː]
Information (f)	informãcija (m)	[ɪnfor'maːtsʲɪjɛ]
ankündigen (vt)	paskelbti	[pas'kʲɛlʲptʲɪ]
Flug (m)	reìsas (v)	['rʲɛɪsas]

| Zollamt (n) | muitinė (m) | ['muɪtʲɪnʲe:] |
| Zollbeamter (m) | muitininkas (v) | ['muɪtʲɪnʲɪŋkas] |

Zolldeklaration (f)	deklarācija (m)	[dʲɛklʲaˈra:tsʲɪjɛ]
ausfüllen (vt)	užpìldyti	[uʒˈpʲɪlʲdʲi:tʲɪ]
die Zollerklärung ausfüllen	užpìldyti deklarāciją	[uʒˈpʲɪlʲdʲi:tʲɪ dʲɛklʲaˈra:tsɪja:]
Passkontrolle (f)	pasų kontrolė (m)	[paˈsu: konˈtrolʲe:]

Gepäck (n)	bagāžas (v)	[baˈga:ʒas]
Handgepäck (n)	rañkinis bagāžas (v)	['raŋkʲɪnʲɪs baˈga:ʒas]
Kofferkuli (m)	vežimėlis (v)	[vʲɛʒʲɪˈmʲe:lʲɪs]

Landung (f)	įlaipìnimas (v)	[i:lʲʌɪˈpʲɪ:nʲɪmas]
Landebahn (f)	nusileidìmo tākas (v)	[nusʲɪlʲɛɪˈdʲɪmɔ ta:kas]
landen (vi)	leìstis	['lʲɛɪstʲɪs]
Fluggasttreppe (f)	laiptėliai (v dgs)	[lʌɪpˈtʲælʲɛɪ]

Check-in (n)	registrācija (m)	[rʲɛgʲɪsˈtra:tsʲɪjɛ]
Check-in-Schalter (m)	registrācijos stālas (v)	[rʲɛgʲɪsˈtra:tsʲɪjos ˈsta:lʲas]
sich registrieren lassen	užsiregistruóti	[uʒsʲɪrʲɛgʲɪsˈtruɑtʲɪ]
Bordkarte (f)	įlipìmo talònas (v)	[i:lʲɪˈpʲɪ:mɔ taˈlonas]
Abfluggate (n)	išėjìmas (v)	[ɪʃʲeˈjɪmas]

Transit (m)	tranzìtas (v)	[tranˈzʲɪtas]
warten (vi)	láukti	['lʲɑuktʲɪ]
Wartesaal (m)	laukiamàsis (v)	[lʲɑukʲæˈmasʲɪs]
begleiten (vt)	lydéti	[lʲiːˈdʲe:tʲɪ]
sich verabschieden	atsisveíkinti	[atsʲɪˈsvʲɛɪkʲɪntʲɪ]

145. Fahrrad. Motorrad

Fahrrad (n)	dvìratis (v)	['dvʲɪratʲɪs]
Motorroller (m)	motorõleris (v)	[motoˈrolʲɛrʲɪs]
Motorrad (n)	motocìklas (v)	[motoˈtsʲɪklʲas]

Rad fahren	važiuóti dvìračiu	[vaˈʒʲuɑtʲɪ ˈdvʲɪratʂʲʊ]
Lenkstange (f)	vaĩras (v)	['vʌɪras]
Pedal (n)	pedālas (v)	[pʲɛˈda:lʲas]
Bremsen (pl)	stābdžiai (v dgs)	[sta:bˈdʒʲɛɪ]
Sattel (m)	sédynė (m)	[sʲeːˈdʲi:nʲe:]

Pumpe (f)	siurblỹs (v)	[sʲʊrˈblʲi:s]
Gepäckträger (m)	bagažìnė (m)	[bagaˈʒʲɪnʲe:]
Scheinwerfer (m)	žibiñtas (v)	[ʒʲɪˈbʲɪntas]
Helm (m)	šálmas (v)	['ʃalʲmas]

Rad (n)	rātas (v)	['ra:tas]
Schutzblech (n)	spar̃nas (v)	['sparnas]
Felge (f)	rātlankis (v)	['ra:tlʲaŋkʲɪs]
Speiche (f)	stìpinas (v)	['stʲɪpʲɪnas]

Autos

146. Autotypen

Auto (n)	automobìlis (v)	[aʊtomo'bʲɪlʲɪs]
Sportwagen (m)	spòrtinis automobìlis (v)	['sportʲɪnʲɪs aʊtomo'bʲɪlʲɪs]
Limousine (f)	limuzìnas (v)	[lʲɪmʊ'zʲɪnas]
Geländewagen (m)	visureìgis (v)	[vʲɪsʊ'rʲɛɪgʲɪs]
Kabriolett (n)	kabriolètas (v)	[kabrʲɪjo'lʲɛtas]
Kleinbus (m)	mikroautobùsas (v)	[mʲɪkroaʊto'bʊsas]
Krankenwagen (m)	greitòji pagálba (m)	[grʲɛɪ'toːjɪ pa'galʲba]
Schneepflug (m)	sniēgo válymo mašinà (m)	['snʲɛgɔ 'vaːlʲiːmɔ maʃɪ'na]
Lastkraftwagen (m)	suñkvežimis (v)	['sʊŋkvʲɛʒʲɪmʲɪs]
Tankwagen (m)	benzìnvežis (v)	[bʲɛn'zʲɪnvʲɛʒʲɪs]
Kastenwagen (m)	furgònas (v)	[fʊr'gonas]
Sattelzug (m)	vilkìkas (v)	[vʲɪlʲ'kʲɪkas]
Anhänger (m)	príekaba (m)	['prʲiɛkaba]
komfortabel	komfortabilùs	[komfortabʲɪ'lʲʊs]
gebraucht	dėvétas	[dʲe:'vʲe:tas]

147. Autos. Karosserie

Motorhaube (f)	kapòtas (v)	[ka'potas]
Kotflügel (m)	spar̃nas (v)	['sparnas]
Dach (n)	stògas (v)	['stogas]
Windschutzscheibe (f)	príekinis stìklas (v)	['prʲiɛkʲɪnʲɪs 'stʲɪklʲas]
Rückspiegel (m)	galìnio vaìzdo veìdrodis (v)	[ga'lʲɪnʲɔ 'vʌɪzdɔ 'vʲɛɪdrodʲɪs]
Scheibenwaschanlage (f)	plautùvas (v)	[plʲaʊ'tʊvas]
Scheibenwischer (m)	stìklo valytùvai (v dgs)	['stʲɪklɔ valʲi:'tʊvʌɪ]
Seitenscheibe (f)	šóninis stìklas (v)	['ʃonʲɪnʲɪs 'stʲɪklʲas]
Fensterheber (m)	stìklo kéltuvas (v)	['stʲɪklɔ 'kʲɛlʲtʊvas]
Antenne (f)	antenà (m)	[antʲɛ'na]
Schiebedach (n)	liùkas (v)	['lʲʊkas]
Stoßstange (f)	bámperis (v)	['bampʲɛrʲɪs]
Kofferraum (m)	bagažìnė (m)	[baga'ʒʲɪnʲe:]
Dachgepäckträger (m)	stògo bagažìnė (m)	['stogo baga'ʒʲɪnʲe:]
Wagenschlag (m)	durēlės (m dgs)	[dʊ'rʲælʲe:s]
Türgriff (m)	rañkena (m)	['raŋkʲɛna]
Türschloss (n)	ùžraktas (v)	['ʊʒraktas]
Nummernschild (n)	nùmeris (v)	['nʊmʲɛrʲɪs]
Auspufftopf (m)	duslintùvas (v)	[dʊslʲɪn'tʊvas]

| Benzintank (m) | benzino bākas (v) | [bʲɛn'zʲɪnɔ 'ba:kas] |
| Auspuffrohr (n) | išmetimo vamzdis (v) | [ɪʃmʲɛ'tʲɪmɔ 'vamzdʲɪs] |

Gas (n)	greitis (v)	['grʲɛɪtʲɪs]
Pedal (n)	pedālas (v)	[pʲɛ'da:lʲas]
Gaspedal (n)	greičio pedālas (v)	['grʲɛɪtʂʲɔ pʲɛ'da:lʲas]

Bremse (f)	stabdỹs (v)	[stab'dʲi:s]
Bremspedal (n)	stābdžio pedālas (v)	[sta:b'dʒʲɔ pʲɛ'da:lʲas]
bremsen (vi)	stabdýti	[stab'dʲi:tʲɪ]
Handbremse (f)	stovėjimo stabdỹs (v)	[sto'vʲɛjɪmɔ stab'dʲi:s]

Kupplung (f)	sánkaba (m)	['saŋkaba]
Kupplungspedal (n)	sánkabos pedālas (v)	['saŋkabos pʲɛ'da:lʲas]
Kupplungsscheibe (f)	sánkabos diskas (v)	['saŋkabos 'dʲɪskas]
Stoßdämpfer (m)	amortizātorius (v)	[amortʲɪ'za:torʲus]

Rad (n)	rātas (v)	['ra:tas]
Reserverad (n)	atsarginis rātas (v)	[atsar'gʲɪnʲɪs 'ra:tas]
Reifen (m)	padangà (m)	[padan'ga]
Radkappe (f)	rāto gaubtas (v)	['ra:tɔ 'gɑuptas]

Triebräder (pl)	vārantieji rātai (v dgs)	['va:rantʲiɛjɪ 'ra:tʌɪ]
mit Vorderantrieb	príekiniai vāromieji rātai	['prʲiɛkʲɪnʲɛɪ 'va:romʲiɛjɪ 'ra:tʌɪ]
mit Hinterradantrieb	galìniai vāromieji rātai	[ga'lʲɪnʲɛɪ 'va:romʲiɛjɪ 'ra:tʌɪ]
mit Allradantrieb	visì vāromieji rātai	[vʲɪ'sʲɪ 'va:romʲiɛjɪ 'ra:tʌɪ]

Getriebe (n)	pavarų̃ dėžė (m)	[pava'ru: dʲe:'ʒʲe:]
Automatik-	automātinis	[ɑuto'ma:tʲɪnʲɪs]
Schalt-	mechāninis	[mʲɛ'xa:nʲɪnʲɪs]
Schalthebel (m)	pavarų̃ dėžės svìrtis (m)	[pava'ru: dʲe:'ʒʲe:s 'svʲɪrtʲɪs]

| Scheinwerfer (m) | žibiñtas (v) | [ʒʲɪ'bʲɪntas] |
| Scheinwerfer (pl) | žibiñtai (v dgs) | [ʒʲɪ'bʲɪntʌɪ] |

Abblendlicht (n)	ārtimos žibiñtų šviesos (m dgs)	['artʲɪmos ʒʲɪ'bʲɪntu: ʃvʲɛsos]
Fernlicht (n)	tólimos žibiñtų šviesos (m dgs)	['tolʲɪmos ʒʲɪ'bʲɪntu: ʃvʲɛsos]
Stopplicht (n)	stòp signālas (v)	['stop sʲɪg'na:lʲas]

Standlicht (n)	gabaritinės šviesos (m dgs)	[gaba'rʲɪtʲɪnʲe:s 'ʃvʲɛsos]
Warnblinker (m)	avārinės šviesos (m dgs)	[a'va:rʲɪnʲe:s 'ʃvʲɛsos]
Nebelscheinwerfer (pl)	priešrūkiniai žibiñtai (v dgs)	[prʲiɛʃru:kʲɪnʲɛɪ ʒʲɪ'bʲɪntʌɪ]
Blinker (m)	«pósūkis» (v)	['posu:kʲɪs]
Rückfahrscheinwerfer (m)	«atbuļinės eigos» lemputė (m)	[atbʊ'lʲɪnʲe:s ɛɪ'go:s lʲɛm'pʊtʲe:]

148. Autos. Fahrgastraum

Wageninnere (n)	salònas (v)	[sa'lʲonas]
Leder-	odinis	[o'dʲɪnʲɪs]
aus Velours	veliūrinis	[vʲɛ'lʲu:rʲɪnʲɪs]
Polster (n)	āpmušalas (v)	['a:pmʊʃalʲas]

Instrument (n)	príetaisas (v)	['prʲiɛtʌɪsas]
Armaturenbrett (n)	príetaisų skydēlis (v)	['prʲiɛtʌɪsu: skʲi:'dʲælʲɪs]
Tachometer (m)	spidomētras (v)	[spʲɪdo'mʲɛtras]
Nadel (f)	rodȳklė (m)	[ro'dʲi:klʲe:]

Kilometerzähler (m)	ridōs skaitìklis (v)	[rʲɪ'do:s skʌɪ'tʲɪklʲɪs]
Anzeige (Temperatur-)	davìklis (v)	[da'vʲɪklʲɪs]
Pegel (m)	lȳgis (v)	['lʲi:gʲɪs]
Kontrollleuchte (f)	lempùtė (m)	[lʲɛm'putʲe:]

Steuerrad (n)	vaĩras (v)	['vʌɪras]
Hupe (f)	signālas (v)	[sʲɪg'na:lʲas]
Knopf (m)	mygtùkas (v)	[mʲi:k'tʊkas]
Umschalter (m)	jungìklis (v)	[jʊn'gʲɪklʲɪs]

Sitz (m)	sėdȳnė (m)	[sʲe:'dʲi:nʲe:]
Rückenlehne (f)	ãtlošas (v)	['a:tʲloʃas]
Kopfstütze (f)	ãtlošas gálvai (v)	['a:tloʃas 'galʲvʌɪ]
Sicherheitsgurt (m)	saugōs dìržas (v)	[sɑʊ'go:s 'dʲɪrʒas]
sich anschnallen	prisisègti saugōs diržù	[prʲɪsʲɪ'sʲɛktʲɪ sɑʊ'go:s dʲɪr'ʒʊ]
Einstellung (f)	reguliāvimas (v)	[rʲɛgʊ'lʲævʲɪmas]

| Airbag (m) | óro pagálvė (m) | ['orɔ pa'galʲvʲe:] |
| Klimaanlage (f) | kondicioniērius (v) | [kɔndʲɪtsʲɪjo'nʲɛrʲʊs] |

Radio (n)	rādijas (v)	['ra:dʲɪjas]
CD-Spieler (m)	CD grotùvas (v)	[sʲɪdʲɪ gro'tʊvas]
einschalten (vt)	jjùngti	[i:'jʊŋktʲɪ]
Antenne (f)	antenà (m)	[antʲɛ'na]
Handschuhfach (n)	daiktādėžė (m)	[dʌɪk'ta:dʲe:ʒʲe:]
Aschenbecher (m)	pelenìnė (m)	[pʲɛlʲɛ'nʲɪnʲe:]

149. Autos. Motor

Triebwerk (n)	varìklis (v)	[va'rʲɪklʲɪs]
Motor (m)	motōras (v)	[mo'toras]
Diesel-	dyzelìnis	[dʲi:zʲɛ'lʲɪnʲɪs]
Benzin-	benzìninis	[bʲɛn'zʲɪnʲɪnʲɪs]

Hubraum (m)	varìklio apimtìs (m)	[va'rʲɪklʲɔ apʲɪm'tʲɪs]
Leistung (f)	galingùmas (v)	[galʲɪn'gʊmas]
Pferdestärke (f)	árklio galià (m)	['arklʲɔ ga'lʲæ]
Kolben (m)	stūmõklis (v)	[stu:'mo:klʲɪs]
Zylinder (m)	cilìndras (v)	[tsʲɪ'lʲɪndras]
Ventil (n)	vožtùvas (v)	[voʒ'tʊvas]

Injektor (m)	inžèktorius (v)	[ɪn'ʒʲɛktorʲʊs]
Generator (m)	generātorius (v)	[gʲɛnʲɛ'ra:torʲʊs]
Vergaser (m)	karbiurātorius (v)	[karbʲʊ'ra:torʲʊs]
Motoröl (n)	varìklinė alyvà (m)	[va'rʲɪklʲɪnʲe: alʲi:'va]

Kühler (m)	radiātorius (v)	[ra'dʲætorʲʊs]
Kühlflüssigkeit (f)	áušinimo skȳstis (v)	['ɑʊʃɪnʲɪmɔ 'skʲi:stʲɪs]
Ventilator (m)	ventiliātorius (v)	[vʲɛntʲɪ'lʲætorʲʊs]

Autobatterie (f)	akumuliãtorius (v)	[akumu'lʲæetorʲus]
Anlasser (m)	stárteris (v)	['startʲɛrʲɪs]
Zündung (f)	uždegìmas (v)	[uʒdʲɛ'gʲɪmas]
Zündkerze (f)	uždegìmo žvãkė (m)	[uʒdʲɛ'gʲɪmɔ 'ʒva:kʲe:]

Klemme (f)	gnýbtas (v)	[gnʲi:ptas]
Pluspol (m)	pliùsas (v)	['plʲusas]
Minuspol (m)	mìnusas (v)	['mʲɪnusas]
Sicherung (f)	saugìklis (v)	[sɑu'gʲɪklʲɪs]

Luftfilter (m)	óro fìltras (v)	['orɔ 'fʲɪlʲtras]
Ölfilter (m)	alývos fìltras (v)	[a'lʲi:vos 'fʲɪlʲtras]
Treibstofffilter (m)	kùro fìltras (v)	['kurɔ 'fʲɪlʲtras]

150. Autos. Unfall. Reparatur

Unfall (m)	avãrija (m)	[a'va:rʲɪjɛ]
Verkehrsunfall (m)	eìsmo įvykis (v)	['ɛɪsmɔ 'i:vʲɪ:kʲɪs]
fahren gegen ...	atsitreñkti	[atsʲɪ'trʲɛŋktʲɪ]
verunglücken (vi)	sudùžti	[su'duʒtʲɪ]
Schaden (m)	žalà (m)	[ʒa'lʲa]
heil (Adj)	nenukentéjęs	[nʲɛnuken'tʲe:jɛ:s]

Panne (f)	gedìmas (v)	[gʲɛ'dʲɪmas]
kaputtgehen (vi)	sulū́žti	[su'lʲu:ʒtʲɪ]
Abschleppseil (n)	vìlkimo tròsas (v)	['vʲɪlʲkʲɪmɔ 'trosas]

Reifenpanne (f)	pradùrìmas (v)	[pradu:'rʲɪmas]
platt sein	nuléisti	[nu'lʲɛɪstʲɪ]
pumpen (vt)	pripumpúoti	[prʲɪpum'puatʲɪ]
Reifendruck (m)	slė̃gis (v)	['slʲe:gʲɪs]
prüfen (vt)	patìkrinti	[pa'tʲɪkrʲɪntʲɪ]

Reparatur (f)	remòntas (v)	[rʲɛ'montas]
Reparaturwerkstatt (f)	taisyklà (m)	[tʌɪsʲi:k'lʲa]
Ersatzteil (n)	atsarginė̃ dalìs (m)	[atsar'gʲɪnʲe: da'lʲɪs]
Einzelteil (n)	detãlė (m)	[dʲɛta:'lʲe:]

Bolzen (m)	vařžtas (v)	['varʒtas]
Schraube (f)	sráigtas (v)	['srʌɪktas]
Schraubenmutter (f)	veržlė̃ (m)	[vʲɛrʒ'lʲe:]
Scheibe (f)	póveržlė (m)	['poverʒlʲe:]
Lager (n)	guõlis (v)	['gualʲɪs]

Rohr (Abgas-)	vamzdė̃lis (v)	[vamz'dʲælʲɪs]
Dichtung (f)	tárpinė (m)	['tarpʲɪnʲe:]
Draht (m)	laìdas (v)	['lʲʌɪdas]

Wagenheber (m)	kéliklis (v)	['kʲe:lʲɪklʲɪs]
Schraubenschlüssel (m)	veržlių̃ ráktas (v)	[vʲɛrʒ'lʲu: 'ra:ktas]
Hammer (m)	plaktùkas (v)	[plʲak'tukas]
Pumpe (f)	siurblỹs (v)	[sʲur'blʲi:s]
Schraubenzieher (m)	atsuktùvas (v)	[atsuk'tuvas]
Feuerlöscher (m)	gesintùvas (v)	[gʲɛsʲɪn'tuvas]

Warndreieck (n)   avārinis trikampis (v)   [a'va:rˈɪnˈɪs 'trˈɪkampˈɪs]
abwürgen (Motor)   gesti   ['gˈɛstˈɪ]
Anhalten (~ des Motors) sustojimas (v)   [sʊsto'jɪmas]
kaputt sein   būti sulūžusiam   ['bu:tˈɪ sʊ'lˈu:ʒʊsˈæm]

überhitzt werden (Motor) perkaisti   ['pˈɛrkʌɪstˈɪ]
verstopft sein   užsiteršti   [ʊʒsˈɪ'tˈɛrʃtˈɪ]
einfrieren (Schloss, Rohr) užšalti   [ʊʒ'ʃalˈtˈɪ]
zerplatzen (vi)   skilti   ['skˈɪlˈtˈɪ]

Druck (m)   slėgis (v)   ['slˈe:gˈɪs]
Pegel (m)   lygis (v)   ['lˈi:gˈɪs]
schlaff (z.B. -e Riemen) silpnas   ['sˈɪlˈpnas]

Delle (f)   iduba (m)   ['i:dʊba]
Klopfen (n)   trinksėjimas (v)   [trˈɪŋk'sˈɛjɪmas]
Riß (m)   iskilimas (v)   [i:skˈɪ'lˈɪːmas]
Kratzer (m)   ibrėžimas (v)   [i:brˈe:'ʒˈɪːmas]

151. Autos. Straßen

Fahrbahn (f)   kelias (v)   ['kˈælˈæs]
Schnellstraße (f)   automagistralė (m)   [ɑutomagˈɪs'tra:lˈe:]
Autobahn (f)   pléntas (v)   ['plˈɛntas]
Richtung (f)   kryptis (m)   [krˈi:p'tˈɪs]
Entfernung (f)   atstumas (v)   [at'stʊmas]

Brücke (f)   tiltas (v)   ['tˈɪlˈtas]
Parkplatz (m)   stovėjimo vieta (m)   [sto'vˈɛjɪmɔ vˈiɛ'ta]
Platz (m)   aikštė (m)   [ʌɪkʃ'tˈe:]
Autobahnkreuz (n)   sankryža (m)   ['saŋkrˈi:ʒa]
Tunnel (m)   tunelis (v)   ['tʊnˈɛlˈɪs]

Tankstelle (f)   degalinė (m)   [dˈɛga'lˈɪnˈe:]
Parkplatz (m)   stovėjimo aikštėlė (m)   [sto'vˈɛjɪmɔ ʌɪkʃ'tˈælˈe:]
Zapfsäule (f)   degalinė (m)   [dˈɛga'lˈɪnˈe:]
Reparaturwerkstatt (f) garažas (v)   [ga'ra:ʒas]
tanken (vt)   pripilti degalų   [prˈɪ'pˈɪlˈtˈɪ dˈɛga'lu:]
Treibstoff (m)   kuras (v)   ['kʊras]
Kanister (m)   kanistras (v)   [ka'nˈɪstras]

Asphalt (m)   asfaltas (v)   [as'falˈtas]
Markierung (f)   ženklinimas (v)   ['ʒˈɛŋklˈɪnˈɪmas]
Bordstein (m)   bordiūras (v)   [bor'dˈu:ras]
Leitplanke (f)   užtvara (m)   ['ʊʒtvara]
Graben (m)   griovys (v)   [grˈo'vˈi:s]
Straßenrand (m)   šalikelė (m)   [ʃa'lˈɪkelˈe:]
Straßenlaterne (f)   stulpas (v)   ['stʊlˈpas]

fahren (vt)   vairuoti   [vʌɪ'rʊɑtˈɪ]
abbiegen (nach links ~) pasukti   [pa'sʊktˈɪ]
umkehren (vi)   apsisukti   [apsˈɪ'sʊktˈɪ]
Rückwärtsgang (m)   atbuline eiga (m)   [atbʊ'lˈɪnˈe: ɛɪ'ga]
hupen (vi)   pypsėti   [pˈi:p'sˈe:tˈɪ]

Hupe (f)	garsìnis signãlas (v)	[gar's'ɪn'ɪs s'ɪg'na:l'as]
stecken (im Schlamm ~)	užstrìgti	[ʊʒ'str'ɪkt'ɪ]
durchdrehen (Räder)	buksúoti	[bʊk'sʊat'ɪ]
abstellen (Motor ~)	išjùngti	[ɪ'ʃjʊŋkt'ɪ]

Geschwindigkeit (f)	greĩtis (v)	['gr'ɛɪt'ɪs]
Geschwindigkeit überschreiten	vìršyti greĩtį	['v'ɪrʃɪ:t'ɪ 'gr'ɛɪt'ɪ:]
bestrafen (vt)	skìrti baũdą	['sk'ɪrt'ɪ 'baʊda:]
Ampel (f)	šviesofòras (v)	[ʃv'iɛso'foras]
Führerschein (m)	vairúotojo pažyméjimas (v)	[vʌɪ'rʊatojo paʒ'i:'m'ɛjɪmas]

Bahnübergang (m)	pérvaža (m)	['p'ɛrvaʒa]
Straßenkreuzung (f)	sánkryža (m)	['saŋkr'i:ʒa]
Fußgängerüberweg (m)	pésčiųjų péréja (m)	[p'e:s'tʂ'u:ju: 'p'ɛr'e:ja]
Kehre (f)	pósūkis (v)	['posu:k'ɪs]
Fußgängerzone (f)	pésčiųjų zonà (m)	[p'e:s'tʂ'u:ju: zo'na]

MENSCHEN. LEBENSEREIGNISSE

Lebensereignisse

152. Feiertage. Ereignis

Fest (n)	šventė (m)	['ʃventʲeː]
Nationalfeiertag (m)	nacionālinė šventė (m)	[natsʲɪjoʼnaːlʲɪnʲeː ʼʃventʲeː]
Feiertag (m)	šveñtės dienà (m)	[ʼʃventʲeːs dʲiɛʼna]
feiern (vt)	švęsti	[ʼʃvʲɛːstʲɪ]
Ereignis (n)	įvykis (v)	[ʼiːvʲɪːkʲɪs]
Veranstaltung (f)	renginỹs (v)	[rʲɛngʲɪʼnʲiːs]
Bankett (n)	banketas (v)	[banʲkʲɛtas]
Empfang (m)	priėmìmas (v)	[prʲɪʲeʼmʲɪmas]
Festmahl (n)	puotà (m)	[puɑʼta]
Jahrestag (m)	metìnės (m dgs)	[ʼmʲætʲɪnʲeːs]
Jubiläumsfeier (f)	jubiliėjus (v)	[jʊbʲɪʼlʲɛjus]
begehen (vt)	atšvęsti	[atʼʃvʲɛːstʲɪ]
Neujahr (n)	Naujíeji metai (v dgs)	[nɑʊʼjiɛjɪ ʼmʲætʌɪ]
Frohes Neues Jahr!	Sù Naujàisiais!	[ʼsʊ nɑʊʼjʌɪsʲɛɪs!]
Weihnachten (n)	Kalẽdos (m dgs)	[kaʼlʲeːdos]
Frohe Weihnachten!	Linksmų̃ Kalẽdų!	[lʲɪŋksʼmu: kaʼlʲeːdu:!]
Tannenbaum (m)	Kalẽdinė eglùtė (m)	[kaʼlʲeːdʲɪnʲe: egʼlʊtʲe:]
Feuerwerk (n)	saliùtas (v)	[saʼlʲʊtas]
Hochzeit (f)	vestùvės (m dgs)	[vʲɛsʼtʊvʲeːs]
Bräutigam (m)	jaunìkis (v)	[jɛʊʼnʲɪkʲɪs]
Braut (f)	jaunóji (m)	[jɛʊʼnoːjɪ]
einladen (vt)	kviẽsti	[ʼkvʲɛstʲɪ]
Einladung (f)	kvietìmas (v)	[kvʲɪɛʼtʲɪmas]
Gast (m)	svẽčias (v)	[ʼsvʲætʂʲæs]
besuchen (vt)	eĩti į̃ svečiùs	[ʼɛɪtʲɪ iː svʲɛʼtʂʲʊs]
Gäste empfangen	sutìkti svečiùs	[sʊʼtʲɪktʲɪ svʲɛʼtʂʲʊs]
Geschenk (n)	dovanà (m)	[dovaʼna]
schenken (vt)	dovanóti	[dovaʼnotʲɪ]
Geschenke bekommen	gáuti dóvanas	[ʼgɑʊtʲɪ ʼdovanas]
Blumenstrauß (m)	púokštė (m)	[ʼpʊɑkʃtʲe:]
Glückwunsch (m)	sveĩkinimas (v)	[ʼsvʲɛɪkʲɪnʲɪmas]
gratulieren (vi)	sveĩkinti	[ʼsvʲɛɪkʲɪntʲɪ]
Glückwunschkarte (f)	sveĩkinimo atvirùkas (v)	[ʼsvʲɛɪkʲɪnʲɪmɔ atvʲɪʼrʊkas]
eine Karte abschicken	išsių̃sti atvirùką	[ɪʃsʲʊːstʲɪ atvʲɪʼrʊka:]

eine Karte erhalten	gáuti atvirùką	['gɑutⁱɪ atvⁱɪ'rʊka:]
Trinkspruch (m)	tòstas (v)	['tostas]
anbieten (vt)	vaišìnti	[vʌⁱʃⁱɪntⁱɪ]
Champagner (m)	šampãnas (v)	[ʃam'pa:nas]
sich amüsieren	lìnksmintis	['lⁱɪŋksmⁱɪntⁱɪs]
Fröhlichkeit (f)	linksmýbė (m)	[lⁱɪŋks'mⁱi:bⁱe:]
Freude (f)	džiaũgsmas (v)	['dʒⁱɛʊgsmas]
Tanz (m)	šõkis (v)	['ʃo:kⁱɪs]
tanzen (vi, vt)	šókti	['ʃoktⁱɪ]
Walzer (m)	válsas (v)	['valⁱsas]
Tango (m)	tángo (v)	['tangɔ]

153. Bestattungen. Begräbnis

Friedhof (m)	kãpinės (m dgs)	['ka:pⁱɪnⁱe:s]
Grab (n)	kãpas (v)	['ka:pas]
Kreuz (n)	krỹžius (v)	['krⁱi:ʒⁱʊs]
Grabstein (m)	añtkapis (v)	['antkapⁱɪs]
Zaun (m)	ãptvaras (v)	['a:ptvaras]
Kapelle (f)	koplyčià (m)	[kɔplⁱi:'tʂⁱæ]
Tod (m)	mirtìs (m)	[mⁱɪr'tⁱɪs]
sterben (vi)	mìrti	['mⁱɪrtⁱɪ]
Verstorbene (m)	veliónis (v)	[vⁱɛ'lⁱonⁱɪs]
Trauer (f)	gẽdulas (v)	['gⁱædʊlⁱas]
begraben (vt)	láidoti	['lⁱʌɪdotⁱɪ]
Bestattungsinstitut (n)	láidojimo biùras (v)	['lⁱʌɪdojɪmɔ 'bⁱʊras]
Begräbnis (n)	láidotuvės (m dgs)	['lⁱʌɪdotʊvⁱe:s]
Kranz (m)	vainìkas (v)	[vʌⁱ'nⁱɪkas]
Sarg (m)	kãrstas (v)	['karstas]
Katafalk (m)	katafálkas (v)	[kata'falⁱkas]
Totenhemd (n)	lavõndengtė (m)	[lⁱa'vo:ndeŋktⁱe:]
Trauerzug (m)	gẽdulo procèsija (m)	['gⁱædʊlⁱɔ pro'tsⁱɛsⁱɪjɛ]
Urne (f)	ùrna (m)	['ʊrna]
Krematorium (n)	krematòriumas (v)	[krⁱɛma'torⁱʊmas]
Nachruf (m)	nekrològas (v)	[nⁱɛkro'lⁱɔgas]
weinen (vi)	ver̃kti	['vⁱɛrktⁱɪ]
schluchzen (vi)	raudóti	[rɑʊ'dotⁱɪ]

154. Krieg. Soldaten

Zug (m)	bũrỹs (v)	[bu:'rⁱi:s]
Kompanie (f)	kúopa (m)	['kʊɑpa]
Regiment (n)	pul̃kas (v)	['pʊl̃kas]
Armee (f)	ármija (m)	['armⁱɪjɛ]

Division (f)	divìzija (m)	[dʲɪ'vʲɪzʲɪjɛ]
Abteilung (f)	būrỹs (v)	[buːˈrʲiːs]
Heer (n)	kariúomenė (m)	[ka'rʲuɑmenʲeː]
Soldat (m)	kareĩvis (v)	[ka'rʲɛɪvʲɪs]
Offizier (m)	kariniñkas (v)	[karʲɪ'nʲɪŋkas]
Soldat (m)	eilìnis (v)	[ɛɪ'lʲɪnʲɪs]
Feldwebel (m)	seržántas (v)	[sʲɛr'ʒantas]
Leutnant (m)	leitenántas (v)	[lʲɛɪtʲɛ'nantas]
Hauptmann (m)	kapitõnas (v)	[kapʲɪ'toːnas]
Major (m)	majõras (v)	[ma'jɔːras]
Oberst (m)	pulkiniñkas (v)	['puʎkʲɪnʲɪŋkas]
General (m)	generõlas (v)	[gʲɛnʲɛ'roːlʲas]
Matrose (m)	jū́rininkas (v)	['juːrʲɪnʲɪŋkas]
Kapitän (m)	kapitõnas (v)	[kapʲɪ'toːnas]
Bootsmann (m)	bòcmanas (v)	['botsmanas]
Artillerist (m)	artilerìstas (v)	[artʲɪlʲɛ'rʲɪstas]
Fallschirmjäger (m)	desántininkas (v)	[dʲɛ'santʲɪnʲɪŋkas]
Pilot (m)	lakū́nas (v)	[lʲa'kuːnas]
Steuermann (m)	štùrmanas (v)	['ʃturmanas]
Mechaniker (m)	mechãnikas (v)	[mʲɛ'xaːnʲɪkas]
Pionier (m)	pioniẽrius (v)	[pʲɪjo'nʲɛrʲus]
Fallschirmspringer (m)	parašiùtininkas (v)	[para'ʃutʲɪnʲɪŋkas]
Aufklärer (m)	žval̃gas (v)	['ʒvalʲgas]
Scharfschütze (m)	snáiperis (v)	['snʌɪpʲɛrʲɪs]
Patrouille (f)	patrùlis (v)	[pat'rulʲɪs]
patrouillieren (vi)	patruliúoti	[patru'lʲuɑtʲɪ]
Wache (f)	sargýbinis (v)	[sar'gʲiːbʲɪnʲɪs]
Krieger (m)	karỹs (v)	[ka'rʲiːs]
Patriot (m)	patriòtas (v)	[patrʲɪ'jotas]
Held (m)	dìdvyris (v)	['dʲɪdvʲiːrʲɪs]
Heldin (f)	dìdvyrė (m)	['dʲɪdvʲiːrʲeː]
Verräter (m)	išdavìkas (v)	[ɪʃda'vʲɪkas]
verraten (vt)	išdúoti	[ɪʃ'duɑtʲɪ]
Deserteur (m)	dezertỹras (v)	[dʲɛzʲɛr'tʲiːras]
desertieren (vi)	dezertyrúoti	[dʲɛzʲɛrtʲiː'ruɑtʲɪ]
Söldner (m)	samdinỹs (v)	[samdʲɪ'nʲiːs]
Rekrut (m)	naujõkas (v)	[nɑu'jɔːkas]
Freiwillige (m)	savanõris (v)	[sava'noːrʲɪs]
Getoetete (m)	nužudýtasis (v)	[nuʒu'dʲiːtasʲɪs]
Verwundete (m)	sužeistàsis (v)	[suʒʲɛɪ'stasʲɪs]
Kriegsgefangene (m)	belaĩsvis (v)	[bʲɛ'lʲʌɪsvʲɪs]

155. Krieg. Militärische Aktionen. Teil 1

Krieg (m)	kãras (v)	['kaːras]
Krieg führen	kariáuti	[ka'rʲæutʲɪ]

Bürgerkrieg (m)	piliētinis kāras (v)	[pᶦɪ'lᶦɛtᶦɪnᶦɪs 'ka:ras]
heimtückisch (Adv)	klastìngai	[klᶦas'tᶦɪŋgʌɪ]
Kriegserklärung (f)	paskelbìmas (v)	[paskᶦɛlᶦ'bᶦɪmas]
erklären (den Krieg ~)	paskélbti	[pas'kᶦɛlᶦptᶦɪ]
Aggression (f)	agrèsija (m)	[ag'rᶦɛsᶦɪjɛ]
einfallen (Staat usw.)	pùlti	['pʊlᶦtᶦɪ]

einfallen (in ein Land ~)	užgróbti	[ʊʒ'groptᶦɪ]
Invasoren (pl)	užgrobìkas (v)	[ʊʒgro'bᶦɪkas]
Eroberer (m), Sieger (m)	užkariáutojas (v)	[ʊʒka'rᶦæʊto:jɛs]

Verteidigung (f)	gynýba (m)	[gᶦi:'nᶦi:ba]
verteidigen (vt)	gìnti	['gᶦɪntᶦɪ]
sich verteidigen	gìntis	['gᶦɪntᶦɪs]

Feind (m)	príešas (v)	['prᶦiɛʃas]
Gegner (m)	príešininkas (v)	['prᶦiɛʃɪnᶦɪŋkas]
Feind-	príešo	['prᶦiɛʃɔ]

Strategie (f)	stratègija (m)	[stra'tᶦɛgᶦɪjɛ]
Taktik (f)	tãktika (m)	['ta:ktᶦɪka]

Befehl (m)	įsãkymas (v)	[i:'sa:kᶦɪ:mas]
Anordnung (f)	kománda (m)	[kɔ'manda]
befehlen (vt)	įsakýti	[i:sa'kᶦi:tᶦɪ]
Auftrag (m)	užduotìs (m)	[ʊʒdʊɑ'tᶦɪs]
geheim (Adj)	slãptas	['slᶦa:ptas]

Schlacht (f), Kampf (m)	mū̃šis (v)	['mu:ʃɪs]
Kampf (m)	kautỹnės (m dgs)	[kɑʊ'tᶦi:nᶦe:s]

Angriff (m)	atakà (m)	[ata'ka]
Sturm (m)	štùrmas (v)	['ʃtʊrmas]
stürmen (vt)	šturmúoti	[ʃtʊr'mʊɑtᶦɪ]
Belagerung (f)	apgulà (m)	[apgʊ'lᶦa]

Angriff (m)	puolìmas (v)	[pʊɑ'lᶦɪmas]
angreifen (vt)	pùlti	['pʊlᶦtᶦɪ]

Rückzug (m)	atsitraukìmas (v)	[atsᶦɪtrɑʊ'kᶦɪmas]
sich zurückziehen	atsitráukti	[atsᶦɪ'trɑʊktᶦɪ]

Einkesselung (f)	apsupìmas (v)	[apsʊ'pᶦɪmas]
einkesseln (vt)	apsùpti	[ap'sʊptᶦɪ]

Bombenangriff (m)	bombardãvimas (v)	[bombar'da:vᶦɪmas]
eine Bombe abwerfen	numèsti bòmbą	[nʊ'mᶦɛstᶦɪ 'bomba:]
bombardieren (vt)	bombardúoti	[bombar'dʊɑtᶦɪ]
Explosion (f)	sprogìmas (v)	[spro'gᶦɪmas]

Schuss (m)	šū̃vis (v)	['ʃu:vᶦɪs]
schießen (vt)	iššáuti	[ɪʃʃɑʊtᶦɪ]
Schießerei (f)	šáudymas (v)	['ʃɑʊdᶦi:mas]

zielen auf ...	taikytis į̃ ...	['tʌɪkᶦi:tᶦɪs i: ..]
richten (die Waffe)	nutaikyti	[nʊ'tʌɪkᶦi:tᶦɪ]

treffen (ins Schwarze ~)	pataikyti	[pa'tʌɪkʲiːtʲɪ]
versenken (vt)	paskandinti	[paskan'dʲɪntʲɪ]
Loch (im Schiffsrumpf)	pradauža (m)	[pradɑʊ'ʒa]
versinken (Schiff)	grimzti į dugną	['grʲɪmztʲɪ iː 'dʊgnaː]

Front (f)	frontas (v)	['frontas]
Evakuierung (f)	evakuacija (m)	[ɛvakʊ'aːtsʲɪjɛ]
evakuieren (vt)	evakuoti	[ɛva'kʊɑtʲɪ]

Stacheldraht (m)	spygliuotoji viela (m)	[spʲiːg'lʲʊɑtojɪ vʲiɛ'la]
Sperre (z.B. Panzersperre)	užtvara (m)	['ʊʒtvara]
Wachtturm (m)	bokštas (v)	['bokʃtas]

Lazarett (n)	karo ligoninė (m)	['kaːrɔ lʲɪ'gonʲɪnʲeː]
verwunden (vt)	sužeisti	[sʊ'ʒʲɛɪstʲɪ]
Wunde (f)	žaizda (m)	[ʒʌɪz'da]
Verwundete (m)	sužeistasis (v)	[sʊʒʲɛɪ'stasʲɪs]
verletzt sein	būti sužeistám	['buːtʲɪ sʊʒʲɛɪs'tam]
schwer (-e Verletzung)	sunkus	[sʊŋ'kʊs]

156. Waffen

Waffe (f)	ginklas (v)	['gʲɪŋklʲas]
Schusswaffe (f)	šaunamasis ginklas (v)	[ʃɑʊna'masʲɪs 'gʲɪŋklʲas]
blanke Waffe (f)	šaltasis ginklas (v)	[ʃalʲ'tasʲɪs 'gʲɪŋklʲas]

chemischen Waffen (pl)	cheminis ginklas (v)	['xʲɛmʲɪnʲɪs 'gʲɪŋklʲas]
Kern-, Atom-	branduolinis	[brandʊɑ'lʲɪnʲɪs]
Kernwaffe (f)	branduolinis ginklas (v)	[brandʊɑ'lʲɪnʲɪs 'gʲɪŋklas]

Bombe (f)	bomba (m)	['bomba]
Atombombe (f)	atominė bomba (m)	[a'tomʲɪnʲeː 'bomba]

Pistole (f)	pistoletas (v)	[pʲɪsto'lʲɛtas]
Gewehr (n)	šautuvas (v)	['ʃɑʊtʊvas]
Maschinenpistole (f)	automatas (v)	[ɑʊto'maːtas]
Maschinengewehr (n)	kulkosvaidis (v)	[kʊlʲ'kosvʌɪdʲɪs]

Mündung (f)	žiotys (m dgs)	['ʒʲotʲiːs]
Lauf (Gewehr-)	vamzdis (v)	['vamzdʲɪs]
Kaliber (n)	kalibras (v)	[ka'lʲɪbras]

Abzug (m)	gaidukas (v)	[gʌɪ'dʊkas]
Visier (n)	taikiklis (v)	[tʌɪ'kʲɪklʲɪs]
Magazin (n)	dėtuvė (m)	[dʲeːtʊ'vʲeː]
Kolben (m)	buožė (m)	['bʊɑʒʲeː]

Handgranate (f)	granata (m)	[grana'ta]
Sprengstoff (m)	sprogmuo (v)	['sprogmʊɑ]

Kugel (f)	kulka (m)	[kʊlʲ'ka]
Patrone (f)	patronas (v)	[pat'ronas]
Ladung (f)	šovinys (v)	[ʃovʲɪ'nʲiːs]
Munition (f)	šaudmenys (v dgs)	['ʃɑʊdmʲɛnʲiːs]

Bomber (m)	bombónešis (v)	[bom'bonʲɛʃɪs]
Kampfflugzeug (n)	naikintùvas (v)	[nʌɪkʲɪn'tʊvas]
Hubschrauber (m)	sraigtãsparnis (v)	[srʌɪk'ta:sparnʲɪs]

Flugabwehrkanone (f)	zenìtinis pabũklas (v)	[zʲɛ'nʲɪːtʲɪnʲɪs iːrʲɛngʲɪ'nʲɪːs]
Panzer (m)	tánkas (v)	['taŋkas]
Panzerkanone (f)	patránka (m)	[pat'raŋka]

| Artillerie (f) | artìlèrija (m) | [artʲɪ'lʲɛrʲɪjɛ] |
| richten (die Waffe) | nutáikyti | [nʊ'tʌɪkʲiːtʲɪ] |

Geschoß (n)	sviedinỹs (v)	[svʲiɛdʲɪ'nʲiːs]
Wurfgranate (f)	minà (m)	[mʲɪ'na]
Granatwerfer (m)	minósvaidis (v)	[mʲɪ'nosvʌɪdʲɪs]
Splitter (m)	skevéldra (m)	[skʲɛ'vʲɛlʲdra]

U-Boot (n)	povandenìnis laĩvas (v)	[povandʲɛ'nʲɪnʲɪs 'lʲʌɪvas]
Torpedo (m)	torpedà (m)	[torpʲɛ'da]
Rakete (f)	raketà (m)	[rakʲɛ'ta]

laden (Gewehr)	užtaisýti	[ʊʒtʌɪ'sʲiːtʲɪ]
schießen (vi)	šáuti	['ʃɑʊtʲɪ]
zielen auf …	táikytis į …	['tʌɪkʲiːtʲɪs iː ..]
Bajonett (n)	dùrtuvas (v)	['dʊrtʊvas]

Degen (m)	špagà (m)	[ʃpa'ga]
Säbel (m)	kárdas (v)	['kardas]
Speer (m)	íetis (m)	['rʲɛtʲɪs]
Bogen (m)	lañkas (v)	['lʲaŋkas]
Pfeil (m)	strėlė̃ (m)	[strʲe:'lʲe:]
Muskete (f)	muškietà (m)	[mʊʃkʲiɛ'ta]
Armbrust (f)	arbalètas (v)	[arba'lʲɛtas]

157. Menschen der Antike

vorzeitlich	pirmýkštis	[pʲɪr'mʲiːkʃtʲɪs]
prähistorisch	priešistòrinis	[prʲiɛʃɪ'storʲɪnʲɪs]
alt (antik)	senóvinis	[sʲɛ'novʲɪnʲɪs]

Steinzeit (f)	Akmeñs ámžius (v)	[ak'mʲɛns 'amʒʲʊs]
Bronzezeit (f)	Žálvario ámžius (v)	['ʒalʲvarʲɔ 'amʒʲʊs]
Eiszeit (f)	ledýnmetis (v)	[lʲɛ'dʲiːnmʲɛtʲɪs]

Stamm (m)	gentìs (m)	[gʲɛn'tʲɪs]
Kannibale (m)	žmogédra (m)	[ʒmo'gʲe:dra]
Jäger (m)	medžiótojas (v)	[mʲɛ'dʒʲoto:jɛs]
jagen (vi)	medžióti	[mʲɛ'dʒʲotʲɪ]
Mammut (n)	mamùtas (v)	[ma'mʊtas]

Höhle (f)	ùrvas (v)	['ʊrvas]
Feuer (n)	ugnìs (v)	[ʊg'nʲɪs]
Lagerfeuer (n)	láužas (v)	['lʲɑʊʒas]
Höhlenmalerei (f)	piešinỹs añt olõs síenos (v)	[pʲiɛʃɪ'nʲiːs ant o'lʲɔːs 'sʲiɛnos]
Werkzeug (n)	dárbo įrankis (v)	['darbo 'iːraŋkʲɪs]

Speer (m)	íetis (m)	['rɛtʲɪs]
Steinbeil (n), Steinaxt (f)	akmeninis kĩrvis (v)	[akmʲɛ'nʲɪnʲɪs 'kʲɪrvʲɪs]
Krieg führen	kariáuti	[ka'rʲæʊtʲɪ]
domestizieren (vt)	prijaukìnti	[prʲɪʲjɛʊ'kʲɪntʲɪ]

Idol (n)	stãbas (v)	['sta:bas]
anbeten (vt)	gárbinti	['garbʲɪntʲɪ]
Aberglaube (m)	príetaras (v)	['prʲiɛtaras]

Evolution (f)	evoliùcija (m)	[ɛvo'lʲʊtsʲɪjɛ]
Entwicklung (f)	výstymasis (v)	['vʲi:stʲi:masʲɪs]
Verschwinden (n)	išnykìmas (v)	[ɪʃnʲi:'kʲɪmas]
sich anpassen	prisitáikyti	[prʲɪsʲɪ'tʌɪkʲi:tʲɪ]

Archäologie (f)	archeologija (m)	[arxʲɛo'lʲogʲɪjɛ]
Archäologe (m)	archeològas (v)	[arxʲɛo'lʲogas]
archäologisch	archeològinis	[arxʲɛo'lʲogʲɪnʲɪs]

Ausgrabungsstätte (f)	kasinéjimai (m dgs)	[kasʲɪ'nʲɛjɪmʌɪ]
Ausgrabungen (pl)	kasinéjimai (m dgs)	[kasʲɪ'nʲɛjɪmʌɪ]
Fund (m)	radinỹs (v)	[radʲɪ'nʲi:s]
Fragment (n)	fragmeñtas (v)	[frag'mʲɛntas]

158. Mittelalter

Volk (n)	tautà (m)	[tɑʊ'ta]
Völker (pl)	tautõs (m dgs)	[tɑʊ'to:s]
Stamm (m)	gentìs (m)	[gʲɛn'tʲɪs]
Stämme (pl)	geñtys (m dgs)	['gʲɛntʲi:s]

Barbaren (pl)	bárbarai (v dgs)	['barbarʌɪ]
Gallier (pl)	gãlai (v dgs)	['ga:lʲʌɪ]
Goten (pl)	gòtai (v dgs)	['gotʌɪ]
Slawen (pl)	slãvai (m dgs)	['slʲa:vʌɪ]
Wikinger (pl)	vìkingai (v)	['vʲɪkʲɪngʌɪ]

Römer (pl)	roménas (v)	[ro'mʲe:nas]
römisch	roméniškas	[ro'mʲe:nʲɪʃkas]

Byzantiner (pl)	bizantiẽčiai (v dgs)	[bʲɪzan'tʲɛtsʲɛɪ]
Byzanz (n)	Bizántija (m)	[bʲɪ'zantʲɪjɛ]
byzantinisch	bizántiškas	[bʲɪ'zantʲɪʃkas]

Kaiser (m)	imperãtorius (v)	[ɪmpʲɛ'ra:torʲʊs]
Häuptling (m)	vãdas (v)	['va:das]
mächtig (Kaiser usw.)	galìngas	[ga'lʲɪngas]
König (m)	karãlius (v)	[ka'ra:lʲʊs]
Herrscher (Monarch)	valdõvas (v)	[valʲ'do:vas]

Ritter (m)	rìteris (v)	['rʲɪtʲɛrʲɪs]
Feudalherr (m)	feodãlas (v)	[fʲɛo'da:lʲas]
feudal, Feudal-	feodãlinis	[fʲɛo'da:lʲɪnʲɪs]
Vasall (m)	vasãlas (v)	[va'sa:lʲas]
Herzog (m)	hèrcogas (v)	['ɣʲɛrtsogas]

Graf (m)	grāfas (v)	['gra:fas]
Baron (m)	barõnas (v)	[ba'ro:nas]
Bischof (m)	výskupas (v)	['vⁱi:skʊpas]

Rüstung (f)	šarvuõtė (m)	[ʃar'vʊɑtⁱe:]
Schild (m)	skȳdas (v)	['skⁱi:das]
Schwert (n)	kárdas (v)	['kardas]
Visier (n)	añtveidis (v)	['antvⁱɛɪdⁱɪs]
Panzerhemd (n)	šarvìniai marškiniaĩ (v dgs)	[ʃar'vⁱɪnⁱɛɪ marʃkⁱɪ'nⁱɛɪ]

| Kreuzzug (m) | krȳžiaus žȳgis (v) | ['krⁱi:ʒⁱɛʊs 'ʒⁱi:gⁱɪs] |
| Kreuzritter (m) | kryžiuõtis (v) | [krⁱi:ʒⁱʊ'o:tⁱɪs] |

Territorium (n)	teritòrija (m)	[tⁱɛrⁱɪ'torⁱɪjɛ]
einfallen (vt)	pùlti	['pʊlⁱtⁱɪ]
erobern (vt)	užkariáuti	[ʊʒka'rⁱæʊtⁱɪ]
besetzen (Land usw.)	užgróbti	[ʊʒ'groptⁱɪ]

Belagerung (f)	apgulà (m)	[apgʊ'lⁱa]
belagert	àpgultas	['apgʊlⁱtas]
belagern (vt)	apgul̃ti	[ap'gʊlⁱtⁱɪ]

Inquisition (f)	inkvizìcija (m)	[ɪŋkvⁱɪ'zⁱɪtsⁱɪjɛ]
Inquisitor (m)	inkvizìtorius (v)	[ɪŋkvⁱɪ'zⁱɪtorⁱʊs]
Folter (f)	kankìnimas (v)	[kaŋ'kⁱɪnⁱɪmas]
grausam (-e Folter)	žiaurùs	[ʒⁱɛʊ'rʊs]
Häretiker (m)	erètikas (v)	[ɛ'rⁱɛtⁱɪkas]
Häresie (f)	erèzija (m)	[ɛ'rⁱɛzⁱɪjɛ]

Seefahrt (f)	navigãcija (m)	[navⁱɪ'ga:tsⁱɪjɛ]
Seeräuber (m)	pirãtas (v)	[pⁱɪ'ra:tas]
Seeräuberei (f)	piratãvimas (v)	[pⁱɪra'ta:vⁱɪmas]
Enterung (f)	abordažas (v)	[abor'daʒas]
Beute (f)	grõbis (v)	['gro:bⁱɪs]
Schätze (pl)	lõbis (v)	['lⁱo:bⁱɪs]

Entdeckung (f)	atradìmas (v)	[atra'dⁱɪmas]
entdecken (vt)	atràsti	[at'rastⁱɪ]
Expedition (f)	ekspedìcija (m)	[ɛkspⁱɛ'dⁱɪtsⁱɪjɛ]

Musketier (m)	muškiẽtininkas (v)	[mʊʃkⁱɛtⁱɪnⁱɪŋkas]
Kardinal (m)	kardinõlas (v)	[kardⁱɪ'no:lⁱas]
Heraldik (f)	heráldika (m)	[ɣⁱɛ'ralⁱdⁱɪka]
heraldisch	heráldikos	[ɣⁱɛ'ralⁱdⁱɪkos]

159. Führungspersonen. Chef. Behörden

König (m)	karãlius (v)	[ka'ra:lⁱʊs]
Königin (f)	karaliénė (m)	[kara'lⁱiɛnⁱe:]
königlich	karãliškas	[ka'ra:lⁱɪʃkas]
Königreich (n)	karalȳstė (m)	[kara'lⁱi:stⁱe:]

| Prinz (m) | prìncas (v) | ['prⁱɪntsas] |
| Prinzessin (f) | princèsė (m) | [prⁱɪn'tsⁱɛsⁱe:] |

Präsident (m)	prezidentas (v)	[pr'ɛz'ɪ'd'ɛntas]
Vizepräsident (m)	viceprezidentas (v)	[v'ɪts'ɛpr'ɛz'ɪ'd'ɛntas]
Senator (m)	senatorius (v)	[s'ɛ'na:tor'ʊs]

Monarch (m)	monarchas (v)	[mo'narxas]
Herrscher (m)	valdovas (v)	[val'ʲdo:vas]
Diktator (m)	diktatorius (v)	[d'ɪk'ta:tor'ʊs]
Tyrann (m)	tironas (v)	[t'ɪ'ro:nas]
Magnat (m)	magnatas (v)	[mag'na:tas]

Direktor (m)	direktorius (v)	[d'ɪ'r'ɛktor'ʊs]
Chef (m)	šefas (v)	['ʃɛfas]
Leiter (einer Abteilung)	valdytojas (v)	[val'ʲd'i:to:jɛs]
Boss (m)	bosas (v)	['bo:sas]
Eigentümer (m)	savininkas (v)	[sav'ɪ'n'ɪŋkas]

Führer (m)	vadas (v)	['va:das]
Leiter (Delegations-)	vadovas (v)	[va'do:vas]
Behörden (pl)	valdžios organai (v dgs)	[val'ʲdʒ'o:s 'organʌɪ]
Vorgesetzten (pl)	vadovybė (m)	[vado'v'i:b'e:]

Gouverneur (m)	gubernatorius (v)	[gʊb'ɛr'na:tor'ʊs]
Konsul (m)	konsulas (v)	['konsʊl'as]
Diplomat (m)	diplomatas (v)	[d'ɪpl'o'ma:tas]
Bürgermeister (m)	meras (v)	['m'ɛras]
Sheriff (m)	šerifas (v)	[ʃɛr'ɪfas]

Kaiser (m)	imperatorius (v)	[ɪmp'ɛ'ra:tor'ʊs]
Zar (m)	caras (v)	['tsa:ras]
Pharao (m)	faraonas (v)	[fara'onas]
Khan (m)	chanas (v)	['xa:nas]

160. Gesetzesverstoß Verbrecher. Teil 1

Bandit (m)	banditas (v)	[ban'd'ɪtas]
Verbrechen (n)	nusikaltimas (v)	[nʊs'ɪkal'ʲt'ɪmas]
Verbrecher (m)	nusikaltėlis (v)	[nʊs'ɪ'kalt'e:l'ɪs]

Dieb (m)	vagis (v)	[va'g'ɪs]
stehlen (vt)	vogti	['vo:kt'ɪ]
Diebstahl (m), Stehlen (n)	vagystė (m)	[va'g'i:st'e:]

kidnappen (vt)	pagrobti	[pag'ropt'ɪ]
Kidnapping (n)	pagrobėjas (v)	[pagro'b'e:jas]
Kidnapper (m)	pagrobimas (v)	[pagro'b'ɪmas]

| Lösegeld (n) | išpirka (m) | ['ɪʃp'ɪrka] |
| Lösegeld verlangen | reikalauti išpirkos | [r'ɛɪka'l'ɑʊt'ɪ 'ɪʃp'ɪrkos] |

rauben (vt)	plėšikauti	[pl'e:ʃ'ɪ'kɑʊt'ɪ]
Raub (m)	apiplėšimas (v)	[ap'ɪ'pl'e:ʃ'ɪmas]
Räuber (m)	plėšikas (v)	[pl'e:'ʃɪkas]
erpressen (vt)	prievartauti	[pr'ɪɛvar'tɑʊt'ɪ]
Erpresser (m)	prievartautojas (v)	[pr'ɪɛvar'tɑʊto:jɛs]

Erpressung (f)	prievartãvimas (v)	[prʲiɛvar'ta:vʲɪmas]
morden (vt)	nužudýti	[nuʒu'dʲi:tʲɪ]
Mord (m)	nužùdymas (v)	[nu'ʒudʲi:mas]
Mörder (m)	žudìkas (v)	[ʒu'dʲɪkas]

Schuss (m)	šũvis (v)	['ʃu:vʲɪs]
schießen (vt)	iššáuti	[ɪʃ'ʃautʲɪ]
erschießen (vt)	nušáuti	[nu'ʃautʲɪ]
feuern (vi)	šáudyti	['ʃaudʲi:tʲɪ]
Schießerei (f)	šáudymas (v)	['ʃaudʲi:mas]

Vorfall (m)	įvykis (v)	['i:vʲɪːkʲɪs]
Schlägerei (f)	muštynės (m dgs)	[muʃ'tʲi:nʲe:s]
Hilfe!	Gélbėkit!	['gʲɛlʲbʲe:kʲɪt!]
Opfer (n)	aukà (m)	[au'ka]

beschädigen (vt)	sugadìnti	[suga'dʲɪntʲɪ]
Schaden (m)	núostolis (v)	['nuastolʲɪs]
Leiche (f)	lavónas (v)	[lʲa'vonas]
schwer (-es Verbrechen)	sunkùs	[suŋ'kus]

angreifen (vt)	užpùlti	[uʒ'pulʲtʲɪ]
schlagen (vt)	mùšti	['muʃtʲɪ]
verprügeln (vt)	sumùšti	[su'muʃtʲɪ]
wegnehmen (vt)	atim̃ti	[a'tʲɪmtʲɪ]
erstechen (vt)	papjáuti	[pa'pjautʲɪ]
verstümmeln (vt)	sužalóti	[suʒa'lʲotʲɪ]
verwunden (vt)	sužalóti	[suʒa'lʲotʲɪ]

Erpressung (f)	šantãžas (v)	[ʃan'ta:ʒas]
erpressen (vt)	šantažúoti	[ʃanta'ʒuatʲɪ]
Erpresser (m)	šantažúotojas (v)	[ʃanta'ʒuato:jɛs]

Schutzgelderpressung (f)	rèketas (v)	['rʲɛkʲɛtas]
Erpresser (Racketeer)	reketúotojas (v)	[rʲɛkʲɛ'tuato:jɛs]
Gangster (m)	gángsteris (v)	['gangstʲɛrʲɪs]
Mafia (f)	mãfija (m)	['ma:fʲɪjɛ]

| Taschendieb (m) | kišénvagis (v) | [kʲɪ'ʃɛnvagʲɪs] |
| Einbrecher (m) | įsilaužėlis (v) | [i:sʲɪlau'ʒʲe:lʲɪs] |

| Schmuggel (m) | kontrabánda (m) | [kontra'banda] |
| Schmuggler (m) | kontrabándininkas (v) | [kontra'bandʲɪnʲɪŋkas] |

Fälschung (f)	klastõtė (m)	[klʲas'to:tʲe:]
fälschen (vt)	klastóti	[klʲas'totʲɪ]
gefälscht	klastõtė	[klʲas'to:tʲe:]

161. Gesetzesbruch. Verbrecher. Teil 2

Vergewaltigung (f)	išprievartãvimas (v)	[ɪʃprʲiɛvar'ta:vʲɪmas]
vergewaltigen (vt)	išprievartáuti	[ɪʃprʲiɛvar'tautʲɪ]
Gewalttäter (m)	prievartáutojas (v)	[prʲiɛvar'tauto:jɛs]
Besessene (m)	maniãkas (v)	[manʲɪ'jakas]

Prostituierte (f)	prostitutė (m)	[prostɪr'tʊtʲeː]
Prostitution (f)	prostitucija (m)	[prostɪr'tʊtsʲɪjɛ]
Zuhälter (m)	suteneris (v)	[sʊ'tʲɛnʲɛrʲɪs]
Drogenabhängiger (m)	narkomãnas (v)	[narko'maːnas]
Drogenhändler (m)	prekiautojas narkotikais (v)	[prʲɛ'kʲæʊtoːjɛs nar'kotʲɪkʌɪs]
sprengen (vt)	susprogdinti	[sʊsprog'dʲɪntʲɪ]
Explosion (f)	sprogimas (v)	[spro'gʲɪmas]
in Brand stecken	padegti	[pa'dʲɛktʲɪ]
Brandstifter (m)	padegėjas (v)	[padʲɛ'gʲeːjas]
Terrorismus (m)	terorizmas (v)	[tʲɛro'rʲɪzmas]
Terrorist (m)	teroristas (v)	[tʲɛro'rʲɪstas]
Geisel (m, f)	įkaitas (v)	['iːkʌɪtas]
betrügen (vt)	apgauti	[ap'gaʊtʲɪ]
Betrug (m)	apgavystė (m)	[apga'vʲiːstʲeː]
Betrüger (m)	sukčius (v)	['sʊktʲʃʲʊs]
bestechen (vt)	papirkti	[pa'pʲɪrktʲɪ]
Bestechlichkeit (f)	papirkimas (v)	[papʲɪr'kʲɪmas]
Bestechungsgeld (n)	kyšis (v)	['kʲiːʃɪs]
Gift (n)	nuodas (v)	['nʊɑdas]
vergiften (vt)	nunuodyti	[nʊ'nʊɑdʲiːtʲɪ]
sich vergiften	nusinuodyti	[nʊsʲɪnʊɑdʲiːtʲɪ]
Selbstmord (m)	savižudybė (m)	[savʲɪʒʊ'dʲiːbʲeː]
Selbstmörder (m)	savižudis (v)	[sa'vʲɪʒʊdʲɪs]
drohen (vi)	grasinti	[gra'sʲɪntʲɪ]
Drohung (f)	grasinimas (v)	[gra'sʲɪnʲɪmas]
versuchen (vt)	kėsintis	[kʲeː'sʲɪntʲɪs]
Attentat (n)	pasikėsinimas (v)	[pasʲɪkʲeː'sʲɪnʲɪmas]
stehlen (Auto ~)	nuvaryti	[nʊva'rʲiːtʲɪ]
entführen (Flugzeug ~)	nuvaryti	[nʊva'rʲiːtʲɪ]
Rache (f)	kerštas (v)	['kʲɛrʃtas]
sich rächen	keršyti	['kʲɛrʃɪːtʲɪ]
foltern (vt)	kankinti	[kaŋ'kʲɪntʲɪ]
Folter (f)	kankinimas (v)	[kaŋ'kʲɪnʲɪmas]
quälen (vt)	kankinti	[kaŋ'kʲɪntʲɪ]
Seeräuber (m)	piratas (v)	[pʲɪ'raːtas]
Rowdy (m)	chuligãnas (v)	[xʊlʲɪ'gaːnas]
bewaffnet	ginkluotas	[gʲɪŋk'lʲʊatas]
Gewalt (f)	prievarta (m)	['prʲɪɛvarta]
Spionage (f)	špionãžas (v)	[ʃpʲo'naːʒas]
spionieren (vi)	šnipinėti	[ʃnʲɪpʲɪ'nʲeːtʲɪ]

162. Polizei Recht. Teil 1

Justiz (f)	teĩsmas (v)	['tʲɛɪsmas]
Gericht (n)	teĩsmas (v)	['tʲɛɪsmas]

Richter (m)	teisė́jas (v)	[tʲɛɪ'sʲeːjas]
Geschworenen (pl)	prisíekusieji (v)	[prʲɪ'sʲiɛkʊsʲiɛji]
Geschworenengericht (n)	prisíekusiųjų teĩsmas (v)	[prʲɪ'sʲiɛkʊsʲuːjuː 'tʲɛɪsmas]
richten (vt)	teĩsti	['tʲɛɪstʲɪ]

Rechtsanwalt (m)	advokãtas (v)	[advo'kaːtas]
Angeklagte (m)	teisiamàsis (v)	[tʲɛɪsʲæ'masʲɪs]
Anklagebank (f)	teisiamų̃jų súolas (v)	[tʲɛɪsʲæ'muːjuː 'sʊalʲas]

Anklage (f)	ka̓ltinimai (v)	['kalʲtʲɪnʲɪmʌɪ]
Beschuldigte (m)	ka̓ltinamasis (v)	['kalʲtʲɪnamasʲɪs]

Urteil (n)	núosprendis (v)	['nʊasprʲɛndʲɪs]
verurteilen (vt)	nuteĩsti	[nʊ'tʲɛɪstʲɪ]

Schuldige (m)	kaltinĩnkas (v)	[kalʲtʲɪ'nʲɪŋkas]
bestrafen (vt)	nubaũsti	[nʊ'baʊstʲɪ]
Strafe (f)	bausmė̃ (m)	[baʊs'mʲeː]

Geldstrafe (f)	baudà (m)	[baʊ'da]
lebenslange Haft (f)	kalė́jimas ikì gyvõs galvõs (v)	[ka'lʲeːjɪmas ikʲɪ gʲɪ'voːs galʲ'voːs]
Todesstrafe (f)	mirtiė̃s bausmė̃ (m)	[mʲɪr'tʲɛs baʊs'mʲeː]
elektrischer Stuhl (m)	elèktros kė̃dė (m)	[e'lʲɛktros kʲe'dʲeː]
Galgen (m)	ka̓rtuvės (m dgs)	['kartʊvʲeːs]

hinrichten (vt)	baũsti mirtimì	['baʊstʲɪ mʲɪrtʲɪ'mʲɪ]
Hinrichtung (f)	baudìmas mirtimì (v)	[baʊ'dʲɪmas mʲɪrtʲɪ'mʲɪ]

Gefängnis (n)	kalė́jimas (v)	[ka'lʲɛjɪmas]
Zelle (f)	ka̓mera (m)	['ka:mʲɛra]

Eskorte (f)	konvòjus (v)	[kɔn'vojʊs]
Gefängniswärter (m)	prižiūrė́tojas (v)	[prʲɪʒʲuː'rʲeːto:jɛs]
Gefangene (m)	kalinỹs (v)	[kalʲɪ'nʲiːs]

Handschellen (pl)	añtrankiai (v dgs)	['añtrakʲɛɪ]
Handschellen anlegen	uždė́ti añtrankius	[ʊʒ'dʲeːtʲɪ 'añtraŋkʲʊs]

Ausbruch (Flucht)	pabė́gìmas (v)	[pabʲe'gʲɪmas]
ausbrechen (vi)	pabė́gti	[pa'bʲe:ktʲɪ]
verschwinden (vi)	diñgti	['dʲɪŋktʲɪ]
aus ... entlassen	paleĩsti	[pa'lʲɛɪstʲɪ]
Amnestie (f)	amnèstija (m)	[am'nʲɛstʲɪjɛ]

Polizei (f)	polìcija (m)	[po'lʲɪtsʲɪjɛ]
Polizist (m)	polìcininkas (v)	[po'lʲɪtsʲɪnʲɪŋkas]
Polizeiwache (f)	polìcijos núovada (m)	[po'lʲɪtsʲɪjos 'nʊavada]
Gummiknüppel (m)	gumìnis pagalỹs (v)	[gʊ'mʲɪnʲɪs paga'lʲiːs]
Sprachrohr (n)	garsiãkalbis (v)	[gar'sʲækalʲbʲɪs]

Streifenwagen (m)	patrùlio mašinà (m)	[pat'rʊlʲɔ maʃɪ'na]
Sirene (f)	sirenà (m)	[sʲɪrʲɛ'na]
die Sirene einschalten	įjùngti sirèną	[iː'jʊŋktʲɪ sʲɪrʲɛna:]
Sirenengeheul (n)	sirènos kaukìmas (v)	[sʲɪrʲɛnos kɑʊ'kʲɪmas]

Tatort (m)	įvykio vietà (m)	['iːvʲɪːkʲɔ vʲiɛ'ta]
Zeuge (m)	liùdininkas (v)	['lʲʊdʲɪnʲɪŋkas]
Freiheit (f)	laisvė (f)	['lʲʌɪsvʲeː]
Komplize (m)	beñdrininkas (v)	['bʲɛndrʲɪnʲɪŋkas]
verschwinden (vi)	pasislėpti	[pasʲɪ'slʲeːptʲɪ]
Spur (f)	pėdsakas (v)	['pʲeːdsakas]

163. Polizei. Recht. Teil 2

Fahndung (f)	paieškà (m)	[paʲiɛʃ'ka]
suchen (vt)	ieškóti	[ɪɛʃkotʲɪ]
Verdacht (m)	įtarìmas (v)	[iːta'rʲɪːmas]
verdächtig (Adj)	įtartìnas	[iː'tartʲɪnas]
anhalten (Polizei)	sustabdýti	[sʊstab'dʲiːtʲɪ]
verhaften (vt)	sulaikýti	[sʊlʲʌɪ'kʲiːtʲɪ]

Fall (m), Klage (f)	bylà (m)	[bʲɪː'lʲa]
Untersuchung (f)	tyrìmas (v)	[tʲɪː'rʲɪmas]
Detektiv (m)	detektývas (v)	[dʲɛtʲɛk'tʲiːvas]
Ermittlungsrichter (m)	tyrėjas (v)	[tʲɪː'rʲeːjas]
Version (f)	vèrsija (m)	['vʲɛrsʲɪjɛ]

Motiv (n)	motỹvas (v)	[mo'tʲiːvas]
Verhör (n)	apklausà (m)	[apklʲɑʊ'sa]
verhören (vt)	apkláusti	[ap'klʲɑʊstʲɪ]
vernehmen (vt)	apkláusti	[ap'klʲɑʊstʲɪ]
Kontrolle (Personen-)	patìkrinimas (v)	[pa'tʲɪkrʲɪnʲɪmas]

Razzia (f)	gaudỹnės (m dgs)	[gɑʊ'dʲiːnʲeːs]
Durchsuchung (f)	kratà (m)	[kra'ta]
Verfolgung (f)	vijìmasis (v)	[vʲɪ'jɪmasʲɪs]
nachjagen (vi)	sèkti	['sʲɛktʲɪ]
verfolgen (vt)	sèkti	['sʲɛktʲɪ]

Verhaftung (f)	ãreštas (v)	['aːrʲɛʃtas]
verhaften (vt)	areštúoti	[arʲɛʃ'tʊatʲɪ]
fangen (vt)	pagáuti	[pa'gɑʊtʲɪ]
Festnahme (f)	pagavìmas (v)	[paga'vʲɪmas]

Dokument (n)	dokumeñtas (v)	[dokʊ'mʲɛntas]
Beweis (m)	įródymas (v)	[iː'rodʲɪːmas]
beweisen (vt)	įródyti	[iː'rodʲɪːtʲɪ]
Fußspur (f)	pėdsakas (v)	['pʲeːdsakas]
Fingerabdrücke (pl)	pìrštų añtspaudai (v dgs)	['pʲɪrʃtuː 'antspɑʊdʌɪ]
Beweisstück (n)	įkaltis (v)	['iːkalʲtʲɪs]

Alibi (n)	ãlibi (v)	['aːlʲɪbʲɪ]
unschuldig	nekáltas	[nʲɛ'kalʲtas]
Ungerechtigkeit (f)	neteisingùmas (v)	[nʲɛtʲɛɪsʲɪn'gʊmas]

ungerecht	**neteisingas**	[nʲɛtʲɛɪ'sʲɪngas]
Kriminal-	**kriminālinis**	[krʲɪmʲɪ'na:lʲɪnʲɪs]
beschlagnahmen (vt)	**konfiskúoti**	[kɔnfʲɪs'kuɑtʲɪ]
Droge (f)	**narkòtikas** (v)	[nar'kotʲɪkas]
Waffe (f)	**giñklas** (v)	['gʲɪŋklʲas]
entwaffnen (vt)	**nuginklúoti**	[nʊgʲɪŋ'klʲuɑtʲɪ]
befehlen (vt)	**įsakinéti**	[i:sakʲɪ'nʲe:tʲɪ]
verschwinden (vi)	**diñgti**	['dʲɪŋktʲɪ]
Gesetz (n)	**įstãtymas** (v)	[i:'sta:ti:mas]
gesetzlich	**teisétas**	[tʲɛɪ'sʲe:tas]
ungesetzlich	**neteisétas**	[nʲɛtʲɛɪ'sʲe:tas]
Verantwortlichkeit (f)	**atsakomýbė** (m)	[atsako'mʲi:bʲe:]
verantwortlich	**atsakìngas**	[atsa'kʲɪngas]

NATUR

Die Erde. Teil 1

164. Weltall

Kosmos (m)	kòsmosas (v)	['kosmosas]
kosmisch, Raum-	kòsminis	['kosmʲɪnʲɪs]
Weltraum (m)	kòsminė erdvě (m)	['kosmʲɪnʲe: ɛrd'vʲe:]
All (n)	visatà (m)	[vʲɪsa'ta]
Universum (n)	pasáulis (v)	[pa'sɑʊlʲɪs]
Galaxie (f)	galäktika (m)	[ga'lʲa:ktʲɪka]
Stern (m)	žvaigždě (m)	[ʒvʌɪg'ʒdʲe:]
Gestirn (n)	žvaigždýnas (v)	[ʒvʌɪgʒ'dʲi:nas]
Planet (m)	planetà (m)	[plʲanʲɛ'ta]
Satellit (m)	palydòvas (v)	[palʲi:'dɔ:vas]
Meteorit (m)	meteoritas (v)	[mʲɛtʲɛo'rʲɪtas]
Komet (m)	kometà (m)	[kɔmʲɛ'ta]
Asteroid (m)	asteròidas (v)	[astʲɛ'rɔɪdas]
Umlaufbahn (f)	orbità (m)	[orbʲɪ'ta]
sich drehen	sùktis	['sʊktʲɪs]
Atmosphäre (f)	atmosferà (m)	[atmosfʲɛ'ra]
Sonne (f)	Sáulė (m)	['sɑʊlʲe:]
Sonnensystem (n)	Sáulės sistemà (m)	['sɑʊlʲe:s sʲɪste'ma]
Sonnenfinsternis (f)	Sáulės užtemìmas (v)	['sɑʊlʲe:s ʊʒtʲɛ'mʲɪmas]
Erde (f)	Žěmė (m)	['ʒʲæmʲe:]
Mond (m)	Měnùlis (v)	[mʲe:'nʊlʲɪs]
Mars (m)	Màrsas (v)	['marsas]
Venus (f)	Venerà (m)	[vʲɛnʲɛ'ra]
Jupiter (m)	Jupìteris (v)	[jʊ'pʲɪtʲɛrʲɪs]
Saturn (m)	Satùrnas (v)	[sa'tʊrnas]
Merkur (m)	Merkùrijus (v)	[mʲɛr'kʊrʲɪjʊs]
Uran (m)	Uränas (v)	[ʊ'ra:nas]
Neptun (m)	Neptũnas (v)	[nʲɛp'tu:nas]
Pluto (m)	Plutònas (v)	[plʲʊ'tonas]
Milchstraße (f)	Paũkščių Tãkas (v)	['pɑʊkʃtʃu: 'ta:kas]
Der Große Bär	Didíeji Grĩžulo Rãtai (v dgs)	[dʲɪ'dʲiɛjɪ 'grʲɪ:ʒʊlʲɔ 'ra:tʌɪ]
Polarstern (m)	Šiaurìnė žvaigždě (m)	[ʃʲɛʊ'rʲɪnʲe: ʒvʌɪg'ʒdʲe:]
Marsbewohner (m)	marsiẽtis (v)	[mar'sʲɛtʲɪs]
Außerirdischer (m)	ateĩvis (v)	[a'tʲɛɪvʲɪs]

außerirdisches Wesen (n)	ateĩvis (v)	[a'tʲɛɪvʲɪs]
fliegende Untertasse (f)	skraĩdanti lėkštė (m)	['skrʌɪdantʲɪ lʲe:kʃtʲe:]

Raumschiff (n)	kòsminis laĩvas (v)	['kosmʲɪnʲɪs 'lʲʌɪvas]
Raumstation (f)	orbìtos stotìs (m)	[or'bʲɪtos sto'tʲɪs]
Raketenstart (m)	stártas (v)	['startas]

Triebwerk (n)	varìklis (v)	[va'rʲɪklʲɪs]
Düse (f)	tū̃tà (m)	[tu:'ta]
Treibstoff (m)	kùras (v)	['kʊras]

Kabine (f)	kabinà (m)	[kabʲɪ'na]
Antenne (f)	antenà (m)	[antʲɛ'na]
Bullauge (n)	iliuminãtorius (v)	[ɪlʲʊmʲɪ'na:torʲʊs]
Sonnenbatterie (f)	sáulės batèrija (m)	['saʊlʲe:s ba'tʲɛrʲɪjɛ]
Raumanzug (m)	skafándras (v)	[ska'fandras]

Schwerelosigkeit (f)	nesvarùmas (v)	[nʲɛsva'rumas]
Sauerstoff (m)	deguõnis (v)	[dʲɛ'gʊɑnʲɪs]

Ankopplung (f)	susijungìmas (v)	[sʊsʲɪjʊn'gʲɪmas]
koppeln (vi)	susijùngti	[sʊsʲɪ'jʊŋktʲɪ]

Observatorium (n)	observatòrija (m)	[obsʲɛrva'torʲɪjɛ]
Teleskop (n)	teleskòpas (v)	[tʲɛlʲɛ'skopas]
beobachten (vt)	stebéti	[stɛ'bʲe:tʲɪ]
erforschen (vt)	tyrinéti	[tʲi:rʲɪ'nʲe:tʲɪ]

165. Die Erde

Erde (f)	Žẽmė (m)	['ʒʲæmʲe:]
Erdkugel (f)	žẽmės rutulỹs (v)	['ʒʲæmʲe:s rʊtu'lʲi:s]
Planet (m)	planetà (m)	[plʲanʲɛ'ta]

Atmosphäre (f)	atmosferà (m)	[atmosfʲɛ'ra]
Geographie (f)	geogrãfija (m)	[gʲɛo'gra:fʲɪjɛ]
Natur (f)	gamtà (m)	[gam'ta]

Globus (m)	gaublỹs (v)	[gaʊb'lʲi:s]
Landkarte (f)	žemélapis (v)	[ʒe'mʲe:lʲapʲɪs]
Atlas (m)	ãtlasas (v)	['a:tlʲasas]

Europa (n)	Europà (m)	[ɛʊro'pa]
Asien (n)	ãzija (m)	['a:zʲɪjɛ]

Afrika (n)	ãfrika (m)	['a:frʲɪka]
Australien (n)	Austrãlija (m)	[aʊs'tra:lʲɪjɛ]

Amerika (n)	Amèrika (m)	[a'mʲɛrʲɪka]
Nordamerika (n)	Šiáurės Amèrika (m)	['ʃæʊrʲe:s a'mʲɛrʲɪka]
Südamerika (n)	Pietū̃ Amèrika (m)	[pʲiɛ'tu: a'mʲɛrʲɪka]

Antarktis (f)	Antarktidà (m)	[antarktʲɪ'da]
Arktis (f)	Árktika (m)	['arktʲɪka]

166. Himmelsrichtungen

Norden (m)	šiáurė (m)	[ˈʃæʊrʲeː]
nach Norden	į̃ šiáurę	[iː ˈʃæʊrʲɛː]
im Norden	šiáurėje	[ˈʃæʊrʲeːje]
nördlich	šiaurìnis	[ʃɛʊˈrʲɪnʲɪs]
Süden (m)	pietùs (v)	[pʲɛˈtʊs]
nach Süden	į̃ pietùs	[iː pʲɛˈtʊs]
im Süden	pietuosė	[pʲɛtʊɑˈsʲɛ]
südlich	pietìnis	[pʲɛˈtʲɪnʲɪs]
Westen (m)	vakaraĩ (v dgs)	[vakaˈrʌɪ]
nach Westen	į̃ vãkarus	[iː ˈvaːkarʊs]
im Westen	vakaruosė	[vakarʊɑˈsʲɛ]
westlich, West-	vakariẽtiškas	[vakaˈrʲɛtʲɪʃkas]
Osten (m)	rytaĩ (v dgs)	[rʲiːˈtʌɪ]
nach Osten	į̃ rýtus	[iː ˈrʲɪːtʊs]
im Osten	rytuosė	[rʲiːtʊɑˈsʲɛ]
östlich	rytiẽtiškas	[rʲiːˈtʲɛtʲɪʃkas]

167. Meer. Ozean

Meer (n), See (f)	jū́ra (m)	[ˈjuːra]
Ozean (m)	vandenýnas (v)	[vandʲɛˈnʲiːnas]
Golf (m)	į́lanka (m)	[ˈiːlʲaŋka]
Meerenge (f)	są́siauris (v)	[ˈsaːsʲɛʊrʲɪs]
Kontinent (m)	žemýnas (v)	[ʒʲɛˈmʲiːnas]
Insel (f)	salà (m)	[saˈlʲa]
Halbinsel (f)	pusiãsalis (v)	[pʊˈsʲæsalʲɪs]
Archipel (m)	archipelãgas (v)	[arxɪpʲɛˈlʲaːgas]
Bucht (f)	užùtekis (v)	[ʊʒʊtʲɛkʲɪs]
Hafen (m)	úostas (v)	[ˈʊɑstas]
Lagune (f)	lagūnà (m)	[lʲaguːˈna]
Kap (n)	iškyšulỹs (v)	[ɪʃkʲiːʃʊˈlʲiːs]
Atoll (n)	atõlas (v)	[aˈtolʲas]
Riff (n)	rìfas (v)	[ˈrʲɪfas]
Koralle (f)	korãlas (v)	[kɔˈraːlʲas]
Korallenriff (n)	korãlų rìfas (v)	[kɔˈraːlʲuː ˈrʲɪfas]
tief (Adj)	gilùs	[gʲɪˈlʲʊs]
Tiefe (f)	gỹlis (v)	[ˈgʲiːlʲɪs]
Abgrund (m)	bedùgnė (m)	[bʲɛˈdʊgnʲeː]
Graben (m)	į́duba (m)	[ˈiːdʊba]
Strom (m)	srovė̃ (m)	[sroˈvʲeː]
umspülen (vt)	skaláuti	[skaˈlʲɑʊtʲɪ]
Ufer (n)	pajūris (v)	[ˈpajuːrʲɪs]
Küste (f)	pakránte (m)	[pakˈrantʲeː]

Flut (f)	antplūdis (v)	['antplʲu:dʲɪs]
Ebbe (f)	atóslūgis (v)	[a'toslʲu:gʲɪs]
Sandbank (f)	atābradas (v)	[a'ta:bradas]
Boden (m)	dùgnas (v)	['dʊgnas]

Welle (f)	bangà (m)	[ban'ga]
Wellenkamm (m)	bangõs keterà (m)	[ban'go:s kʲɛtʲɛ'ra]
Schaum (m)	pùtos (m dgs)	['pʊtos]

Sturm (m)	audrà (m)	[ɑʊd'ra]
Orkan (m)	uragānas (v)	[ʊra'ga:nas]
Tsunami (m)	cunāmis (v)	[tsʊ'na:mʲɪs]
Windstille (f)	štiliùs (v)	[ʃtʲɪ'lʲʊs]
ruhig	ramùs	[ra'mʊs]

| Pol (m) | ašìgalis (v) | [a'ʃɪgalʲɪs] |
| Polar- | poliãrinis | [po'lʲærʲɪnʲɪs] |

Breite (f)	platumà (m)	[plʲatʊ'ma]
Länge (f)	ilgumà (m)	[ɪlʲgʊ'ma]
Breitenkreis (m)	paralèlė (m)	[para'lʲɛlʲe:]
Äquator (m)	ekvātorius (v)	[ɛk'va:torʲʊs]

Himmel (m)	dangùs (v)	[dan'gʊs]
Horizont (m)	horizòntas (v)	[ɣorʲɪ'zontas]
Luft (f)	óras (v)	['oras]

Leuchtturm (m)	švytur̃ỹs (v)	[ʃvʲi:tʊ'rʲi:s]
tauchen (vi)	nárdyti	['nardʲi:tʲɪ]
versinken (vi)	nuskę̃sti	[nʊ'skʲɛ:stʲɪ]
Schätze (pl)	lõbis (v)	['lʲo:bʲɪs]

168. Berge

Berg (m)	kálnas (v)	['kalʲnas]
Gebirgskette (f)	kalnų̃ vìrtinė (m)	[kalʲ'nu: vʲɪrtʲɪnʲe:]
Bergrücken (m)	kalnāgūbris (v)	[kalʲ'na:gu:brʲɪs]

Gipfel (m)	viršū̃nė (m)	[vʲɪr'ʃu:nʲe:]
Spitze (f)	pìkas (v)	['pʲɪkas]
Bergfuß (m)	papédė (m)	[pa'pʲe:dʲe:]
Abhang (m)	núokalnė (m)	['nʊakalʲnʲe:]

Vulkan (m)	ugnìkalnis (v)	[ʊg'nʲɪkalʲnʲɪs]
tätiger Vulkan (m)	veĩkiantis ugnìkalnis (v)	['vʲɛɪkʲæntʲɪs ʊg'nʲɪkalʲnʲɪs]
schlafender Vulkan (m)	užgēsęs ugnìkalnis (v)	[ʊʒ'gʲæsʲɛ:s ʊg'nʲɪkalʲnʲɪs]

Ausbruch (m)	išsivéržimas (v)	[ɪʃsʲɪvʲɛr'ʒʲɪmas]
Krater (m)	krāteris (v)	['kra:tʲɛrʲɪs]
Magma (n)	magmà (m)	[mag'ma]
Lava (f)	lavà (m)	[lʲa'va]
glühend heiß (-e Lava)	įkaĩtęs	[i:'kʌɪtʲɛ:s]
Cañon (m)	kanjònas (v)	[ka'njɔ nas]
Schlucht (f)	tarpùkalnė (m)	[tar'pʊkalʲnʲe:]

Spalte (f)	tarpėklis (m)	[tar'pʲæklʲɪs]
Gebirgspass (m)	kalnãkelis (m)	[kalʲˈnakʲɛlʲɪs]
Plateau (n)	gulstė (m)	[gʊlʲˈstʲe:]
Fels (m)	uolà (m)	[ʊɑ'lʲa]
Hügel (m)	kalvà (m)	[kalʲˈva]

Gletscher (m)	ledýnas (v)	[lʲɛ'dʲi:nas]
Wasserfall (m)	krioklỹs (v)	[krʲok'lʲi:s]
Geiser (m)	geìzeris (v)	['gʲɛɪzʲɛrʲɪs]
See (m)	ẽžeras (v)	['ɛʒʲɛras]

Ebene (f)	lygumà (m)	[lʲi:gʊ'ma]
Landschaft (f)	peizãžas (v)	[pʲɛɪ'za:ʒas]
Echo (n)	áidas (v)	['ʌɪdas]

Bergsteiger (m)	alpinìstas (v)	[alʲpʲɪ'nʲɪstas]
Kletterer (m)	uolakopỹs (v)	[ʊɑlʲako'pỹs]
bezwingen (vt)	pavérgti	[pa'vʲɛrktʲɪ]
Aufstieg (m)	kopìmas (v)	[kɔ'pʲɪmas]

169. Flüsse

Fluss (m)	ùpė (m)	['ʊpʲe:]
Quelle (f)	šaltìnis (v)	[ʃalʲˈtʲɪnʲɪs]
Flussbett (n)	vagà (m)	[va'ga]
Stromgebiet (n)	baseìnas (v)	[ba'sʲɛɪnas]
einmünden in …	įtekéti į̃ …	[i:tʲɛ'kʲe:tʲɪ i: ..]

Nebenfluss (m)	añtplūdis (v)	['antplʲu:dʲɪs]
Ufer (n)	krañtas (v)	['krantas]

Strom (m)	srovė̃ (m)	[sro'vʲe:]
stromabwärts	pasroviuì	[pasro'vʲʊɪ]
stromaufwärts	priẽš srõvę	['prʲɛʃ 'sro:vʲɛ:]

Überschwemmung (f)	pótvynis (v)	['potvʲi:nʲɪs]
Hochwasser (n)	póplūdis (v)	['poplʲu:dʲɪs]
aus den Ufern treten	išsilíeti	[ɪʃsʲɪ'lʲietʲɪ]
überfluten (vt)	tvìndyti	['tvʲɪndʲi:tʲɪ]

Sandbank (f)	seklumà (m)	[sʲɛklʲʊ'ma]
Stromschnelle (f)	sleñkstis (v)	['slʲɛŋkstʲɪs]

Damm (m)	ùžtvanka (m)	['ʊʒtvaŋka]
Kanal (m)	kanãlas (v)	[ka'na:lʲas]
Stausee (m)	vandeñs saugyklà (m)	[van'dʲɛns sɑʊgʲi:k'lʲa]
Schleuse (f)	šliùzas (v)	['ʃlʲʊzas]

Gewässer (n)	vandeñs telkinỹs (v)	[van'dʲɛns tʲɛlʲkʲɪ'nʲi:s]
Sumpf (m), Moor (n)	pélkė (m)	['pʲɛlʲkʲe:]
Marsch (f)	liū́nas (v)	['lʲu:nas]
Strudel (m)	verpétas (v)	[vʲɛr'pʲætas]
Bach (m)	upẽlis (v)	[ʊ'pʲælʲɪs]
Trink- (z.B. Trinkwasser)	gẽriamas	['gʲærʲæmas]

Süß- (Wasser)	gėlas	['gʲeːlʲas]
Eis (n)	lẽdas (v)	['lʲædas]
zufrieren (vi)	užšálti	[ʊʒ'ʃalʲtʲɪ]

170. Wald

Wald (m)	mìškas (v)	['mʲɪʃkas]
Wald-	miškìnis	[mʲɪʃ'kʲɪnʲɪs]
Dickicht (n)	tankumýnas (v)	[taŋkʊ'mʲiːnas]
Gehölz (n)	giráitė (m)	[gʲɪ'rʌɪtʲeː]
Lichtung (f)	laũkas (v)	['lʲaʊkas]
Dickicht (n)	žolýnas, beržýnas (v)	[ʒoˈlʲiːnas], [bʲɛr'ʒʲiːnas]
Gebüsch (n)	krūmýnas (v)	[kruːˈmʲiːnas]
Fußweg (m)	takẽlis (v)	[ta'kʲælʲɪs]
Erosionsrinne (f)	griovỹs (v)	[grʲo'vʲiːs]
Baum (m)	mẽdis (v)	['mʲædʲɪs]
Blatt (n)	lãpas (v)	['lʲaːpas]
Laub (n)	lapijà (m)	[lʲapʲɪ'ja]
Laubfall (m)	lãpų kritìmas (v)	['lʲaːpu: krʲɪ'tʲɪmas]
fallen (Blätter)	krìsti	['krʲɪstʲɪ]
Wipfel (m)	viršū́nė (m)	[vʲɪr'ʃuːnʲeː]
Zweig (m)	šakà (m)	[ʃa'ka]
Ast (m)	šakà (m)	[ʃa'ka]
Knospe (f)	pum̃puras (v)	['pumpʊras]
Nadel (f)	spyglỹs (v)	[spʲiːg'lʲiːs]
Zapfen (m)	kankórėžis (v)	[kaŋ'korʲeːʒʲɪs]
Höhlung (f)	úoksas (v)	['ʊaksas]
Nest (n)	lìzdas (v)	['lʲɪzdas]
Höhle (f)	olà (m)	[o'lʲa]
Stamm (m)	kamíenas (v)	[ka'mʲiɛnas]
Wurzel (f)	šaknìs (m)	[ʃak'nʲɪs]
Rinde (f)	žievẽ (m)	[ʒʲiɛ'vʲeː]
Moos (n)	sãmana (m)	['sa:mana]
entwurzeln (vt)	ráuti	['raʊtʲɪ]
fällen (vt)	kìŕsti	['kʲɪrstʲɪ]
abholzen (vt)	iškìrsti	[ɪʃ'kʲɪrstʲɪ]
Baumstumpf (m)	kélmas (v)	['kʲɛlʲmas]
Lagerfeuer (n)	láužas (v)	['lʲaʊʒas]
Waldbrand (m)	gaĩsras (v)	['gʌɪsras]
löschen (vt)	gesìnti	[gʲɛ's'ɪntʲɪ]
Förster (m)	mìškininkas (v)	['mʲɪʃkʲɪnʲɪŋkas]
Schutz (m)	apsaugà (m)	[apsaʊ'ga]
beschützen (vt)	sáugoti	['saʊgotʲɪ]

| Wilddieb (m) | brakoniẽrius (v) | [brako'nʲɛrʲʊs] |
| Falle (f) | spą́stai (v dgs) | ['spa:stʌɪ] |

sammeln (Pilze ~)	grybáuti	[grʲi:'bɑʊtʲɪ]
pflücken (Beeren ~)	uogáuti	[ʊɑ'gɑʊtʲɪ]
sich verirren	pasiklýsti	[pasʲɪ'klʲi:stʲɪ]

171. natürliche Lebensgrundlagen

Naturressourcen (pl)	gamtìniai ìštekliai (v dgs)	[gam'tʲɪnʲɛɪ 'ɪʃtʲɛklʲɛɪ]
Bodenschätze (pl)	naudìngos ìškasenos (m dgs)	[nɑʊ'dʲɪŋgos 'ɪʃkasʲɛnos]
Vorkommen (n)	telkiniaĩ (v dgs)	[tʲɛlʲkʲɪ'nʲɛɪ]
Feld (Ölfeld usw.)	telkinỹs (v)	[tʲɛlʲkʲɪ'nʲi:s]

gewinnen (vt)	iškàsti	[ɪʃ'kastʲɪ]
Gewinnung (f)	laimìkis (v)	[lʲʌɪ'mʲɪkʲɪs]
Erz (n)	rūdà (m)	[ru:'da]
Bergwerk (n)	rūdýnas (v)	[ru:'dʲi:nas]
Schacht (m)	šachtà (m)	[ʃax'ta]
Bergarbeiter (m)	šãchtininkas (v)	['ʃa:xtʲɪnʲɪŋkas]

| Erdgas (n) | dùjos (m dgs) | ['dʊjos] |
| Gasleitung (f) | dujótiekis (v) | [dʊ'jotʲiɛkʲɪs] |

Erdöl (n)	naftà (m)	[naf'ta]
Erdölleitung (f)	naftótiekis (v)	[naf'totʲiɛkʲɪs]
Ölquelle (f)	nãftos bókštas (v)	['na:ftos 'bokʃtas]
Bohrturm (m)	grę̃žimo bókštas (v)	['grʲɛ:ʒʲɪmo 'bokʃtas]
Tanker (m)	tánklaivis (v)	['taŋklʌɪvʲɪs]

Sand (m)	smė̃lis (v)	['smʲe:lʲɪs]
Kalkstein (m)	kálkinis akmuõ (v)	['kalʲkʲɪnʲɪs ak'mʊɑ]
Kies (m)	žvýras (v)	['ʒvʲi:ras]
Torf (m)	dùrpės (m dgs)	['dʊrpʲe:s]
Ton (m)	mólis (v)	['molʲɪs]
Kohle (f)	anglìs (m)	[ang'lʲɪs]

Eisen (n)	geležìs (v)	[gʲɛlʲɛ'ʒʲɪs]
Gold (n)	áuksas (v)	['ɑʊksas]
Silber (n)	sidãbras (v)	[sʲɪ'da:bras]
Nickel (n)	nìkelis (v)	['nʲɪkʲɛlʲɪs]
Kupfer (n)	vãris (v)	['va:rʲɪs]

Zink (n)	cìnkas (v)	['tsʲɪŋkas]
Mangan (n)	mangãnas (v)	[man'ga:nas]
Quecksilber (n)	gývsidabris (v)	['gʲi:vsʲɪdabrʲɪs]
Blei (n)	švìnas (v)	['ʃvʲɪnas]

Mineral (n)	minerãlas (v)	[mʲɪnʲɛ'ra:las]
Kristall (m)	kristãlas (v)	[krʲɪs'ta:lʲas]
Marmor (m)	mármuras (v)	['marmʊras]
Uran (n)	urãnas (v)	[ʊ'ra:nas]

Die Erde. Teil 2

172. Wetter

Wetter (n)	óras (v)	['oras]
Wetterbericht (m)	óro prognózė (m)	['orɔ prog'nozʲe:]
Temperatur (f)	temperatūra (m)	[tʲɛmpʲɛratu:'ra]
Thermometer (n)	termométras (v)	[tʲɛrmo'mʲɛtras]
Barometer (n)	barométras (v)	[baro'mʲɛtras]
feucht	drėgnas	['drʲe:gnas]
Feuchtigkeit (f)	drėgmė (m)	[drʲe:g'mʲe:]
Hitze (f)	karštis (v)	['karʃtʲɪs]
glutheiß	kárštas	['karʃtas]
ist heiß	karšta	['karʃta]
ist warm	šilta	['ʃɪlʲta]
warm (Adj)	šiltas	['ʃɪlʲtas]
ist kalt	šalta	['ʃalʲta]
kalt (Adj)	šaltas	['ʃalʲtas]
Sonne (f)	sáulė (m)	['sɑulʲe:]
scheinen (vi)	šviesti	['ʃvʲɛstʲɪ]
sonnig (Adj)	saulėta	[sɑu'lʲe:ta]
aufgehen (vi)	pakilti	[pa'kʲɪlʲtʲɪ]
untergehen (vi)	léistis	['lʲɛɪstʲɪs]
Wolke (f)	debesìs (v)	[dʲɛbʲɛ'sʲɪs]
bewölkt, wolkig	debesúota	[dʲɛbʲɛ'suɑta]
Regenwolke (f)	debesìs (v)	[dʲɛbʲɛ'sʲɪs]
trüb (-er Tag)	apsiniáukę	[apsʲɪ'nʲæukʲɛ:]
Regen (m)	lietùs (v)	[lʲɛ'tus]
Es regnet	lyja	['lʲi:ja]
regnerisch (-er Tag)	lietingas	[lʲɛ'tʲɪngas]
nieseln (vi)	lynóti	[lʲi:'notʲɪ]
strömender Regen (m)	liūtis (m)	['lʲu:tʲɪs]
Regenschauer (m)	liūtis (m)	['lʲu:tʲɪs]
stark (-er Regen)	stiprùs	[stʲɪp'rus]
Pfütze (f)	balà (m)	[ba'lʲa]
nass werden (vi)	šlàpti	['ʃlʲaptʲɪ]
Nebel (m)	rūkas (v)	['ru:kas]
neblig (-er Tag)	miglótas	[mʲɪg'lʲotas]
Schnee (m)	sniegas (v)	['snʲɛgas]
Es schneit	sninga	['snʲɪŋga]

173. Unwetter Naturkatastrophen

Gewitter (n)	perkūnija (m)	[pʲɛrˈkuːnʲɪjɛ]
Blitz (m)	žaibas (v)	[ˈʒʌɪbas]
blitzen (vi)	žaibúoti	[ʒʌɪˈbʊɑtʲɪ]
Donner (m)	griaustìnis (v)	[grʲɛusˈtʲɪnʲɪs]
donnern (vi)	griáudėti	[ˈgrʲæʊdʲeːtʲɪ]
Es donnert	griáudėja griaustìnis	[ˈgrʲæʊdʲeːja grʲɛusˈtʲɪnʲɪs]
Hagel (m)	krušà (m)	[krʊˈʃa]
Es hagelt	krìnta krušà	[ˈkrʲɪnta krʊˈʃa]
überfluten (vt)	užlíeti	[ʊʒˈlʲiɛtʲɪ]
Überschwemmung (f)	pótvynis (v)	[ˈpotvʲiːnʲɪs]
Erdbeben (n)	žẽmės drebėjimas (v)	[ˈʒʲæmʲeːs dreˈbʲɛjɪmas]
Erschütterung (f)	smũgis (m)	[ˈsmuːgʲɪs]
Epizentrum (n)	epiceñtras (v)	[ɛpʲɪˈtsʲɛntras]
Ausbruch (m)	išsiveržìmas (v)	[ɪʃsʲɪvʲɛrˈʒʲɪmas]
Lava (f)	lavà (m)	[lʲaˈva]
Wirbelsturm (m)	víesulas (v)	[ˈvʲiɛsʊlʲas]
Tornado (m)	tornãdo (v)	[torˈnaːdɔ]
Taifun (m)	taifũnas (v)	[tʌɪˈfuːnas]
Orkan (m)	uragãnas (v)	[ʊraˈgaːnas]
Sturm (m)	audrà (m)	[ɑʊdˈra]
Tsunami (m)	cunãmis (v)	[tsʊˈnaːmʲɪs]
Zyklon (m)	ciklònas (v)	[tsʲɪkˈlʲonas]
Unwetter (n)	dárgana (m)	[ˈdargana]
Brand (m)	gaĩsras (v)	[ˈgʌɪsras]
Katastrophe (f)	katastrofà (m)	[katastroˈfa]
Meteorit (m)	meteorìtas (v)	[mʲɛtʲɛoˈrʲɪtas]
Lawine (f)	lavinà (m)	[lʲavʲɪˈna]
Schneelawine (f)	griūtìs (m)	[grʲuːˈtʲɪs]
Schneegestöber (n)	pūgà (m)	[puːˈga]
Schneesturm (m)	pūgà (m)	[puːˈga]

Fauna

174. Säugetiere. Raubtiere

Raubtier (n)	plėšrūnas (v)	[plʲeːʃruːnas]
Tiger (m)	tìgras (v)	['tʲɪgras]
Löwe (m)	liũtas (v)	['lʲuːtas]
Wolf (m)	vìlkas (v)	['vʲɪlʲkas]
Fuchs (m)	lãpė (m)	['lʲaːpʲeː]

Jaguar (m)	jaguãras (v)	[jagʊ'aːras]
Leopard (m)	leopárdas (v)	[lʲɛo'pardas]
Gepard (m)	gepárdas (v)	[gʲɛ'pardas]

Panther (m)	panterà (m)	[pantʲɛ'ra]
Puma (m)	pumà (m)	[pʊ'ma]
Schneeleopard (m)	snieginis leopárdas (v)	[snʲiɛ'gʲɪnʲɪs lʲɛo'pardas]
Luchs (m)	lũšis (m)	['lʲuːʃɪs]

Kojote (m)	kojòtas (v)	[kɔ'jo tas]
Schakal (m)	šakãlas (v)	[ʃa'kaːlʲas]
Hyäne (f)	hienà (m)	[ɣʲiɛ'na]

175. Tiere in freier Wildbahn

Tier (n)	gyvūnas (v)	[gʲiː'vuːnas]
Bestie (f)	žvėrìs (v)	[ʒvʲeː'rʲɪs]

Eichhörnchen (n)	voverė̃ (m)	[vovʲe'rʲeː]
Igel (m)	ežỹs (v)	[ɛʒʲiː:s]
Hase (m)	kìškis, zuĩkis (v)	['kʲɪʃkʲɪs], ['zʊɪkʲɪs]
Kaninchen (n)	triùšis (v)	['trʲʊʃɪs]

Dachs (m)	barsùkas (v)	[bar'sukas]
Waschbär (m)	meškėnas (v)	[mʲɛʃkʲe:nas]
Hamster (m)	žiurkėnas (v)	[ʒʲʊr'kʲe:nas]
Murmeltier (n)	švilpìkas (v)	[ʃvʲɪlʲ'pʲɪkas]

Maulwurf (m)	kùrmis (v)	['kʊrmʲɪs]
Maus (f)	pelė̃ (m)	[pʲɛ'lʲeː]
Ratte (f)	žiùrkė (m)	['ʒʲʊrkʲeː]
Fledermaus (f)	šikšnósparnis (v)	[ʃɪkʃ'nosparnʲɪs]

Hermelin (n)	šermuonėlis (v)	[ʃermʊa'nʲe:lʲɪs]
Zobel (m)	sãbalas (v)	['saːbalʲas]
Marder (m)	kiáunė (m)	['kʲæʊnʲeː]
Wiesel (n)	žebenkštìs (m)	[ʒʲɛbʲɛŋkʃ'tʲɪs]
Nerz (m)	audìnė (m)	[ɑʊ'dʲɪnʲe:]

| Biber (m) | bẽbras (v) | ['bʲæbras] |
| Fischotter (m) | ū́dra (m) | ['uːdra] |

Pferd (n)	arklỹs (v)	[ark'lʲiːs]
Elch (m)	bríedis (v)	['brʲiɛdʲɪs]
Hirsch (m)	élnias (v)	['ɛlʲnʲæs]
Kamel (n)	kupranugãris (v)	[kupranuˈgaːrʲɪs]

Bison (m)	bizònas (v)	[bʲɪ'zonas]
Wisent (m)	stum̃bras (v)	['stumbras]
Büffel (m)	buìvolas (v)	['buivolʲas]

Zebra (n)	zèbras (v)	['zʲɛbras]
Antilope (f)	antilòpė (m)	[antʲɪ'lʲopʲeː]
Reh (n)	stìrna (m)	['stʲɪrna]
Damhirsch (m)	daniēlius (v)	[da'nʲɛlʲus]
Gämse (f)	gemzė̃ (m)	['gʲɛmzʲeː]
Wildschwein (n)	šérnas (v)	['ʃɛrnas]

Wal (m)	bangìnis (v)	[ban'gʲɪnʲɪs]
Seehund (m)	rúonis (v)	['rʊɑnʲɪs]
Walroß (n)	vėplỹs (v)	[vʲe:p'lʲiːs]
Seebär (m)	kòtikas (v)	['kotʲɪkas]
Delfin (m)	delfìnas (v)	[dʲɛlʲˈfʲɪnas]

Bär (m)	lokỹs (v), meška (m)	[lʲo'kʲiːs], [mʲɛʃ'ka]
Eisbär (m)	baltàsis lokỹs (v)	[balʲˈtasʲɪs lʲo'kʲiːs]
Panda (m)	pánda (m)	['panda]

Affe (m)	beždžiònė (m)	[bʲɛʒ'dʒʲoːnʲeː]
Schimpanse (m)	šimpánzė (m)	[ʃʲɪm'panzʲeː]
Orang-Utan (m)	orangutángas (v)	[orangʊ'tangas]
Gorilla (m)	gorilà (m)	[gorʲɪ'lʲa]
Makak (m)	makakà (m)	[maka'ka]
Gibbon (m)	gibònas (v)	[gʲɪ'bonas]

Elefant (m)	dramblỹs (v)	[dram'blʲiːs]
Nashorn (n)	raganõsis (v)	[raga'noːsʲɪs]
Giraffe (f)	žirafà (m)	[ʒʲɪra'fa]
Flusspferd (n)	begemòtas (v)	[bʲɛgʲɛ'motas]

| Känguru (n) | kengūrà (m) | [kʲɛn'gu:'ra] |
| Koala (m) | koalà (m) | [kɔa'lʲa] |

Manguste (f)	mangustà (m)	[mangʊs'ta]
Chinchilla (n)	šinšilà (m)	[ʃʲɪnʃʲɪ'lʲa]
Stinktier (n)	skùnkas (v)	['skʊŋkas]
Stachelschwein (n)	dygliuotis (v)	[dʲiː'gʲlʲʊotʲɪs]

176. Haustiere

Katze (f)	katě̃ (m)	[ka'tʲeː]
Kater (m)	kãtinas (v)	['kaːtʲɪnas]
Hund (m)	šuõ (v)	['ʃʊɑ]

Pferd (n)	arklỹs (v)	[ark'lʲiːs]
Hengst (m)	eřžilas (v)	['ɛrʒʲɪlʲas]
Stute (f)	kumėlė (m)	[kʊ'mʲælʲeː]

Kuh (f)	kárvė (m)	['karvʲeː]
Stier (m)	bùlius (v)	['bʊlʲʊs]
Ochse (m)	jáutis (v)	['jɑutʲɪs]

Schaf (n)	avìs (m)	[a'vʲɪs]
Widder (m)	ãvinas (v)	['aːvʲɪnas]
Ziege (f)	ožkà (m)	[oʒ'ka]
Ziegenbock (m)	ožỹs (v)	[o'ʒʲiːs]

| Esel (m) | ãsilas (v) | ['aːsʲɪlʲas] |
| Maultier (n) | mùlas (v) | ['mʊlʲas] |

Schwein (n)	kiaũlė (m)	['kʲɛʊlʲeː]
Ferkel (n)	paršẽlis (v)	[par'ʃælʲɪs]
Kaninchen (n)	triùšis (v)	['trʲʊʃɪs]

| Huhn (n) | vištà (m) | [vʲɪʃ'ta] |
| Hahn (m) | gaidỹs (v) | [gʌɪ'dʲiːs] |

Ente (f)	ántis (m)	['antʲɪs]
Enterich (m)	añtinas (v)	['antʲɪnas]
Gans (f)	žąsinas (v)	['ʒaːsʲɪnas]

| Puter (m) | kalakùtas (v) | [kalʲa'kʊtas] |
| Pute (f) | kalakùtė (m) | [kalʲa'kʊtʲeː] |

Haustiere (pl)	namìniai gyvūnai (v dgs)	[na'mʲɪnʲɛɪ gʲiː'vuːnʌɪ]
zahm	prijaukìntas	[prʲɪjɛʊ'kʲɪntas]
zähmen (vt)	prijaukìnti	[prʲɪjɛʊ'kʲɪntʲɪ]
züchten (vt)	augìnti	[ɑʊ'gʲɪntʲɪ]

Farm (f)	fèrma (m)	['fɛrma]
Geflügel (n)	namìnis paũkštis (v)	[na'mʲɪnʲɪs 'pɑʊkʃtʲɪs]
Vieh (n)	galvìjas (v)	[gal'vʲɪjɛs]
Herde (f)	bandà (m)	[ban'da]

Pferdestall (m)	arklìdė (m)	[ark'lʲɪdʲeː]
Schweinestall (m)	kiaulìdė (m)	[kʲɛʊ'lʲɪdʲeː]
Kuhstall (m)	karvìdė (m)	[kar'vʲɪdʲeː]
Kaninchenstall (m)	triušìdė (m)	[trʲʊ'ʃɪdʲeː]
Hühnerstall (m)	vištìdė (m)	[vʲɪʃ'tʲɪdʲeː]

177. Hunde. Hunderassen

Hund (m)	šuõ (v)	['ʃʊɑ]
Schäferhund (m)	avìganis (v)	[a'vʲɪganʲɪs]
Pudel (m)	pùdelis (v)	['pʊdʲɛlʲɪs]
Dachshund (m)	tãksas (v)	['taːksas]
Bulldogge (f)	buldògas (v)	[bʊlʲ'dogas]
Boxer (m)	bòkseris (v)	['boksʲɛrʲɪs]

Mastiff (m)	mastifas (v)	[mas'tɪfas]
Rottweiler (m)	rotveileris (v)	[rotˈvɛɪlʲɛrʲɪs]
Dobermann (m)	dobermanas (v)	[ˈdobʲɛrmanas]

Basset (m)	basetas (v)	[ba'sʲɛtas]
Bobtail (m)	bobteilas (v)	[bopˈtʲɛɪlʲas]
Dalmatiner (m)	dalamatinas (v)	[dalʲamaˈtʲɪnas]
Cocker-Spaniel (m)	kokerspanielis (v)	[ˈkokʲɛr spaˈnʲɛlʲɪs]

| Neufundländer (m) | niufaundlendas (v) | [nʲʊfaʊndˈlʲɛn̄das] |
| Bernhardiner (m) | senbernāras (v) | [sʲɛnbʲɛrˈna:ras] |

Eskimohund (m)	hāskis (v)	[ˈɣa:skʲɪs]
Chow-Chow (m)	čiau čiau (v)	[ˈtʂʲɛʊ ˈtʂʲɛʊ]
Spitz (m)	špicas (v)	[ˈʃpʲɪtsas]
Mops (m)	mopsas (v)	[ˈmopsas]

178. Tierlaute

Gebell (n)	lojimas (v)	[lʲoˈjɪmas]
bellen (vi)	loti	[ˈlʲotʲɪ]
miauen (vi)	miaukséti	[mʲɛʊkˈsʲe:tʲɪ]
schnurren (Katze)	murkti	[ˈmʊrktʲɪ]

muhen (vi)	mūkti	[ˈmu:ktʲɪ]
brüllen (Stier)	baubti	[ˈbaʊptʲɪ]
knurren (Hund usw.)	riaumoti	[rʲɛʊˈmotʲɪ]

Heulen (n)	kaukimas (v)	[kaʊˈkʲɪmas]
heulen (vi)	kaukti	[ˈkaʊktʲɪ]
winseln (vi)	iñkšti	[ˈɪŋkʃtʲɪ]

meckern (Ziege)	bliauti	[ˈblʲæʊtʲɪ]
grunzen (vi)	kriukséti	[krʲʊkˈsʲe:tʲɪ]
kreischen (vi)	klýkauti	[ˈklʲi:kaʊtʲɪ]

quaken (vi)	kvakséti	[kvakˈsʲe:tʲɪ]
summen (Insekt)	zvimbti	[ˈzvʲɪmptʲɪ]
zirpen (vi)	svírpti	[ˈsvʲɪrptʲɪ]

179. Vögel

Vogel (m)	paukštis (v)	[ˈpaʊkʃtʲɪs]
Taube (f)	balandis (v)	[baˈlʲandʲɪs]
Spatz (m)	žvìrblis (v)	[ˈʒvʲɪrblʲɪs]
Meise (f)	zýlė (m)	[ˈzʲi:lʲe:]
Elster (f)	šárka (m)	[ˈʃarka]

Rabe (m)	varnas (v)	[ˈvarnas]
Krähe (f)	várna (m)	[ˈvarna]
Dohle (f)	kúosa (m)	[ˈkʊɑsa]
Saatkrähe (f)	kovàs (v)	[kɔˈvas]

Ente (f)	ántis (m)	['antʲɪs]
Gans (f)	žą̃sinas (v)	['ʒaːsʲɪnas]
Fasan (m)	fazãnas (v)	[fa'zaːnas]

Adler (m)	erẽlis (v)	[ɛ'rʲælʲɪs]
Habicht (m)	vãnagas (v)	['vaːnagas]
Falke (m)	sãkalas (v)	['saːkalʲas]
Greif (m)	grìfas (v)	['grʲɪfas]
Kondor (m)	kondòras (v)	[kɔn'dɔras]

Schwan (m)	gulbė̃ (m)	['gulʲbʲeː]
Kranich (m)	gérvė (m)	['gʲɛrvʲeː]
Storch (m)	gañdras (v)	['gandras]
Papagei (m)	papū̃gà (m)	[papu:'ga]
Kolibri (m)	kolìbris (v)	[kɔ'lʲɪbrʲɪs]
Pfau (m)	póvas (v)	['povas]

Strauß (m)	strùtis (v)	['strʊtʲɪs]
Reiher (m)	garnỹs (v)	[gar'nʲiːs]
Flamingo (m)	flamìngas (v)	[flʲa'mʲɪngas]
Pelikan (m)	pelikãnas (v)	[pʲɛlʲɪ'kaːnas]

Nachtigall (f)	lakštìngala (m)	[lʲakʃ'tʲɪngalʲa]
Schwalbe (f)	kregždė̃ (m)	[krʲɛgʒ'dʲeː]
Drossel (f)	strãzdas (v)	['straːzdas]
Singdrossel (f)	strãzdas giesminiñkas (v)	['straːzdas gʲiɛsmʲɪ'nʲɪŋkas]
Amsel (f)	juodàsis strãzdas (v)	[jʊɑ'dasʲɪs s'traːzdas]

Segler (m)	čiurlỹs (v)	[tʃʲʊr'lʲiːs]
Lerche (f)	vyturỹs, vieversỹs (v)	[vʲiːtʊ'rʲiːs], [vʲiɛvɛr'sʲiːs]
Wachtel (f)	pùtpelė (m)	['pʊtpelʲeː]

Specht (m)	genỹs (v)	[gʲɛ'nʲiːs]
Kuckuck (m)	gegùtė (m)	[gʲɛ'gʊtʲeː]
Eule (f)	peléda (m)	[pʲɛ'lʲeda]
Uhu (m)	apúokas (v)	[a'pʊɑkas]
Auerhahn (m)	kurtinỹs (v)	[kʊrtʲɪ'nʲiːs]
Birkhahn (m)	tẽtervinas (v)	['tʲætʲɛrvʲɪnas]
Rebhuhn (n)	kurapkà (m)	[kʊrap'ka]

Star (m)	varnénas (v)	[var'nʲeːnas]
Kanarienvogel (m)	kanarẽlė (m)	[kana'rʲeːlʲeː]
Haselhuhn (n)	jerubė̃ (m)	[jerʊ'bʲeː]
Buchfink (m)	kìkilis (v)	[kʲɪ'kʲɪlʲɪs]
Gimpel (m)	sniẽgena (m)	['snʲɛgʲɛna]

Möwe (f)	žuvédra (m)	[ʒʊ'vʲeːdra]
Albatros (m)	albatròsas (v)	[alʲba't'rosas]
Pinguin (m)	pingvìnas (v)	[pʲɪng'vʲɪnas]

180. Vögel. Gesang und Laute

singen (vt)	dainúoti, giedóti	[dʌɪ'nʊatʲɪ], [gʲiɛ'dotʲɪ]
schreien (vi)	rė̃kti	['rʲeːktʲɪ]

| kikeriki schreien | giedóti | [gʲiɛ'dotʲɪ] |
| kikeriki | kakariekū | [kakarʲiɛ'kʊ] |

gackern (vi)	kudakóti	[kʊda'kotʲɪ]
krächzen (vi)	kařkti	['karktʲɪ]
schnattern (Ente)	krekséti	[krʲɛk'sʲe:tʲɪ]
piepsen (vi)	cỹpti	['tsʲi:ptʲɪ]
zwitschern (vi)	čiulbéti	[tʂʲʊlʲ'bʲe:tʲɪ]

181. Fische. Meerestiere

Brachse (f)	kařšis (v)	['karʃɪs]
Karpfen (m)	kárpis (v)	['karpʲɪs]
Barsch (m)	ešerỹs (v)	[ɛʃɛ'rʲi:s]
Wels (m)	šãmas (v)	['ʃa:mas]
Hecht (m)	lydeka̓ (m)	[lʲi:dʲɛ'ka]

| Lachs (m) | lašiša̓ (m) | [lʲaʃɪ'ʃa] |
| Stör (m) | erškétas (v) | [erʃkʲe:tas] |

| Hering (m) | sílkė (m) | ['sʲɪlʲkʲe:] |
| atlantische Lachs (m) | lašiša̓ (m) | [lʲaʃɪ'ʃa] |

| Makrele (f) | sku̓mbrė (m) | ['skʊmbrʲe:] |
| Scholle (f) | plẽkšnė (m) | ['plʲækʃnʲe:] |

| Zander (m) | stařkis (v) | ['starkʲɪs] |
| Dorsch (m) | ménkė (m) | ['mʲɛŋkʲe:] |

| Tunfisch (m) | tu̓nas (v) | ['tʊnas] |
| Forelle (f) | upétakis (v) | [ʊ'pʲe:takʲɪs] |

| Aal (m) | ungurỹs (v) | [ʊŋgʊ'rʲi:s] |
| Zitterrochen (m) | elektrìnė raja̓ (m) | [ɛlʲɛk'trʲɪnʲe: ra'ja] |

| Muräne (f) | murėna̓ (m) | [mʊrʲɛ'na] |
| Piranha (m) | pirãnija (m) | [pʲɪ'ra:nʲɪjɛ] |

Hai (m)	ryklỹs (v)	[rʲɪk'lʲi:s]
Delfin (m)	delfìnas (v)	[dʲɛlʲ'fʲɪnas]
Wal (m)	bangìnis (v)	[ban'gʲɪnʲɪs]

Krabbe (f)	krãbas (v)	['kra:bas]
Meduse (f)	medūza̓ (m)	[mʲɛdu:'za]
Krake (m)	aštuonkójis (v)	[aʃtʊɑŋ'ko:jis]

Seestern (m)	jū̃ros žvaigždė̃ (m)	['ju:ros ʒvʌɪgʒ'dʲe:]
Seeigel (m)	jū̃ros ežỹs (v)	['ju:ros ɛ'ʒʲi:s]
Seepferdchen (n)	jū̃ros arkliu̓kas (v)	['ju:ros ark'lʲʊkas]

Auster (f)	áustrė (m)	['ɑʊstrʲe:]
Garnele (f)	krevėtė̃ (m)	[krʲɛ'vʲɛtʲe:]
Hummer (m)	omãras (v)	[o'ma:ras]
Languste (f)	langu̓stas (v)	[lʲan'gʊstas]

182. Amphibien Reptilien

Schlange (f)	**gyvatė** (m)	[gʲiː'vaːtʲeː]
Gift-, giftig	**nuodingas**	[nʊɑ'dʲɪngas]

Viper (f)	**angis** (v)	[an'gʲɪs]
Kobra (f)	**kobra** (m)	[kɔb'ra]
Python (m)	**pitonas** (v)	[pʲɪ'tonas]
Boa (f)	**smauglys** (v)	[smɑʊg'lʲiːs]

Ringelnatter (f)	**žaltys** (v)	[ʒalʲ'tʲiːs]
Klapperschlange (f)	**barškuolė** (m)	[barʃ'kʊɑlʲeː]
Anakonda (f)	**anakonda** (m)	[ana'konda]

Eidechse (f)	**driežas** (v)	['drʲiɛʒas]
Leguan (m)	**iguana** (m)	[ɪgʊa'na]
Waran (m)	**varanas** (v)	[va'raːnas]
Salamander (m)	**salamandra** (m)	[salʲa'mandra]
Chamäleon (n)	**chameleonas** (v)	[xamʲɛlʲɛ'onas]
Skorpion (m)	**skorpionas** (v)	[skorpʲɪ'ɔnas]

Schildkröte (f)	**vėžlys** (v)	[vʲeː'ʒ'lʲiːs]
Frosch (m)	**varlė** (m)	[var'lʲeː]
Kröte (f)	**rupūžė** (m)	['rʊpuːʒʲeː]
Krokodil (n)	**krokodilas** (v)	[kroko'dʲɪlʲas]

183. Insekten

Insekt (n)	**vabzdys** (v)	[vabz'dʲiːs]
Schmetterling (m)	**drugelis** (v)	[drʊ'gʲælʲɪs]
Ameise (f)	**skruzdėlė** (m)	[skruz'dʲælʲeː]
Fliege (f)	**musė** (f)	['mʊsʲeː]
Mücke (f)	**uodas** (v)	['ʊɑdas]
Käfer (m)	**vabalas** (v)	['vaːbalʲas]

Wespe (f)	**vapsva** (m)	[vaps'va]
Biene (f)	**bitė** (m)	['bʲɪtʲeː]
Hummel (f)	**kamanė** (m)	[ka'maːnʲeː]
Bremse (f)	**gylys** (v)	[gʲiː'lʲiːs]

Spinne (f)	**voras** (v)	['voras]
Spinnennetz (n)	**voratinklis** (v)	[vo'raːtʲɪŋklʲɪs]

Libelle (f)	**laumžirgis** (v)	['lʲɑʊmʒʲɪrgʲɪs]
Grashüpfer (m)	**žiogas** (v)	['ʒʲogas]
Schmetterling (m)	**peteliškė** (m)	[pʲɛtʲɛ'lʲɪʃkʲeː]

Schabe (f)	**tarakonas** (v)	[tara'koːnas]
Zecke (f)	**erkė** (m)	['ærkʲeː]
Floh (m)	**blusa** (m)	[blʲʊ'sa]
Kriebelmücke (f)	**mašalas** (v)	['maːʃalʲas]
Heuschrecke (f)	**skėrys** (v)	[skʲeː'rʲiːs]
Schnecke (f)	**sraigė** (m)	['srʌɪgʲeː]

Heimchen (n)	svirplỹs (v)	[sv⁹ɪrpʰⁱː s]
Leuchtkäfer (m)	jõnvabalis (v)	['joːnvabalʲɪs]
Marienkäfer (m)	borùžė (m)	[boˈrʊʒⁱeː]
Maikäfer (m)	grambuolỹs (v)	[grambʊɑˈlʲiːs]

Blutegel (m)	dėlė̃ (m)	[dⁱeːˈlʲeː]
Raupe (f)	vìkšras (v)	['vⁱɪkʃras]
Wurm (m)	slíekas (v)	['slⁱiɛkas]
Larve (f)	kirmelė̃ (m)	[kⁱɪrmeˈlʲeː]

184. Tiere. Körperteile

Schnabel (m)	snãpas (v)	['snaːpas]
Flügel (pl)	sparnaĩ (v dgs)	[sparˈnʌɪ]
Fuß (m)	kója (m)	['koja]
Gefieder (n)	apsiplunksnãvimas (v)	[apsⁱɪplʲʊŋksˈnaːvⁱɪmas]
Feder (f)	plùnksna (m)	['plʲʊŋksna]
Haube (f)	skristùkas (v)	[skrⁱɪ'stʊkas]

Kiemen (pl)	žiáunos (m dgs)	['ʒⁱæʊnos]
Laich (m)	ìkrai (v dgs)	['ɪkrʌɪ]
Larve (f)	lérva (m)	['lʲɛrva]
Flosse (f)	pẽlekas (v)	['pⁱælⁱɛkas]
Schuppe (f)	žvynaĩ (v dgs)	[ʒvⁱiːˈnʌɪ]

Stoßzahn (m)	ìltis (m)	['ɪlʲtⁱɪs]
Pfote (f)	lẽtena (m)	['lʲætⁱɛna]
Schnauze (f)	snùkis (v)	['snʊkⁱɪs]
Rachen (m)	nasraĩ (v)	[nas'rʌɪ]
Schwanz (m)	uodegà (m)	[ʊɑdⁱɛ'ga]
Barthaar (n)	ū̃sai (v dgs)	['uːsʌɪ]

| Huf (m) | kanópa (m) | [ka'nopa] |
| Horn (n) | rãgas (v) | ['raːgas] |

Panzer (m)	šárvas (v)	['ʃarvas]
Muschel (f)	kriauklė̃ (m)	[krⁱɛʊk'lʲeː]
Schale (f)	lùkštas (v)	['lʲʊkʃtas]

| Fell (n) | vìlna (m) | ['vⁱɪlʲna] |
| Haut (f) | káilis (v) | ['kʌɪlʲɪs] |

185. Tiere. Lebensräume

| Lebensraum (f) | gývavimo aplinkà (m) | [gⁱiːˈvavⁱɪmɔ aplʲɪŋˈka] |
| Wanderung (f) | migrãcija (m) | [mⁱɪ'graːtsⁱɪjɛ] |

Berg (m)	kálnas (v)	['kalʲnas]
Riff (n)	rìfas (v)	['rⁱɪfas]
Fels (m)	uolà (m)	[ʊɑ'lʲa]
Wald (m)	mìškas (v)	['mⁱɪʃkas]
Dschungel (m, n)	džiùnglės (m dgs)	['dʒⁱʊnglʲeːs]

| Savanne (f) | savanà (m) | [sava'na] |
| Tundra (f) | tùndra (m) | ['tʊndra] |

Steppe (f)	stèpė (m)	['stʲɛpʲeː]
Wüste (f)	dykumà (m)	[dʲiːkʊ'ma]
Oase (f)	oãzė (m)	[o'aːzʲeː]

Meer (n), See (f)	jū́ra (m)	['juːra]
See (m)	ẽžeras (v)	['ɛʒʲɛras]
Ozean (m)	vandenýnas (v)	[vandʲɛ'nʲiːnas]

Sumpf (m)	pélkė (m)	['pʲɛlʲkʲeː]
Süßwasser-	gélavandė̃nis	[gʲeːlʲavan'dʲænʲɪs]
Teich (m)	tvenkinỹs (v)	[tvʲɛŋkʲɪ'nʲiːs]
Fluss (m)	ùpė (m)	['ʊpʲeː]

Höhle (f), Bau (m)	irštvà (m)	[ɪrʃt'va]
Nest (n)	lìzdas (v)	['lʲɪzdas]
Höhlung (f)	drevė̃ (m)	[dre'vʲeː]
Loch (z.B. Wurmloch)	olà (m)	[o'lʲa]
Ameisenhaufen (m)	skruzdėlýnas (v)	[skrʊzdʲeː'lʲiːnas]

Flora

186. Bäume

Baum (m)	mẽdis (v)	['mʲædʲɪs]
Laub-	lapuõtis	[lʲapʊ'atʲɪs]
Nadel-	spygliuõtis	[spʲiːgˈlʲʊoːtʲɪs]
immergrün	vìsžalis	['vʲɪsʒalʲɪs]

Apfelbaum (m)	obelìs (m)	[obʲɛˈlʲɪs]
Birnbaum (m)	kriáušė (m)	['krʲæʊʃeː]
Süßkirschbaum (m)	trẽšnė (m)	['trʲæʃnʲeː]
Sauerkirschbaum (m)	vyšnià (m)	[vʲiːʃnʲæ]
Pflaumenbaum (m)	slyvà (m)	[slʲiːˈva]

Birke (f)	béržas (v)	['bʲɛrʒas]
Eiche (f)	ąžuolas (v)	['aːʒʊalʲas]
Linde (f)	líepa (m)	['lʲiɛpa]
Espe (f)	drebulẽ (m)	[drebʊˈlʲeː]
Ahorn (m)	klẽvas (v)	['klʲævas]
Fichte (f)	ẽglė (m)	['ʲæglʲeː]
Kiefer (f)	pušìs (m)	[pʊˈʃɪs]
Lärche (f)	maũmedis (v)	['maʊmʲɛdʲɪs]
Tanne (f)	kẽnis (v)	['kʲeːnʲɪs]
Zeder (f)	kèdras (v)	['kʲɛdras]

Pappel (f)	túopa (m)	['tʊapa]
Vogelbeerbaum (m)	šermùkšnis (v)	[ʃɛr'mʊkʃnʲɪs]
Weide (f)	glúosnis (v)	['glʲʊasnʲɪs]
Erle (f)	al̃ksnis (v)	['alʲksnʲɪs]
Buche (f)	bùkas (v)	['bʊkas]
Ulme (f)	gúoba (v)	['gʊaba]
Esche (f)	úosis (v)	['ʊasʲɪs]
Kastanie (f)	kaštõnas (v)	[kaʃ'toːnas]

Magnolie (f)	magnòlija (m)	[mag'nolʲɪjɛ]
Palme (f)	pálmė (m)	['palʲmʲeː]
Zypresse (f)	kiparìsas (v)	[kʲɪpa'rʲɪsas]

Mangrovenbaum (m)	mañgro mẽdis (v)	['mañgrɔ 'mʲædʲɪs]
Baobab (m)	baobãbas (v)	[bao'baːbas]
Eukalyptus (m)	eukalìptas (v)	[ɛʊka'lʲɪptas]
Mammutbaum (m)	sekvojà (m)	[sʲɛkvoːˈjɛ]

187. Büsche

| Strauch (m) | krū̃mas (v) | ['kruːmas] |
| Gebüsch (n) | krūmýnas (v) | [kruːˈmʲiːnas] |

| Weinstock (m) | vynuogýnas (v) | [vⁱi:nʊɑ'gⁱi:nas] |
| Weinberg (m) | vynuogýnas (v) | [vⁱi:nʊɑ'gⁱi:nas] |

Himbeerstrauch (m)	aviẽtė (m)	[a'vⁱɛtⁱe:]
rote Johannisbeere (f)	raudonãsis serbeñtas (v)	[rɑʊdo'nasⁱɪs sⁱɛr'bⁱɛntas]
Stachelbeerstrauch (m)	agrãstas (v)	[ag'ra:stas]

Akazie (f)	akãcija (m)	[a'ka:tsⁱɪjɛ]
Berberitze (f)	raugeȓškis (m)	[rɑʊ'gⁱɛrʃkⁱɪs]
Jasmin (m)	jazmìnas (v)	[jaz'mⁱɪnas]

Wacholder (m)	kadagỹs (v)	[kada'gⁱi:s]
Rosenstrauch (m)	rõžių krū̃mas (v)	['ro:ʒⁱu: 'kru:mas]
Heckenrose (f)	erškė̃tis (v)	[erʃkⁱe:tⁱɪs]

188. Pilze

Pilz (m)	grỹbas (v)	['grⁱi:bas]
essbarer Pilz (m)	válgomas grỹbas (v)	['valⁱgomas 'grⁱi:bas]
Giftpilz (m)	nuodìngas grỹbas (v)	[nʊɑ'dⁱɪngas 'grⁱi:bas]
Hut (m)	kepurė̃lė (m)	[kⁱɛpʊ'rⁱe:lⁱe:]
Stiel (m)	kótas (v)	['kotas]

Steinpilz (m)	baravỹkas (v)	[bara'vⁱi:kas]
Rotkappe (f)	raudonvíȓšis (v)	[rɑʊdon'vⁱɪrʃɪs]
Birkenpilz (m)	lė̃pšis (v)	['lⁱæpʃɪs]
Pfifferling (m)	voveráitė (m)	[vove'rʌɪtⁱe:]
Täubling (m)	ūmė̃dė (m)	[u:mⁱe:'dⁱe:]

Morchel (f)	briedžiùkas (v)	[brⁱɛ'dʒⁱʊkas]
Fliegenpilz (m)	mùsmirė (m)	['mʊsmⁱɪrⁱe:]
Grüner Knollenblätterpilz	šùngrybis (v)	['ʃungrⁱi:bⁱɪs]

189. Obst. Beeren

Frucht (f)	vaìsius (v)	['vʌɪsⁱʊs]
Früchte (pl)	vaìsiai (v dgs)	['vʌɪsⁱɛɪ]
Apfel (m)	obuolỹs (v)	[obʊɑ'lⁱi:s]
Birne (f)	kriáušė (m)	['krⁱæʊʃe:]
Pflaume (f)	slyvà (m)	[slⁱi:'va]

Erdbeere (f)	brã̃škė (m)	['bra:ʃkⁱe:]
Sauerkirsche (f)	vyšnià (m)	[vⁱi:ʃnⁱæ]
Süßkirsche (f)	trẽšnė (m)	['trⁱæʃnⁱe:]
Weintrauben (pl)	vỹnuogės (m dgs)	['vⁱi:nʊɑgⁱe:s]

Himbeere (f)	aviẽtė (m)	[a'vⁱɛtⁱe:]
schwarze Johannisbeere (f)	juodíeji serbeñtai (v dgs)	[jʊɑ'dⁱɛjɪ sⁱɛr'bⁱɛntʌɪ]
rote Johannisbeere (f)	raudoníeji serbeñtai (v dgs)	[rɑʊdo'nⁱɛjɪ sⁱɛr'bⁱɛntʌɪ]
Stachelbeere (f)	agrãstas (v)	[ag'ra:stas]
Moosbeere (f)	spánguolė (m)	['spangʊɑlⁱe:]
Apfelsine (f)	apelsìnas (v)	[apⁱɛlⁱ'sⁱɪnas]

Mandarine (f)	mandarìnas (v)	[manda'rʲɪnas]
Ananas (f)	ananãsas (v)	[ana'na:sas]
Banane (f)	banãnas (v)	[ba'na:nas]
Dattel (f)	datùlė (m)	[da'tʊlʲe:]

Zitrone (f)	citrinà (m)	[tsʲɪtrʲɪ'na]
Aprikose (f)	abrikòsas (v)	[abrʲɪ'kosas]
Pfirsich (m)	pèrsikas (v)	['pʲɛrsʲɪkas]
Kiwi (f)	kìvis (v)	['kʲɪvʲɪs]
Grapefruit (f)	greìpfrutas (v)	['grʲɛɪpfrʊtas]

Beere (f)	úoga (m)	['ʊaga]
Beeren (pl)	úogos (m dgs)	['ʊagos]
Preiselbeere (f)	bruknės (m dgs)	['brʊknʲe:s]
Walderdbeere (f)	žémuogės (m dgs)	['ʒʲæmʊagʲe:s]
Heidelbeere (f)	mėlynės (m dgs)	[mʲe:'lʲi:nʲe:s]

190. Blumen. Pflanzen

| Blume (f) | gėlė̃ (m) | [gʲe:'lʲe:] |
| Blumenstrauß (m) | púokštė (m) | ['pʊakʃtʲe:] |

Rose (f)	rõžė (m)	['ro:ʒʲe:]
Tulpe (f)	tùlpė (m)	['tʊlʲpʲe:]
Nelke (f)	gvazdìkas (v)	[gvaz'dʲɪkas]
Gladiole (f)	kardẽlis (v)	[kar'dʲælʲɪs]

Kornblume (f)	rùgiagėlė (m)	['rʊgʲægʲe:lʲe:]
Glockenblume (f)	varpẽlis (v)	[var'pʲælʲɪs]
Löwenzahn (m)	piẽnė (m)	['pʲɛnʲe:]
Kamille (f)	ramùnė (m)	[ra'mʊnʲe:]

Aloe (f)	alijõšius (v)	[alʲɪ'jo:ʃʊs]
Kaktus (m)	kàktusas (v)	['ka:ktʊsas]
Gummibaum (m)	fìkusas (v)	['fʲɪkʊsas]

Lilie (f)	lelijà (m)	[lʲɛlʲɪ'ja]
Geranie (f)	pelargònija (m)	[pʲɛlʲar'gonʲɪjɛ]
Hyazinthe (f)	hiacìntas (v)	[ɣʲɪja'tsʲɪntas]

Mimose (f)	mimozà (m)	[mʲɪmo'za]
Narzisse (f)	narcìzas (v)	[nar'tsʲɪzas]
Kapuzinerkresse (f)	nastùrta (m)	[nas'tʊrta]

Orchidee (f)	orchidėja (m)	[orxʲɪ'dʲe:ja]
Pfingstrose (f)	bijūnas (v)	[bʲɪ'ju:nas]
Veilchen (n)	našlaitė (m)	[naʃlʲʌɪtʲe:]

Stiefmütterchen (n)	darželinė našlaitė (m)	[dar'ʒʲælʲɪnʲe: naʃlʌɪtʲe:]
Vergissmeinnicht (n)	neužmirštuõlė (m)	[nʲɛʊʒmʲɪrʃ'tʊalʲe:]
Gänseblümchen (n)	saulùtė (m)	[saʊ'lʲʊtʲe:]

| Mohn (m) | aguonà (m) | [agʊa'na] |
| Hanf (m) | kanãpė (m) | [ka'na:pʲe:] |

Minze (f)	mėtà (m)	[mʲeːˈta]
Maiglöckchen (n)	pakalnutė (m)	[pakalʲˈnʊtʲeː]
Schneeglöckchen (n)	sniẽgena (m)	[ˈsnʲɛɡʲɛna]

Brennnessel (f)	dilgėlė (m)	[dʲɪlʲˈɡʲælʲeː]
Sauerampfer (m)	rūgštỹnė (m)	[ruːɡʃtʲiːnʲeː]
Seerose (f)	vandeñs lelijà (m)	[vanʲdʲɛns lʲɛlʲɪˈja]
Farn (m)	papartis (v)	[paˈpartʲɪs]
Flechte (f)	kérpė (m)	[ˈkʲɛrpʲeː]

Gewächshaus (n)	oranžèrija (m)	[oranˈʒʲɛrʲɪjɛ]
Rasen (m)	gazònas (v)	[ɡaˈzonas]
Blumenbeet (n)	klòmba (m)	[ˈklʲomba]

Pflanze (f)	áugalas (v)	[ˈɑʊɡalʲas]
Gras (n)	žolė̃ (m)	[ʒoˈlʲeː]
Grashalm (m)	žolẽlė (m)	[ʒoˈlʲælʲeː]

Blatt (n)	lãpas (v)	[ˈlʲaːpas]
Blütenblatt (n)	žíedlapis (v)	[ˈʒʲiɛdlʲapʲɪs]
Stiel (m)	stíebas (v)	[ˈstʲiɛbas]
Knolle (f)	gum̃bas (v)	[ˈɡʊmbas]

| Jungpflanze (f) | želmuõ (v) | [ʒʲɛlʲˈmʊɑ] |
| Dorn (m) | spyglỹs (v) | [spʲiːɡʲˈlʲiːs] |

blühen (vi)	žydėti	[ʒʲiːˈdʲeːtʲɪ]
welken (vi)	výsti	[ˈvʲiːstʲɪ]
Geruch (m)	kvãpas (v)	[ˈkvaːpas]
abschneiden (vt)	nupjáuti	[nʊˈpjɑʊtʲɪ]
pflücken (vt)	nuskìnti	[nʊˈskʲɪntʲɪ]

191. Getreide, Körner

Getreide (n)	grūdas (v)	[ˈɡruːdas]
Getreidepflanzen (pl)	grūdìnės kultū̃ros (m dgs)	[ɡruːˈdʲɪnʲeːs kʊlʲˈtuːros]
Ähre (f)	várpa (m)	[ˈvarpa]

Weizen (m)	kviečiaĩ (v dgs)	[kvʲiɛˈtʂʲɛɪ]
Roggen (m)	rugiaĩ (v dgs)	[rʊˈɡʲɛɪ]
Hafer (m)	ãvižos (m dgs)	[ˈaːvʲɪʒos]

| Hirse (f) | sóra (m) | [ˈsora] |
| Gerste (f) | miẽžiai (v dgs) | [ˈmʲɛʒʲɛɪ] |

Mais (m)	kukurū̃zas (v)	[kʊkʊˈruːzas]
Reis (m)	rỹžiai (v)	[ˈrʲiːʒʲɛɪ]
Buchweizen (m)	grìkiai (v dgs)	[ˈɡrʲɪkʲɛɪ]

Erbse (f)	žìrniai (v dgs)	[ˈʒʲɪrnʲɛɪ]
weiße Bohne (f)	pupẽlės (m dgs)	[pʊˈpʲælʲeːs]
Sojabohne (f)	sojà (m)	[soːˈjɛ]
Linse (f)	lę̃šiai (v dgs)	[ˈlʲɛːʃɛɪ]
Bohnen (pl)	pùpos (m dgs)	[ˈpʊpos]

REGIONALE GEOGRAPHIE

Länder. Nationalitäten

192. Politik. Regierung. Teil 1

Politik (f)	polìtika (m)	[poˈlʲɪtʲɪka]
politisch	polìtinis	[poˈlʲɪtʲɪnʲɪs]
Politiker (m)	polìtikas (v)	[poˈlʲɪtʲɪkas]
Staat (m)	valstýbė (m)	[valʲsˈtʲiːbʲeː]
Bürger (m)	pilìetis (v)	[pʲɪˈlʲɛtʲɪs]
Staatsbürgerschaft (f)	pilietýbė (m)	[pʲɪlʲiɛˈtʲiːbʲeː]
Staatswappen (n)	nacionãlinis hèrbas (v)	[natsʲɪjoˈnaːlʲɪnʲɪs ˈɣʲɛrbas]
Nationalhymne (f)	valstýbinis hìmnas (v)	[valʲsˈtʲiːbʲɪnʲɪs ˈɣʲɪmnas]
Regierung (f)	vyriausýbė (m)	[vʲiːrʲɛʊˈsʲiːbʲeː]
Staatschef (m)	šalìes vadóvas (v)	[ʃaˈlʲɛs vaˈdoːvas]
Parlament (n)	parlameñtas (v)	[parlʲaˈmʲɛntas]
Partei (f)	pártija (m)	[ˈpartʲɪjɛ]
Kapitalismus (m)	kapitalìzmas (v)	[kapʲɪtaˈlʲɪzmas]
kapitalistisch	kapitalìstinis	[kapʲɪtaˈlʲɪstʲɪnʲɪs]
Sozialismus (m)	socialìzmas (v)	[sotsʲɪjaˈlʲɪzmas]
sozialistisch	socialìstinis	[sotsʲɪjaˈlʲɪstʲɪnʲɪs]
Kommunismus (m)	komunìzmas (v)	[komʊˈnʲɪzmas]
kommunistisch	komunìstinis	[komʊˈnʲɪstʲɪnʲɪs]
Kommunist (m)	komunìstas (v)	[komʊˈnʲɪstas]
Demokratie (f)	demokrãtija (m)	[dʲɛmoˈkraːtʲɪjɛ]
Demokrat (m)	demokrãtas (v)	[dʲɛmoˈkraːtas]
demokratisch	demokrãtinis	[dʲɛmoˈkraːtʲɪnʲɪs]
demokratische Partei (f)	demokrãtinė pártija (m)	[dʲɛmoˈkraːtʲɪnʲeː ˈpartʲɪjɛ]
Liberale (m)	liberãlas (v)	[lʲɪbʲɛˈraːlas]
liberal	liberalùs	[lʲɪbʲɛraˈlʊs]
Konservative (m)	konservãtorius (v)	[konsʲɛrˈvaːtorʲʊs]
konservativ	konservatyvùs	[konsʲɛrvatʲiːˈvʊs]
Republik (f)	respùblika (m)	[rʲɛsˈpʊblʲɪka]
Republikaner (m)	respublikõnas (v)	[rʲɛspʊblʲɪˈkoːnas]
Republikanische Partei (f)	respublikìnė pártija (m)	[rʲɛspʊblʲɪˈkʲɪnʲeː ˈpartʲɪjɛ]
Wahlen (pl)	rinkìmai (v dgs)	[rʲɪnˈkʲɪmʌɪ]
wählen (vt)	išrìnkti	[ɪʃˈrʲɪŋktʲɪ]

| Wähler (m) | rinkéjas (v) | [rʲɪŋ'kʲeːjas] |
| Wahlkampagne (f) | rinkìmo kampãnija (m) | [rʲɪŋ'kʲɪmɔ kam'paːnʲɪjɛ] |

Abstimmung (f)	balsãvimas (v)	[balʲˈsaːvʲɪmas]
abstimmen (vi)	balsúoti	[balʲˈsuɑtʲɪ]
Abstimmungsrecht (n)	balsãvimo téisė (m)	[balʲˈsaːvʲɪmɔ 'tʲæisʲeː]

Kandidat (m)	kandidãtas (v)	[kandʲɪ'daːtas]
kandidieren (vi)	balotirúotis	[balʲotʲɪ'ruɑtʲɪs]
Kampagne (f)	kampãnija (m)	[kam'paːnʲɪjɛ]

| Oppositions- | opozìcinis | [opo'zʲɪtsʲɪnʲɪs] |
| Opposition (f) | opozìcija (m) | [opo'zʲɪtsʲɪjɛ] |

Besuch (m)	vizìtas (v)	[vʲɪ'zʲɪtas]
Staatsbesuch (m)	oficialùs vizìtas (v)	[ofʲɪtsʲɪja'lʲʊs vʲɪ'zʲɪtas]
international	tarptautìnis	[tarptɑʊ'tʲɪnʲɪs]

| Verhandlungen (pl) | derýbos (m dgs) | [dʲɛ'rʲiːbos] |
| verhandeln (vi) | vèsti derýbas | ['vʲɛstʲɪ dʲɛ'rʲiːbas] |

193. Politik. Regierung. Teil 2

Gesellschaft (f)	visúomenė (m)	[vʲɪ'suɑmenʲeː]
Verfassung (f)	konstitùcija (m)	[konstʲɪ'tʊtsʲɪjɛ]
Macht (f)	valdžià (m)	[valʲˈdʒʲæ]
Korruption (f)	korùpcija (m)	[kɔ'rʊptsʲɪjɛ]

| Gesetz (n) | įstãtymas (v) | [iː'staːtiːmas] |
| gesetzlich (Adj) | teisétas | [tʲɛɪ'sʲeːtas] |

| Gerechtigkeit (f) | teisingùmas (v) | [tʲɛɪsʲɪn'gʊmas] |
| gerecht | teisìngas | [tʲɛɪ'sʲɪngas] |

Komitee (n)	komitètas (v)	[komʲɪ'tʲɛtas]
Gesetzentwurf (m)	įstãtymo projèktas (v)	[iː'staːtiːmɔ pro'jɛktas]
Budget (n)	biudžètas (v)	[bʲʊ'dʒʲɛtas]
Politik (f)	polìtika (m)	[po'lʲɪtʲɪka]
Reform (f)	refòrma (m)	[rʲɛ'forma]
radikal	radikalùs	[radʲɪka'lʲʊs]

Macht (f)	jėgà (m)	[je:'ga]
mächtig (Adj)	galìngas	[ga'lʲɪngas]
Anhänger (m)	šalinìnkas (v)	[ʃalʲɪ'nʲɪŋkas]
Einfluss (m)	įtaka (m)	['iːtaka]

Regime (n)	režìmas (v)	[rʲɛ'ʒʲɪmas]
Konflikt (m)	konflìktas (v)	[kon'flʲɪktas]
Verschwörung (f)	sámokslas (v)	['sa:moksʲas]
Provokation (f)	provokãcija (m)	[provo'ka:tsʲɪjɛ]

stürzen (vt)	nuvérsti	[nʊ'vʲɛrstʲɪ]
Sturz (m)	nuvertìmas (v)	[nʊvʲɛr'tʲɪmas]
Revolution (f)	revoliùcija (m)	[rʲɛvo'lʲʊtsʲɪjɛ]

| Staatsstreich (m) | pérversmas (v) | ['pʲɛrvʲɛrsmas] |
| Militärputsch (m) | karìnis pérversmas (v) | [ka'rʲɪnʲɪs 'pʲɛrvʲɛrsmas] |

Krise (f)	krìzė (m)	['krʲɪzʲeː]
Rezession (f)	ekonòminis kritìmas (v)	[ɛko'nomʲɪnʲɪs krʲɪ'tʲɪmas]
Demonstrant (m)	demonstrántas (v)	[dʲɛmons'trantas]
Demonstration (f)	demonstrãcija (m)	[dʲɛmons'traːtsʲɪjɛ]
Ausnahmezustand (m)	kãro padétis (m)	['kaːrɔ padʲeː'tʲɪs]
Militärbasis (f)	karìnė bãzė (m)	[ka'rʲɪnʲeː 'baːzʲeː]

| Stabilität (f) | stabilùmas (v) | [stabʲɪ'lʲʊmas] |
| stabil | stabilùs | [stabʲɪ'lʲʊs] |

| Ausbeutung (f) | eksploatãcija (m) | [ɛksplʲoa'taːtsʲɪjɛ] |
| ausbeuten (vt) | eksploatúoti | [ɛksplʲoa'tʊatʲɪ] |

Rassismus (m)	rasìzmas (v)	[ra'sʲɪzmas]
Rassist (m)	rasìstas (v)	[ra'sʲɪstas]
Faschismus (m)	fašìzmas (v)	[fa'ʃɪzmas]
Faschist (m)	fašìstas (v)	[fa'ʃɪstas]

194. Länder. Verschiedenes

Ausländer (m)	užsieniẽtis (v)	[ʊʒsʲiɛ'nʲɛtʲɪs]
ausländisch	užsieniẽtiškas	[ʊʒsʲiɛ'nʲɛtʲɪʃkas]
im Ausland	užsienyjè	['ʊʒsʲiɛnʲiːjɛ]

Auswanderer (m)	emigrántas (v)	[ɛmʲɪ'grantas]
Auswanderung (f)	emigrãcija (m)	[ɛmʲɪ'graːtsʲɪjɛ]
auswandern (vi)	emigrúoti	[ɛmʲɪ'grʊatʲɪ]

Westen (m)	Vakaraĩ (v dgs)	[vaka'rʌɪ]
Osten (m)	Rytaĩ (v dgs)	[rʲiː'tʌɪ]
Ferner Osten (m)	Tolimì Rytaĩ (v dgs)	[tolʲɪ'mʲɪ rʲiː'tʌɪ]

Zivilisation (f)	civilizãcija (m)	[tsʲɪvʲɪlʲɪ'zaːtsʲɪjɛ]
Menschheit (f)	žmonijà (m)	[ʒmonʲɪ'ja]
Welt (f)	pasáulis (v)	[pa'saʊlʲɪs]
Frieden (m)	taikà (m)	[tʌɪ'ka]
Welt-	pasáulinis	[pa'saʊlʲɪnʲɪs]

Heimat (f)	tėvỹnė (m)	[tʲeː'vʲiːnʲeː]
Volk (n)	tautà (m), liáudis (m)	[taʊ'ta], ['lʲæʊdʲɪs]
Bevölkerung (f)	gyvéntojai (v)	[gʲiː'vʲɛntoːjɛi]
Leute (pl)	žmõnės (v dgs)	['ʒmoːnʲeːs]
Nation (f)	nãcija (m)	['naːtsʲɪjɛ]
Generation (f)	kartà (m)	[kar'ta]

Territorium (n)	teritòrija (m)	[tʲɛrʲɪ'torʲɪjɛ]
Region (f)	regiònas (v)	[rʲɛgʲɪ'jonas]
Staat (z.B. ~ Alaska)	valstijà (m)	[valʲ'stʲɪ'ja]

| Tradition (f) | tradìcija (m) | [tra'dʲɪtsʲɪjɛ] |
| Brauch (m) | paprotỹs (v) | [papro'tʲiːs] |

Ökologie (f)	ekologija (m)	[ɛko'lʲogʲɪjɛ]
Indianer (m)	indénas (v)	[ɪn'dʲe:nas]
Zigeuner (m)	čigonas (v)	[tʂʲɪ'go:nas]
Zigeunerin (f)	čigoné (m)	[tʂʲɪ'go:nʲe:]
Zigeuner-	čigoniškas	[tʂʲɪ'go:nʲɪʃkas]

Reich (n)	impèrija (m)	[ɪm'pʲɛrʲɪjɛ]
Kolonie (f)	kolónija (m)	[kɔ'lʲonʲɪjɛ]
Sklaverei (f)	vergijà (m)	[vʲɛrgʲɪ'ja]
Einfall (m)	invāzija (m)	[ɪn'va:zʲɪjɛ]
Hunger (m)	bãdas (v)	['ba:das]

195. Wichtige Religionsgruppen. Konfessionen

Religion (f)	religija (m)	[rʲɛ'lʲɪgʲɪjɛ]
religiös	religinis	[rʲɛ'lʲɪgʲɪnʲɪs]

Glaube (m)	tikėjimas (v)	[tʲɪ'kʲɛjɪmas]
glauben (vt)	tikéti	[tʲɪ'kʲe:tʲɪ]
Gläubige (m)	tìkintis (v)	['tʲɪkʲɪntʲɪs]

Atheismus (m)	ateìzmas (v)	[atʲɛ'ɪzmas]
Atheist (m)	ateìstas (v)	[atʲɛ'ɪstas]

Christentum (n)	Krikščionýbė (m)	[krʲɪkʃtʂʲo'nʲi:bʲe:]
Christ (m)	krikščiónis (v)	[krʲɪkʃ'tʂʲonʲɪs]
christlich	krikščióniškas	[krʲɪkʃ'tʂʲonʲɪʃkas]

Katholizismus (m)	Katalicìzmas (v)	[katalʲɪ'tsʲɪzmas]
Katholik (m)	katalìkas (v)	[kata'lʲɪkas]
katholisch	katalìkiškas	[kata'lʲɪkʲɪʃkas]

Protestantismus (m)	Protestantìzmas (v)	[protʲɛstan'tʲɪzmas]
Protestantische Kirche (f)	Protestántų bažnýčia (m)	[protʲɛs'tantu: baʒ'nʲi:tʂʲæ]
Protestant (m)	protestántas (v)	[protʲɛs'tantas]

Orthodoxes Christentum (n)	Stačiatikýbė (m)	[statʂʲætʲɪ'kʲi:bʲe:]
Orthodoxe Kirche (f)	Stačiãtikių bažnýčia (m)	[sta'tʂʲætʲɪkʲu: baʒ'nʲi:tʂʲæ]
orthodoxer Christ (m)	stačiãtikis	[sta'tʂʲætʲɪkʲɪs]

Presbyterianismus (m)	Presbiterionìzmas (v)	[prʲɛsbʲɪtʲɛrʲɪjo'nʲɪzmas]
Presbyterianische Kirche (f)	Presbiteriõnų bažnýčia (m)	[prʲɛsbʲɪtʲɛrʲɪ'jo:nu: baʒ'nʲi:tʂʲæ]
Presbyterianer (m)	presbiteriõnas (v)	[prʲɛsbʲɪtʲɛrʲɪ'jo:nas]

Lutherische Kirche (f)	Liuterõnų bažnýčia (m)	[lʲʊtʲɛ'ro:nu: baʒ'nʲi:tʂʲæ]
Lutheraner (m)	liuterõnas (v)	[lʲʊtʲɛ'ro:nas]

Baptismus (m)	Baptìzmas (v)	[bap'tʲɪzmas]
Baptist (m)	baptìstas (v)	[bap'tʲɪstas]

Anglikanische Kirche (f)	Anglikõnų bažnýčia (m)	[anglʲɪ'ko:nu: baʒ'nʲi:tʂʲæ]
Anglikaner (m)	anglikõnas (v)	[anglʲɪ'ko:nas]
Mormone (m)	mormónas (v)	[mor'monas]
Judentum (n)	Judaìzmas (v)	[jʊdʌ'ɪzmas]

Jude (m)	žydas (v)	['ʒʲiːdas]
Buddhismus (m)	Budizmas (v)	[buˈdʲɪzmas]
Buddhist (m)	budistas (v)	[buˈdʲɪstas]

| Hinduismus (m) | Induizmas (v) | [ɪnduˈɪzmas] |
| Hindu (m) | induistas (v) | [ɪnduʲɪstas] |

Islam (m)	Islāmas (v)	[ɪsˈlʲaːmas]
Moslem (m)	musulmōnas (v)	[musulʲˈmoːnas]
moslemisch	musulmōniškas	[musulʲˈmoːnʲɪʃkas]

| Schiismus (m) | Šiizmas (v) | [ʃɪˈɪzmas] |
| Schiit (m) | šiitas (v) | [ʃɪˈɪtas] |

| Sunnismus (m) | Sunizmas (v) | [suˈnʲɪzmas] |
| Sunnit (m) | sunitas (v) | [suˈnʲɪtas] |

196. Religionen. Priester

| Priester (m) | šventikas (v) | [ʃvʲɛnˈtʲɪkas] |
| Papst (m) | Romos pópiežius (v) | ['romos 'popʲiɛʒʲus] |

Mönch (m)	vienuōlis (v)	[vʲɪɛˈnualʲɪs]
Nonne (f)	vienuōlė (m)	[vʲɪɛˈnualʲeː]
Pfarrer (m)	pāstorius (v)	['paːstorʲus]

Abt (m)	abātas (v)	[aˈbaːtas]
Vikar (m)	vikāras (v)	[vʲɪˈkaːras]
Bischof (m)	výskupas (v)	['vʲiːskupas]
Kardinal (m)	kardinōlas (v)	[kardʲɪˈnoːlʲas]

Prediger (m)	pamoksláutojas (v)	[pamokˈslʲautoːjɛs]
Predigt (f)	pamóikslas (v)	[paˈmokslʲas]
Gemeinde (f)	parapijiēčiai (v dgs)	[parapʲɪˈjiɛtʃʲɛɪ]

| Gläubige (m) | tikintis (v) | ['tʲɪkʲɪntʲɪs] |
| Atheist (m) | ateistas (v) | [atʲɛˈɪstas] |

197. Glauben. Christentum. Islam

| Adam | Adōmas (v) | [aˈdoːmas] |
| Eva | Ieva (m) | [ɪɛˈva] |

Gott (m)	Diēvas (v)	['dʲɛvas]
Herr (m)	Viēšpats (v)	['vʲɛʃpats]
Der Allmächtige	Visagālis (v)	[vʲɪsaˈgaːlʲɪs]

Sünde (f)	núodėmė (m)	['nuadʲeːmʲeː]
sündigen (vi)	nusidéti	[nusʲɪˈdʲeːtʲɪ]
Sünder (m)	nuodėmingas (v)	[nuadʲeːˈmʲɪngas]
Sünderin (f)	nuodėmingoji (m)	[nuadʲeːˈmʲɪngojɪ]
Hölle (f)	prāgaras (v)	['praːgaras]

Paradies (n)	**rõjus** (v)	['ro:jʊs]
Jesus	**Jézus** (v)	['je:zʊs]
Jesus Christus	**Jézus Krìstus** (v)	['je:zʊs 'krɪstʊs]

der Heiliger Geist	**Šventóji dvasià** (m)	[ʃvʲɛn'to:jɪ dva'sʲæ]
der Erlöser	**Išganýtojas** (v)	[ɪʃga'nʲi:to:jɛs]
die Jungfrau Maria	**Dièvo Mótina** (m)	['dʲɛvɔ 'motʲɪna]

Teufel (m)	**Vélnias** (v)	['vʲɛlʲnʲæs]
teuflisch	**vélniškas**	['vʲɛlʲnʲɪʃkas]
Satan (m)	**Šétonas** (v)	[ʃʲe:'to:nas]
satanisch	**šétoniškas**	[ʃʲe:'to:nʲɪʃkas]

Engel (m)	**ángelas** (v)	['angʲɛlʲas]
Schutzengel (m)	**ángelas-sárgas** (v)	['angʲɛlʲas-'sargas]
Engel(s)-	**ángeliškas**	['angʲɛlʲɪʃkas]

Apostel (m)	**apãštalas** (v)	[a'pa:ʃtalʲas]
Erzengel (m)	**archángelas** (v)	[arˣangʲɛlʲas]
Antichrist (m)	**Antikrìstas** (v)	[antʲɪ'krʲɪstas]

Kirche (f)	**Bažnýčia** (m)	[baʒ'nʲi:tʂʲæ]
Bibel (f)	**bìblija** (m)	['bʲɪblʲɪjɛ]
biblisch	**biblijìnis**	[bʲɪblʲɪ'jɪnʲɪs]

Altes Testament (n)	**Senàsis Testamentas** (v)	[sʲɛ'nasʲɪs tʲɛsta'mʲɛntas]
Neues Testament (n)	**Naujàsis Testamentas** (v)	[nɑʊ'jasʲɪs tʲɛsta'mʲɛntas]
Evangelium (n)	**Evangèlija** (m)	[ɛvan'gʲɛlʲɪjɛ]
Heilige Schrift (f)	**Šventas rãštas** (v)	['ʃvʲɛntas 'ra:ʃtas]
Himmelreich (n)	**Dangus** (v), **Dangaùs Karalýstė** (m)	[dan'gʊs], [dan'gɑʊs karaˈlʲi:stʲe:]

Gebot (n)	**įsãkymas** (v)	[i:'sa:kʲɪ:mas]
Prophet (m)	**prãnašas** (v)	['pra:naʃas]
Prophezeiung (f)	**pranašýstė** (m)	[prana'ʃɪ:stʲe:]

Allah	**Alãchas** (v)	[a'lʲa:xas]
Mohammed	**Magomètas** (v)	[mago'mʲɛtas]
Koran (m)	**Korãnas** (v)	[kɔ'ra:nas]

Moschee (f)	**mečètė** (m)	[mʲɛ'tʂʲɛtʲe:]
Mullah (m)	**mulà** (m)	[mʊ'lʲa]
Gebet (n)	**maldà** (m)	[malʲda]
beten (vi)	**melstis**	['mʲɛlʲstʲɪs]

Wallfahrt (f)	**maldininkýstė** (m)	[malʲdʲɪnʲɪŋ'kʲy̆stʲe:]
Pilger (m)	**maldininkas** (v)	[malʲdʲɪ'nʲɪŋkas]
Mekka (n)	**Mekà** (m)	[mʲɛ'ka]

Kirche (f)	**bažnýčia** (m)	[baʒ'nʲi:tʂʲæ]
Tempel (m)	**šventóvė** (m)	[ʃven'tovʲe:]
Kathedrale (f)	**kãtedra** (m)	['ka:tʲɛdra]
gotisch	**gotiškas**	['gotʲɪʃkas]
Synagoge (f)	**sinagogà** (m)	[sʲɪnago'ga]
Moschee (f)	**mečètė** (m)	[mʲɛ'tʂʲɛtʲe:]
Kapelle (f)	**koplýčià** (m)	[kɔplʲi:'tʂʲæ]

Abtei (f)	abãtija (m)	[aˈbaːtʲɪjɛ]
Nonnenkloster (n)	vienuolýnas (v)	[vʲiɛnʊɑˈlʲiːnas]
Mönchskloster (n)	vienuolýnas (v)	[vʲiɛnʊɑˈlʲiːnas]

Glocke (f)	varpas (v)	[ˈvarpas]
Glockenturm (m)	varpinė (m)	[ˈvarpʲɪnʲeː]
läuten (Glocken)	skambinti	[ˈskambʲɪntʲɪ]

Kreuz (n)	krỹžius (v)	[ˈkrʲiːʒʲʊs]
Kuppel (f)	kupolas (v)	[ˈkʊpolʲas]
Ikone (f)	ikonà (m)	[ɪkoˈna]

Seele (f)	síela (m)	[ˈsʲiɛlʲa]
Schicksal (n)	likìmas (v)	[lʲɪˈkʲɪmas]
das Böse	blõgis (v)	[ˈblʲoːgʲɪs]
Gute (n)	gėris (v)	[ˈgʲeːrʲɪs]

Vampir (m)	vampỹras (v)	[vamˈpʲiːras]
Hexe (f)	rãgana (m)	[ˈraːgana]
Dämon (m)	dèmonas (v)	[ˈdʲɛmonas]
Geist (m)	dvasià (m)	[dvaˈsʲæ]

| Sühne (f) | atpirkìmas (v) | [atpʲɪrˈkʲɪmas] |
| sühnen (vt) | išpìrkti | [ɪʃˈpʲɪrktʲɪ] |

Gottesdienst (m)	pãmaldos (m dgs)	[ˈpaːmalʲdos]
die Messe lesen	tarnáuti	[tarˈnɑʊtʲɪ]
Beichte (f)	išpažintìs (m)	[ɪʃpaʒʲɪnˈtʲɪs]
beichten (vi)	atlìkti išpažintį	[atˈlʲiːktʲɪ ˈiːʃpaʒʲɪntʲɪː]

Heilige (m)	šventàsis (v)	[ʃvʲɛnˈtasʲɪs]
heilig	švéntintas	[ˈʃvʲɛntʲɪntas]
Weihwasser (n)	šveñtas vanduõ (v)	[ˈʃvʲɛntas vanˈdʊɑ]

Ritual (n)	rituãlas (v)	[rʲɪtʊˈaːlʲas]
rituell	rituãlinis	[rʲɪtʊˈaːlʲɪnʲɪs]
Opfer (n)	aukójimas (v)	[ɑʊˈkoːjɪmas]

Aberglaube (m)	prietaringùmas (v)	[prʲiɛtarʲɪnˈgʊmas]
abergläubisch	prietarìngas	[prʲiɛtaˈrʲɪngas]
Nachleben (n)	pomirtìnis gyvẽnimas (v)	[pomʲɪrˈtʲɪnʲɪs gʲiːˈvʲænʲɪmas]
ewiges Leben (n)	ámžinas gyvẽnimas (v)	[ˈamʒʲɪnas gʲiːˈvʲænʲɪmas]

VERSCHIEDENES

198. Verschiedene nützliche Wörter

Anfang (m)	pradžia (m)	[prad'ʒʲæ]
Anstrengung (f)	pastangos (m dgs)	['pa:stangos]
Anteil (m)	dalis (m)	[da'lʲɪs]
Art (Typ, Sorte)	rūšis (m)	['ru:ʃɪs]
Auswahl (f)	pasirinkimas (v)	[pasʲɪrʲɪŋ'kʲɪmas]

Barriere (f)	užtvara (m)	['uʒtvara]
Basis (f)	bāzė (m)	['ba:zʲe:]
Beispiel (n)	pavyzdys (v)	[pavʲi:z'dʲi:s]
bequem (gemütlich)	patogus	[pato'gʊs]
Bilanz (f)	balansas (v)	[ba'lʲansas]

Ding (n)	daiktas (v)	['dʌɪktas]
dringend (Adj)	skubus	[skʊ'bʊs]
dringend (Adv)	skubiai	[skʊ'bʲɛɪ]
Effekt (m)	efektas (v)	[ɛ'fʲɛktas]

Eigenschaft (Werkstoff~)	savybė (m)	[sa'vʲi:bʲe:]
Element (n)	elementas (v)	[ɛlʲɛ'mʲɛntas]
Ende (n)	pabaiga (m)	[pabʌɪ'ga]
Entwicklung (f)	vystymas (v)	['vʲi:stʲi:mas]
Fachwort (n)	terminas (v)	['tʲɛrmʲɪnas]

Fehler (m)	klaida (m)	[klʲʌɪ'da]
Form (z.B. Kugel-)	forma (m)	['forma]
Fortschritt (m)	progresas (v)	[pro'grʲɛsas]
Gegenstand (m)	objektas (v)	[ob'jɛktas]

Geheimnis (n)	paslaptis (m)	[paslʲap'tʲɪs]
Grad (Ausmaß)	laipsnis (v)	['lʲʌɪpsnʲɪs]
Halt (m), Pause (f)	sustojimas (v)	[sʊsto'jɪmas]
häufig (Adj)	dāžnas	['da:ʒnas]
Hilfe (f)	pagalba (m)	[pa'galʲba]

Hindernis (n)	kliūtis (m)	['klʲu:tʲɪs]
Hintergrund (m)	fonas (v)	['fonas]
Ideal (n)	idealas (v)	[idʲɛ'a:lʲas]
Kategorie (f)	kategorija (m)	[katʲɛ'gorʲɪjɛ]
Kompensation (f)	kompensacija (m)	[kompʲɛn'sa:tsʲɪjɛ]

Labyrinth (n)	labirintas (v)	[lʲabʲɪ'rʲɪntas]
Lösung (Problem usw.)	sprendimas (v)	[sprʲɛn'dʲɪmas]
Moment (m)	momentas (v)	[mo'mʲɛntas]
Nutzen (m)	nauda (m)	[nɑʊ'da]
Original (Schriftstück)	originalas (v)	[orʲɪgʲɪ'na:lʲas]
Pause (kleine ~)	pauzė (m)	['pɑʊzʲe:]

Position (f)	pozìcija (m)	[po'z'ɪts'ɪjɛ]
Prinzip (n)	prìncipas (v)	['pr'ɪnts'ɪpas]
Problem (n)	problemà (m)	[probl'ɛ'ma]
Prozess (m)	procèsas (v)	[pro'ts'ɛsas]

Reaktion (f)	reākcija (m)	[r'ɛ'a:kts'ɪjɛ]
Reihe (Sie sind an der ~)	eilě (m)	[ɛɪ'l'e:]
Risiko (n)	rìzika (m)	['r'ɪz'ɪka]
Serie (f)	sèrija (m)	['s'ɛr'ɪjɛ]

Situation (f)	situācija (m)	[s'ɪ'tʊa:ts'ɪjɛ]
Standard-	standártinis	[stan'dart'ɪn'ɪs]
Standard (m)	standártas (v)	[stan'dartas]
Stil (m)	stìlius (v)	['st'ɪl'ʊs]

System (n)	sistemà (m)	[s'ɪst'ɛ'ma]
Tabelle (f)	lentělě (m)	[l'ɛn't'æl'e:]
Tatsache (f)	fāktas (v)	['fa:ktas]
Teilchen (n)	dalelýtě (m)	[dal'ɛ'l'i:t'e:]
Tempo (n)	tempas (v)	['t'ɛmpas]

Typ (m)	tìpas (v)	['t'ɪpas]
Unterschied (m)	skìrtumas (v)	['sk'ɪrtʊmas]
Ursache (z.B. Todes-)	priežastìs (m)	[pr'iɛʒas't'ɪs]
Variante (f)	variántas (v)	[var'ɪ'jantas]
Vergleich (m)	palýginimas (v)	[pa'l'i:g'ɪn'ɪmas]

Wachstum (n)	augìmas (v)	[ɑʊ'g'ɪmas]
Wahrheit (f)	tiesà (m)	[t'iɛ'sa]
Weise (Weg, Methode)	bůdas (v)	['bu:das]
Zone (f)	zonà (m)	[zo'na]
Zufall (m)	sutapìmas (v)	[sʊta'p'ɪmas]